高等院校经济学管理学系列教材

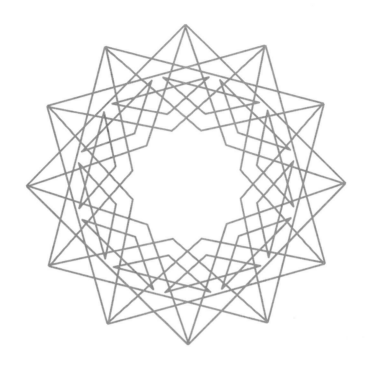

数理经济学精要（第二版）
经济理论的最优化数学解析

邵宜航 著

北京大学出版社
PEKING UNIVERSITY PRESS

图书在版编目(CIP)数据

数理经济学精要:经济理论的最优化数学解析/邵宜航著. —2版. —北京:北京大学出版社,2020.9

高等院校经济学管理学系列教材

ISBN 978-7-301-31464-7

Ⅰ.①数… Ⅱ.①邵… Ⅲ.①数理经济学—高等学校—教材 Ⅳ.①F224.0

中国版本图书馆 CIP 数据核字(2020)第 134311 号

书　　名	数理经济学精要——经济理论的最优化数学解析(第二版) SHULI JINGJIXUE JINGYAO——JINGJI LILUN DE ZUIYOUHUA SHUXUE JIEXI (DI-ER BAN)
著作责任者	邵宜航　著
责任编辑	吕　正
标准书号	ISBN 978-7-301-31464-7
出版发行	北京大学出版社
地　　址	北京市海淀区成府路 205 号　100871
网　　址	http://www.pup.cn　新浪微博:@北京大学出版社
电子信箱	sdyy_2005@126.com
电　　话	邮购部 010-62752015　发行部 010-62750672　编辑部 021-62071998
印 刷 者	河北涿县鑫华书刊印刷厂
经 销 者	新华书店
	787 毫米×1092 毫米　16 开本　13.75 印张　239 千字 2007 年 10 月第 1 版 2020 年 9 月第 2 版　2020 年 9 月第 1 次印刷
定　　价	49.00 元

未经许可,不得以任何方式复制或抄袭本书之部分或全部内容。
版权所有,侵权必究
举报电话:010-62752024　电子信箱:fd@pup.pku.edu.cn
图书如有印装质量问题,请与出版部联系,电话:010-62756370

数学是一种语言。
——J. 威拉德·吉布斯(J. Willard Gibbs)

——转引自《经济分析基础》
保罗·A. 萨缪尔森(Paul A. Samuelson)

目录

绪 论 1
  0.1 关于数理经济学 1
  0.2 本书数理经济学"精要"的含义 3
  0.3 学习本书的期望效果与相关建议 5
  0.4 最优化问题概述 7
  0.5 本书主要内容与结构简介 16

第一部分 静态优化分析

第1章 非线性规划基础与应用 21
  1.1 古典最优化：无约束和等式约束问题 22
    1.1.1 无约束最优化原理与应用 22
    1.1.2 等式约束最优化问题 27
  1.2 不等式约束最优化原理与应用 31
    1.2.1 一阶最优性必要与充分条件 32
    1.2.2 经济学应用例 40
    1.2.3 非负空间的最优性条件与应用 45
    1.2.4* 二阶最优性条件 47
    1.2.5 最优解的鞍点特征 49
    1.2.6 Lagrange乘子的经济学含义 52
  1.3 含等式与不等式约束的最优化问题 54

第2章 灵敏性分析及其应用 ··· 58
2.1* 最优解的灵敏性分析与应用 ····································· 58
2.2 包络定理与应用 ·· 63

第3章 静态优化与均衡：市场均衡分析范例 ······························· 68
3.1 寡头垄断市场分析 ·· 69
3.1.1 Cournot 模型 ·· 69
3.1.2 Stackelberg 模型 ······································· 72
3.2 垄断竞争市场分析：D-S 模型 ···································· 73
3.3 合同（契约）形式的市场均衡分析 ································ 78
3.3.1 隐含合同 ··· 78
3.3.2 "逆向选择"问题 ······································· 82
3.4 市场外部性与科斯（Coase）定理 ································· 86

习题一 ·· 91

第二部分 动态优化分析

第4章 变分法原理与应用 ··· 97
4.1 最简变分问题 ·· 97
4.1.1 最简变分与 Euler 方程 ··································· 97
4.1.2 Weierstrass 条件和 Legendre 条件 ························· 102
4.1.3 经济学应用例 ··· 104
4.2 条件变分和可动边界变分 ·· 105
4.2.1 含积分方程约束的变分问题：等周问题 ······················ 105
4.2.2 含微分方程约束的变分问题 ······························ 109
4.2.3 可动边界与横截性条件 ·································· 110
4.3 离散时间的变分法问题与应用 ···································· 111
4.4 积分泛函最优化问题的 Lagrange 方法 ······························ 114

第5章 最优控制基础理论与应用 ··· 116
5.1 最优控制的基本原理 ··· 117
5.1.1 最优控制的最大值原理与充分性条件 ························ 117
5.1.2 最大值原理的求解应用例 ································ 123
5.1.3 最大值原理与变分法的最优性条件 ·························· 125

5.2 最大值原理的若干扩展 ··· 127
    5.2.1 可变终端时刻的问题 ··· 127
    5.2.2 带不等式约束的最优控制问题 ································ 128
5.3 无限时域的最优控制问题 ··· 130
    5.3.1* 无限时域的最优控制问题 ······································ 130
    5.3.2 最优经济增长分析中的应用例 ································ 135
5.4 离散时间的最优控制问题 ··· 144

第6章 动态规划原理与应用 ··· 147
6.1 连续系统的动态规划分析 ··· 148
    6.1.1 Bellman 最优性原理与最优控制问题的 HJB 方程 ······ 148
    6.1.2 HJB 方程与最大值原理和 Euler 方程 ······················· 154
6.2 离散系统的动态规划方法与应用 ··································· 156
    6.2.1 有限期动态规划的逆向递归分析 ······························ 156
    6.2.2 无限期最优控制的 Bellman 方程与应用 ··················· 160
6.3 不确定性离散系统的动态规划 ······································ 163
    6.3.1 不确定性问题的最优化原理 ······································ 163
    6.3.2 工作搜寻模型 ·· 164

第7章 动态优化与均衡：经济增长分析范例 ································ 170
7.1 分散决策的 Ramsey 增长模型 ······································ 170
    7.1.1 完全竞争市场的均衡增长路径 ································ 170
    7.1.2 经济增长中财政政策的影响 ······································ 172
7.2 分散决策的含人力资本增长模型 ··································· 175
7.3 基于横向创新的内生增长模型 ······································ 179
7.4 基于纵向创新的内生增长模型 ······································ 184

习题二 ··· 189

附录Ⅰ* 关于最大值原理的证明 ··· 192

附录Ⅱ 数学基础知识 ·· 196

参考文献 ··· 208

后 记 ··· 211

绪　论

大凡教材与专业书籍，开篇通常需要对书中的主要内容与总体结构、相关知识的发展脉络、学习的意义，以及适当的导读建议等作简要介绍。特别是对于并无明确界定的内容范围且有一定专业难度的数理经济学而言，在绪论中对此进行概述，并特别说明为什么选择本书中的内容显得更为必要。所以，本书也不能例外，以下在第一版的基础上，根据新调整的结构与内容，作一概述，期望能帮助读者在了解本书的同时进一步了解数理经济学。

0.1　关于数理经济学

数理经济学有广义和狭义两种含义。广义上，是指运用数学概念和方法进行经济分析，阐述经济问题的理论。简言之，是用数学语言①表述的经济理论。狭义上，有时主要特指瓦尔拉斯（L. Walras）开创的运用数学表述的一般均衡理论体系的相关研究。在目前数学已经被广泛应用的现代经济学体系中，广义的界定可能更为恰当。在经济思想史上，开创性地运用数学表述经济学思想并形成深远影响的古诺（A. A. Cournot）和瓦尔拉斯被认为是数理经济学最重要的创立者。

作为社会科学的经济学，是否也如自然科学的物理学一般必须借助数学语言？这一问题至今没有、也许永远不会有被所有经济学者认同的答案。正所谓仁者见仁、智者见智。但不可否认，检验理论的主要标准是逻辑一致性与现实一致性。使用数学语言表述理论，一方面，无疑更容易保证逻辑的一致性。一个理论

---

① 数学是科学分析的语言原来多指自然科学研究领域，但萨缪尔森（P. A. Samuelson）在其《经济分析基础》的扉页特别引用了数学物理学家吉布斯的名言："数学是一种语言"。显然，数学语言早已从自然科学领域进入社会科学领域。

通常包括一定的前提假设和该假设下通过逻辑分析得出的结论。借助数学模型表述经济理论更有利于明晰理论的前提条件，使逻辑分析严谨准确，理论表述简洁明了；也容易让读者明确判断理论分析的逻辑是否正确，前提假设是否合理；同时也更易于通过模型修正进行理论拓展。另一方面，表述为数学模型的理论也更便于展开是否符合现实的经验验证。数学理论模型更容易利用经验数据进行数值模拟，也更便于发展出用于实证分析的计量模型。此外，运用数学模型讨论经济问题，还有利于进行规范的学术论争，促进学术发展。正因为数理分析具有上述优点，现代经济学研究才越来越多地引入数学。马克思也曾指出：一门科学，只有当它成功地运用数学时，才能达到真正完善的地步。① 毋庸置疑，数学的使用将有助于经济学理论日臻成熟，这也是现代经济学与传统经济学区别的主要标志之一。

在经济学中还有一门学科——计量经济学，也与数学密切相关，目前，在我国高校经济学各专业中计量经济学已经基本发展为必修的基础课程。但是，可能由于都运用数学方法，而且数理经济学只是少数人的选修课程，因此数理经济学与计量经济学时常被混淆。实际上，简略而言，计量经济学与经济数据有关，它主要利用数理统计等方法对经济现象进行实证检验分析，数理经济学则是把数学应用于理论分析；如果从定量分析和定性分析来看，计量经济学侧重定量分析，而数理经济学则侧重定性分析；或者粗略地说，数理经济学用于构建理论，计量经济学则用于检验理论。

在方法上，计量经济学有较明确的统计分析方法，而数理经济学利用的数学理论和方法则涉及数学的许多分支，如微积分学、高等代数、数学规划、微分方程、概率论、控制理论、泛函分析、测度论、拓扑学，等等。甚至数理经济学研究本身也会产生新的数学分支，如博弈论等。所以，不同的数理经济学课程和教材所包含的数学内容及其应用可能存在很大差异。也许这也是数理经济学难以被明确界定内容范围并被广泛接受的原因之一。

此外，在我国经济学学科分类中还有名为"数量经济学"的二级学科。该学科也是我国改革过程中颇具特色的学科，对该学科的界定也存在不同见解。从字面意义上看，该学科似乎强调经济学的"数量分析"，所以望字生意，数量经济学也被许多人认为是进行定量分析的经济学。但该学科在我国的发展过程中，实

---

① 马克思的这句名言经常被引用，更早，康德（E. Kant）也有过类似的名言：在知识的每个分支中，哪里有多少数学，哪里就有多少真正的科学。

质上包含了上述计量经济学和数理经济学,虽然目前主要从事计量经济学分析的研究队伍更为庞大,然而把该学科的"数量"简略理解为"数理"与"计量"或许更符合其发展现状和实质内涵。

0.2 本书数理经济学"精要"的含义

如上所述,数理经济学简言之就是用数学语言表述的经济学(理论)。而能被用于表述经济学的数学理论与方法却涉及数学的众多学科。那如何界定其精要?笔者认为,既然数理经济学的根本还是经济学,数学在其中的作用只是服务于经济学,那就必须基于经济学的视角选择其中最基础和核心的部分作为数理经济学的精要内容。

何为经济学?其实对任何一门学科进行精准定义都是困难的,经济学的定义也不例外。比较和综合众多文献的界定,笔者更倾向于认为"经济学是关于分析人类经济选择的科学"。而经济中每个个体的选择,其实质可以理解为在可能进行选择的范围内作出对自己而言最优的选择,也就是所谓理性选择。虽然现代经济学中的"理性选择"这一大前提假设也被部分经济学者反对,但难以否认,现实经济中的绝大多数选择可以理解为理性选择,只是对理性选择的目标(判断标准)存在不同的理解。因此探讨经济中人们如何进行理性选择(优化),其选择如何相互影响,形成怎样的结果(均衡)就成为经济学研究的主要对象和内容。借鉴近年由阿西莫格鲁(Daron Acemoglu)(麻省理工学院)、莱布森(David Laibson)(哈佛大学)和李斯特(John A. List)(芝加哥大学)联袂出版的《经济学》中的界定,更明确而言,经济学主要探讨经济中各行为者的理性选择(优化),以及这些选择在相互影响下形成的结果(均衡)。

进一步,理性选择本质上体现为行为者在所面临的约束条件下进行最优化自身目标(如最大化收益或最小化成本)的选择,在许多情况下,借助数学语言可表述为数学的最优化问题[1],而"均衡"作为这些最优选择相互影响下的结果,

---

[1] 必须指出,目前并非所有的经济学选择问题都能合理地表述为最优化问题,但也并非如部分人所认为的最优化问题无法表述那些不确定、信息不完全和不完全理性等情况,实际上现代经济学中这些情形下的最优化表述已在蓬勃发展。

也就表现为这些最优化问题联立①的结果。因此，最优化数学原理与方法应该是进行经济学理论分析的最重要、最基础且最适合的科学语言。由此可以认为，经济学理论分析中常用的最优化数学原理与方法，以及借助这些最优化数学语言描述的具有代表性的相关经济学理论分析范例就是数理经济学的精要。

在内容结构上，数理经济学的专业书籍通常是数学方法与经济学应用的合成。本书也难以例外，因此本书也将介绍经济学分析中常用的非线性规划、变分法、最优控制和动态规划的基本原理和方法，及其在微观经济学和宏观经济学中的代表性应用。当然，介绍最优化理论与应用的数理经济学专业书籍并不少见，在我国流行的有高山晟和蒋中一等的相关教材。相对而言，本书有以下特色：其一，内容精炼。我们认为，特别是对学习数理经济学的读者而言，通常已具有一定的高等数学基础，因此关键在于对最优化数学原理与经济学应用的理解。对于这部分内容，本书进行了精炼、系统的整理。其二，在数学原理与方法的介绍方面，我们强调需对最优化理论有一定程度的体系化理解。与着重介绍最优化问题的求解方法、注重最优化问题的习题演练相比，本书更强调对相关解释数理逻辑的理论证明的理解，以及对不同最优化理论关联的理解。本书不会告诉读者数理经济学的方法也可以简单地模仿，有固定的模式或方法可以套用。相反，本书提醒读者，模仿需要对数学原理（而不只是形式的求解方法）有一定程度的深入理解。本书在避开高深数学知识的同时，力求给出最优化理论与方法的体系化的精炼介绍。其三，在经济理论分析的运用方面，本书给出了两类例子，帮助初学者进行递进式理解。一类是书中的基础数学定理的直接应用，这类例子结合在各章节最优性条件的介绍之后，主要讨论如何利用最优性条件求最优化问题的最优解或推导具有经济学意义的相关结论。这一类例子容易掌握与仿效。另一类是综合应用，主要讨论经济中不同主体的最优选择的联立问题或复合问题，此时包含前述经济理论的两个核心："优化"与"均衡"。这一类例子才是完整的经济学理论分析案例（理论模型）。虽然这类例子对初学者而言不易理解，更难以效仿而推陈出新，但它们才是数理经济学的核心——数学语言表述的经济理论。为此，本版列出专门的章节展开讨论。省略与过度简化包含优化与均衡的理论模型的讨论容易让读者曲解数理经济学。

---

① 当然，这里的联立既有如初等数学中简单的联立方程组求解，也有必须考虑选择顺序的更复杂的镶嵌式的联立等其他情况。更一般地说，这里的联立是指联合时各自的最优选择同时成立。

0.3 学习本书的期望效果与相关建议

通常而论，学习一门课程的主要目的，不外乎理解与运用。在经济学专业课程中，与数学高度相关的数理经济学和计量经济学都同样注重相关数学方法的理解与实际应用。但与计量经济学具有广泛受众相比，数理经济学却只是小众课程。而在数学上，最优化方法并不比计量分析方法更难以理解与掌握，因此，关键差异应该在于进行有效模仿应用的难度不同。

计量经济学方法相对容易学以致用，能够有效模仿，甚至有人认为不需要对原理有深入的理解也能利用相关应用程序进行仿效分析。确实，当我们对经济问题有新的想法，又能获取相关经济数据时，相对容易借鉴与模仿已有计量方法进行验证，[①] 如此也有可能做出新的贡献。

而数理经济学却难以简单效仿。因为用于理论分析时实际上要模仿的是上述第二类例子，蕴含优化和均衡的综合性应用。正如计量经济学的应用一样：首先必须有新的想法（包括如何选取数据），然后利用计量方法展开检验。所谓数理经济学方法的应用，应该是有了新的经济学见解，再力求利用数学模型（语言）进行表述与严格论证；而不应是基于已有理论模型通过数学上修改相关设定，推导出新的结论，再强行解释经济现实。其中的困难在于当我们要把对经济问题的新见解提升到理论高度时，如何描述其中经济行为者的优化与均衡，实际上并无固定模式与可套用的方法。要用数学语言讲述经济学故事，显然并非易事。就此而言，本书内容的学习，能有效帮助读者准确理解用模型表示的经济理论，学会判断理论模型在数理逻辑上是否正确，但可能无法立竿见影式地有效帮助读者学会如何模型化表述新的经济学见解。

实际上，在经济理论分析方面，正如凯恩斯（John Maynard Keynes）在谈论把抽象的推理应用于真实经济分析时指出的：经济学是运用模型进行思维的科学，但如何选择合适的模型却是一门艺术。从这一视角出发，数理经济学中的经济学理论分析范例可以视为由两部分构成：其一为模型的设定；其二为模型设定之后的数学演绎。前者需要更多的对经济现实的洞察力和凯恩斯所说的"艺术"

[①] 这里必须指出，有新的经济学见解是关键价值所在，而在方法运用上，就如众多有意义的计量分析论文所展示的，依靠计量方法展开的有价值的实证研究也不是简单的模仿套用就能完成的。这里模仿的难易程度只是相对而言。

成分；后者则相对简单，可以依靠相关数学知识的学习与训练。当然，合理的模型设定通常也需要根据数理推演的过程与结果进行调整，以更准确地反映作者的经济学见解。这里的数学分析能力就成为进行现代经济理论分析的基础。所以，虽然本书讨论的数理经济学不能肯定让读者掌握如何进行理论模型分析，但不掌握其中的数理内容肯定无法进行理论模型分析，甚至无法真正理解现代经济学理论。① 套用俗话，在现代经济学②理论分析中，显然最优化数学不是万能的，但没有最优化数学却万万不能。

正因为数理经济学兼具凯恩斯所言的"科学"和"艺术"的成分，所以从理解到模仿就需要更多的学习和积累。本书的学习能够帮助读者掌握理论分析中的"科学"方法，而如何设定经济理论模型的"艺术"，显然仅仅学习本书列举的案例是远远不够的，需要进一步学习和训练。在学习本书所讨论的最优化数学基本原理和相关代表性模型之后，尽量多阅读用数学模型表述的经济学文献将会使读者事半功倍。

进一步，如果说学习要点，笔者认为，首先，需要理解与掌握本书中基础的最优化数学原理与方法，重点掌握如何分析最优解的特征以及如何据此推导最优解，这是理解模型的基础。其次，在此基础上理解模型的数学结构与经济学含义，这里的数学结构主要指"优化"问题怎么表述，各部分的"优化"又如何达成"均衡"。经济学含义则是模型的价值所在，要着重理解模型想解释什么，以及如何解释。最后，在掌握相关数学原理与方法、能理解模型表述的经济学理论的基础上，可以尝试通过构建模型表述经济学见解。如果读者尝试构建理论模型，以下几点可能有助于判断模型是否正确：其一，明确模型中有几个经济主体（行为者，如厂商、消费者、政府，或委托人、代理人等）进行最优选择？各自的选择变量与约束条件是否明确？是否明确表述了各自的最优化问题？其二，这些最优化问题如何相互关联，联立之后模型是否完整表述了所考虑的经济系统？在数学上各主体的选择变量之间是否没有矛盾？联立在一起是否可能同时成立，也就是均衡是否存在？其三，进行数理分析的主要结论和最终结论是什么？它们是均衡的结果吗？文字所表述的经济学论断（结论）是否有相应的模型推导的数学结论与之相对应？二者是否一致？此外，这里还需要注意，使用数学语言，是

---

① 这一点，查阅高级微观经济学和高级宏观经济学专业书籍就可以确认。
② 这里的现代经济学的含义是中性的，主要指广泛应用数理表述的现代微观经济学和宏观经济学的相关理论。当然除此之外，经济学还存在其他不同的理论体系和方法。

为了更精炼、准确地表述经济学见解，而不是故作高深地把简单问题复杂化，所谓的奥卡姆剃刀法则在这里也是适用的。

0.4 最优化问题概述

为使读者对最优化问题有总体性的了解，本小节对各类不同的数学最优化问题的一般表述、相互关联，以及利用这些最优化模型表述的经济学问题的代表性例子进行概述。

1. 最优化问题的一般表述

首先，简单而言，所谓最优化问题，是"在关于变量的约束条件下，寻找使目标值最大化或最小化的变量"的问题。

使用数学语言表述，目标值的变化表示为函数，称为目标函数，约束条件则通常考虑表示为等式或不等式的约束，如此，最优化问题可表示为：

(P) 目标函数　　　　　$\min_{x}(\max): F(x)$

约束条件　　　　　s.t.(subject to)：$G(x) \leqslant 0$

$H(x) = 0$

其中，$F(x): X \to R$，$G(x): X \to Y$，$H(x): X \to Z$，x 为选择变量，X 为变量 x 的取值空间（范围），R 为实数空间。X、Y、Z 可为多维（有限维）实数空间或无限维函数空间等。该问题表示：在满足约束条件 $G(x) \leqslant 0$ 和 $H(x) = 0$ 的所有 x 中，寻求使目标值 $F(x)$ 最小（或最大）的 x。

一般地，称满足所有约束条件的变量 x 为该最优化问题的可行解或许可解，在所有可行解中使目标函数值最小（或最大）的可行解称为最优解或全局最优解。相对于全局最优解，还有局部最优解的概念。局部最优解的准确定义将在后面给出，粗略而言，局部最优解指的是一可行解的目标函数值比起在自己周围（某一局部）的其他所有可行解的目标函数值更优。最优化数学分析中最核心和基础的内容就是关于最优解的必要条件、充分条件与充分必要条件（通常统称为最优性条件）的研究。这也是本书的基础内容。

当我们进一步考虑以上变量 x 在实数空间或更具体的函数空间变化时，这些问题分别表示为非线性规划问题、变分法问题和最优控制问题等。以下将分别简要介绍各类最优化问题的一般表示形式及其在经济学基础理论中的表述范例。

2. 非线性规划问题

当变量空间 X 和约束条件中函数的取值空间 Y、Z 均为有限（维）空间时，也就是当 $X=R^n$，$Y=R^m$，$Z=R^l$ 时（n，m，l 为正整数），上述最优化问题（P）一般称为非线性规划问题（nonlinear programming）。虽然最优化问题研究可以追溯到古老的函数求极值问题，但考虑不等式约束的非线性规划研究大约发展于 20 世纪 50 年代，本书第 1 章定理中提到的库恩（H. W. Kuhn）和塔克（A. W. Tucker）是重要的贡献者。非线性规划问题一般表述如下：

$$(\text{NLP}) \quad \min: f(x_1, x_2, \cdots, x_n)$$

$$\text{s.t.}: g(x_1, x_2, \cdots, x_n) = \begin{bmatrix} g_1(x_1, x_2, \cdots, x_n) \\ g_2(x_1, x_2, \cdots, x_n) \\ \vdots \\ g_m(x_1, x_2, \cdots, x_n) \end{bmatrix} \leqslant \begin{bmatrix} 0 \\ 0 \\ \vdots \\ 0 \end{bmatrix} = 0,$$

$$h(x_1, x_2, \cdots, x_n) = \begin{bmatrix} h_1(x_1, x_2, \cdots, x_n) \\ h_2(x_1, x_2, \cdots, x_n) \\ \vdots \\ h_l(x_1, x_2, \cdots, x_n) \end{bmatrix} = \begin{bmatrix} 0 \\ 0 \\ \vdots \\ 0 \end{bmatrix} = 0$$

此处，$f: R^n \to R$；$g_i: R^n \to R$，$i=1, \cdots, m$；$h_j: R^n \to R$，$j=1, \cdots, l$。[1]

对应于该非线性规划问题，上述（P）的目标函数即为 $F(x) := f(x_1, x_2, \cdots, x_n)$，[2] 通常是多变量（向量）函数。这里的 g 和 h 则是向量值函数，即函数值也是向量，实际就如以上直观所示，是多个向量函数组成的向量。多变量时的向量表述，看起来复杂，似乎也会给初学者带来理解上的困难，但实际上，这里的 n 维向量 $x=(x_1, x_2, \cdots, x_n)$ 只是常见的二维变量 $x=(x_1, x_2)$ 的简单推广表述。本书中，相关结论甚至也只是一维变量的简单拓展。在本书非线性规划部分，初学者如把 n 维变量视为简单的二维变量也并不影响理解。

为什么需要考虑一般的多变量形式？这在经济学分析中也不言而喻。比如，

---

[1] 这里顺带指出，当非线性规划问题（NLP）中的相关函数 f，g，h 均为线性函数时，则称为线性规划问题，显然线性规划问题是非线性规划问题的一个特例。

[2] 这里的符号"$:=$"表示"定义为"，表示等号右边为左边的定义。若等号左边为右边的定义，则可写作"$=:$"（下同）。另外，也有文献用"$\equiv$"表示定义式。

消费者的选择，他（她）可能面临不同的消费品组合的选择，为分析一般的情况，此时就需要用一般的多维向量表示，如 $x=(x_1,x_2,\cdots,x_n)$，其中 x_i 表示第 i 个消费品的消费量。再如，生产者（厂商）考虑生产要素投入时也可能要考虑多个不同要素，也要用向量表示。

以下我们进一步观察经济学中最基础的消费者和生产者最优选择问题如何表述为非线性规划问题。这些最优化问题数学表述简单，经济学含义直观明了，是微观经济理论的基础内容。

例 0.1 消费者选择问题

首先考虑一个简单的消费者理性选择如何表述。这里主要描述在完全竞争市场中消费者的理性选择，暂不涉及均衡的表述。该问题描述如下：消费者面对给定的市场价格，在给定收入的约束下，如何选择不同消费品的最优组合以最大化消费效用。

用数学语言即表示为如下非线性规划问题：

$$\max_{(x_1,\cdots,x_n)}: U(x_1,x_2,\cdots,x_n) \quad \text{（效用函数）}$$

s.t. ： $\quad p_1x_1+p_2x_2+\cdots+p_nx_n \leqslant y \quad$ （收入约束）

这里，x_i 表示第 i 个商品的消费量，p_i 表示相对应的商品价格，U 表示消费效用，为消费品向量的函数，y 为收入。

该问题是在给定价格水平 $p=(p_1,\cdots,p_n)$ 和收入水平 y 的条件下，寻求各商品的最优消费量。所以该问题的最优解 x 也就依赖于 p 与 y，可以表示为 $x_i(p,y)$，$i=1,\cdots,n$，表示消费者在给定收入水平和价格体系下对各商品的需求量，也就是需求函数，这种形式的需求函数一般称为 Marshall 需求函数。① 它可用于分析需求的相关性质。

从另一视角看，消费者最优选择问题也可解释为：如果要达到一定的效用水准，如何最小化消费总支出的问题。可表示如下：

$$\min_{(x_1,\cdots,x_n)}: p_1x_1+p_2x_2+\cdots+p_nx_n$$

s.t. ： $\quad U(x_1,x_2,\cdots,x_n) \geqslant v$

这里，v 为给定的效用水平。

显然，此时问题的最优解 $x_i(p,v)$，$i=1,\cdots,n$，表示消费者在给定消费效用水

---

① 也有文献将此称为瓦尔拉斯需求函数，如安德鲁·马斯-克莱尔的《微观经济理论》(Mas-Colell *et al.*，1995)。

准和价格体系下对各商品的需求量。这是另一视角下的需求函数形式，它从不同侧面刻画需求变化的特征，被称为希克斯（Hicks）需求函数。

进一步地，通过结合这两种不同形式的需求函数，可以更深入地刻画价格变化对需求的不同影响效应等。这些讨论将在后续章节展开。

例 0.2　厂商选择问题

厂商的理性选择也可以从几个不同的视角进行描述。同样这里也只讨论在完全竞争市场环境中厂商的理性选择，不涉及均衡的讨论。厂商问题可以理解为：厂商面临给定的要素价格，如果要生产某一确定的产量，如何选择最优的要素投入，以实现投入成本最小。此时可表述为如下非线性规划问题：

$$\min_{(x_1,\cdots,x_n)}: w_1x_1 + w_2x_2 + \cdots + w_nx_n$$

s.t.：
$$f(x_1, x_2, \cdots, x_n) \geqslant y$$

这里，x_i 表示第 i 个生产要素的投入量，w_i 表示相对应的要素 i 的价格，f 为生产函数，y 为给定的产量水平。

此问题是在给定要素价格 $w=(w_1,\cdots,w_n)$ 和产量水平 y 的条件下，寻求各个要素的最优投入量。这时的解函数，$x_i(w,y)$，称为第 i 个生产要素的条件投入需求函数（这里的"条件"主要指产量的限制条件）。

对此问题，还可进一步将最优目标值函数表述为：

$$c(w,y) = \min_{(x_1,\cdots,x_n)} \left\{ \sum_{i=1}^{n} w_i x_i \mid f(x_1,\cdots,x_n) \geqslant y \right\}$$

该最优值函数也就描述了投入成本的变化，称为成本函数。

如果同时考虑如何选择产出和投入，完全竞争市场的厂商最优化问题可表示为以下利润最大化问题：

$$\max_{(x,y)}: py - \sum_{i=1}^{n} w_i x_i = py - w \cdot x$$

s.t.：
$$f(x_1,\cdots,x_n) = f(x) \geqslant y$$

此处，p 为产品价格，$x=(x_1,x_2,\cdots,x_n)$，$w \cdot x$ 表示向量的内积。

在此问题中，厂商将在市场给定的产品价格 p 和要素价格 w 下，同时选择最优的投入组合 x 和产出 y。此时的最优解函数，$x_i = x_i(p,w)$，刻画了对生产要素的需求，称为投入需求函数（注意与上面的条件投入需求函数不同）；$y = y(p,w)$，反映了此时厂商愿意提供的产出量，称为供给函数。

同样，此时也可以将最优目标值函数表述为：

$$\pi(p,w) = \max_{(x,y)} \{ py - w \cdot x \mid f(x) \geqslant y \}$$

显然，该函数表示的是厂商利润，所以称为利润函数。

经过如上的数学语言表述后，对生产的供给和需求、成本与利润等问题的讨论就可以借助数理逻辑分析进一步深入展开。这也是微观经济学的基础内容。

3. 变分法与最优控制问题

当变量空间 X 为函数空间时，借用上述术语，最优化问题（P）也可称为函数空间的非线性规划问题。函数空间的最优化问题，基础的主要有古典的变分法问题与在其基础上发展而来的最优控制问题。

实际上，函数空间的优化问题，在微积分诞生后不久就受到了关注，18 世纪上半叶源于欧拉（L. Euler）等人的研究，产生了变分法理论，其发展远早于本书中讨论的其他最优化理论。以下是简单的变分法问题（calculus of variation），有时也被称为最简变分问题。简言之，最简变分问题寻求符合端点条件的、使目标积分值最小的函数。

$$(\text{CVP}) \quad \min_{x(\cdot)} : \int_{t_0}^{t_1} f(t, x(t), \dot{x}(t)) \mathrm{d}t$$

$$\text{s. t.} : \quad x(t_0) = x_0, \quad x(t_1) = x_1$$

此处，$f: R \times R^n \times R^n \to R$，为向量值函数，其中，$x(t) = (x_1(t), x_2(t), \cdots, x_n(t))$，为 n 维向量值函数，[①] $\dot{x}(t) = \dfrac{\mathrm{d}x(t)}{\mathrm{d}t}$ 表示导函数。数学上，一般的变分法问题多在分段连续可微函数空间上考虑最优化问题。

对应于前述问题（P），变分法的目标函数可以理解为：

$$F(x(\cdot)) := \int_{t_0}^{t_1} f(t, x(t), \dot{x}(t)) \mathrm{d}t$$

而端点条件可理解为：

$$H_1(x(\cdot)) := x(t_0) - x_0 = 0, \quad H_2(x(\cdot)) := x(t_1) - x_1 = 0$$

所以，变分法问题与非线性规划问题的表示形式可以是一致的。在这里，F，H_1 和 H_2 都是函数的函数，通常把函数的函数称为泛函。因此，函数空间最优化问题的目标函数也称为目标泛函。

20 世纪 50 年代，从古典的变分法进一步发展出最优控制理论（optimal

[①] 本书的变分法部分，初学者如把 x 视为通常的一元函数，也就是 $n=1$，也不影响对基本原理的理解。

control theory）。最优控制理论使函数空间的最优化问题得到更深入和更全面的研究，并大大促进了最优化问题在包含经济学在内的各个科学领域的应用。以下为基础的最优控制问题：

$$(\text{OCP}) \quad \min_{x(\cdot),u(\cdot)} : \int_{t_0}^{t_1} f(t,x(t),u(t))\mathrm{d}t$$

$$\text{s. t.} : \quad \dot{x}(t) = \Phi(t,x(t),u(t)), \quad x(t_0) = x_0$$

$$u(t) \in U$$

此处，$x(t)$ 同上，为 n 维向量值函数，而 $u(t)=(u_1(t),u_2(t),\cdots,u_m(t))$ 为 m 维向量值函数，$f: R \times R^n \times R^m \to R$，$\Phi: R \times R^n \times R^m \to R^n$，$U \subset R^m$。可以注意到，与以上变分法相比，这里的约束条件多了描述函数变量 x 变化特征的微分方程，[①]通过微分方程刻画变化特征的变量 x 称为状态变量，通过微分方程约束影响状态变量的变量 u 称为控制变量。

上述最优控制问题是通过选择控制变量 u，由以上微分方程及其端点条件决定了相应的状态变量 x，而后在控制变量和相对应的状态变量组成的所有组合 (x,u) 中，选择使目标积分值最优的组合。数学上，此处的控制变量可在比分段连续函数空间更一般的函数空间（如勒贝格（Lebesgue）本质有界可积空间）上探讨。同时，最优控制问题还可用非函数形式的集合约束对控制变量的变化范围加以限制。比较约束条件可以看出，上述最优控制问题实际上涵盖了古典的变分法问题。但古典的变分法有分析简便等优点，所以至今依然被广泛使用。

需要指出的是，虽然上述非线性规划和变分法与最优控制理论的发展脉络不同，但现代最优化理论研究表明，变分法和最优控制问题可以作为函数空间的非线性规划问题，采用与实数空间的非线性规划问题相类似的方法分析相关最优性条件。因此，以上不同空间的最优化问题的最优性条件有本质上的一致性。但探讨函数空间的非线性规划问题将涉及较复杂的泛函分析理论中的相关知识，本书不涉及该部分内容，而是力求在微积分和线性代数的基础知识的范围内讨论以上最优化问题。

---

① 这里的微分方程只是比较简单的常微分方程，因此这一类最优控制问题也比较简单。当然，微分方程约束有时表示为更复杂的偏微分方程，这一类更复杂的最优控制问题不在本书讨论范围内。

现在我们考虑上述函数空间最优化问题在经济学中的应用。经济学分析中是否也需要看起来更复杂的函数空间的最优化问题的表述？答案无疑是肯定的。

以上介绍的经济学中消费者和生产者的选择问题因分析的侧重点不同，实际上只是考虑某个固定时间点（也可以将时间点理解为一个没有变化的时期）的选择，没有考虑不同时间点的选择可能存在的相互关联等因素。显然，现实中，人们进行选择时有时需要考虑不同时期选择间的相互影响，以每月生活费用基本固定的大学生的消费选择问题为例，理性的情况下，他（她）每天的消费支出必须考虑一个月内的统筹安排，必然意识到今天的支出将会影响余下日子的消费水平。此时，他每天的消费支出选择也就是时间的变量，当时间连续变化时，这种变量就可以表示为时间的函数。通常，经济学中把不考虑时间变化因素的称为静态分析，而把考虑时间变化因素的称为动态分析。进行动态分析时，把相关变量视为时间的函数，相关问题就可表述为函数空间的最优化问题。

如果进一步以更长远的时间视野考虑相互关联的不同时期的消费选择问题，则消费者的跨时最优消费选择问题可以从一个侧面刻画长期的经济增长问题。实际上，拉姆塞（Ramsey，1928）所探讨的最优储蓄问题（从长时期的视野考虑每一期在消费和储蓄间的最优安排）已演化成现代宏观经济学的最优增长问题。该问题通常被表述为上述形式的最优控制问题。这里简单介绍其数学表述。

例 0.3　最优经济增长问题（连续型）

简单而言，以下最优经济增长模型将经济中的个体简化为无差异的进行同样理性选择的个体，个体所选择的每一时点的消费和储蓄（转化为投资）实际上就表示了该经济的人均消费和人均资本的时间路径，也就反映了经济增长。而在简化的、完全竞争的市场结构假设下，如假设经济中只生产一种产品，该产品用于生产和消费，储蓄等于投资，消费者的预期收入等于人均产出等，消费者的跨时最优选择将与理想的计划最优一致。后者意味着由全能的计划者直接在消费与投资生产之间进行最优配置下可实现的最优状态，所以，此时的消费者跨时最优选择也就描述了经济的最优增长问题。

进一步具体而言，上述最优增长问题可以简化表述为代表性家庭（也可理解为个体）在预知每期收入（也就是人均产出）的情况下，选择最优的消费路径（由此也决定了相对应的资本路径）以最大化其从现在到将来的效用贴现值总和。这里为了简化，该模型假设代表性家庭可以无限延续。如此的跨时消费最优选择问题可表述为如下最优控制问题：

$$\max_{(c,k)}: \int_0^\infty U(c(t))e^{-\theta t}dt \qquad 消费效用现值总和$$

$$s.t.: \quad \dot{k}(t) = f(k(t)) - c(t) \qquad 资源和技术的约束$$

$$k(0) = k_0 \qquad 初期的资本存量限制$$

这里的 $c(t)$ 表示 t 时点的消费，是时间的函数；$U(\cdot)$ 表示效用函数；θ 表示时间偏好率或主观贴现率；t 时点的效用值乘 $e^{-\theta t}$ 表示把该时点的效用价值折算为初期价值；积分形式的目标泛函表示从现在到无限远将来的现值效用的总和。

$k(t)$ 为 t 时点的资本存量，$f(k)$ 为该经济的生产函数（也隐含了技术约束），$\dot{k}$ 表示资本的变化量。微分方程既表示资源配置——每期产出 $f(k)$ 在消费 c 和资本再投入 $\dot{k}$ 间配置，也描述资本 k 的动态变化。k_0 为给定的资本存量初期值。

同时，该模型还隐含假定劳动投入为固定量，并且不考虑人口增长和资本消耗（折旧）等因素。

在该最优控制问题中，消费 $c(t)$ 是控制变量，资本存量 $k(t)$ 是状态变量，该最优化问题的最优解 $c(t), k(t)$ 即表示最优的消费和资本的增长路径，而 $\dfrac{\dot{c}}{c}$ 和 $\dfrac{\dot{k}}{k}$ 则表示消费和资本的增长率。通过进一步的数理分析，可以明晰最优经济增长路径的相关性质，分析经济增长率的影响因素等。这里主要简述经济学问题的数学表述，对该模型所隐含的市场结构与增长路径的进一步分析与讨论将在第 5 章和第 7 章展开。

4. 动态规划与离散型动态最优化问题

在进行经济学中的动态分析时，除了如上所述把相关经济变量视为时间的连续函数之外，经常采用的做法还有把相关变量表示为离散型的时间序列变量。例如，前例最优经济增长模型中资本增长路径可以表示为时间的连续函数 $k(t)$，也可以表示为关于时间的数列 $\{k_t\}$，这里 t 通常取 $1, 2, \cdots$，用以表示第 1 期，第 2 期，等等。

当要考虑的所有变量的时间数列的项数均为有限个时，要考虑的最优化问题也就是有限维空间的非线性规划问题，因而可以直接利用非线性规划方法。但当要讨论的时间变量为无穷数列时，通常利用动态规划（dynamic programming）方法。

绪　论

动态规划理论发展于 20 世纪 50 年代，主要由贝尔曼（R. Bellman）等人在研究离散系统的多步决策问题时提出，随后发展到连续系统，相关研究也与古典变分法密切相关。动态规划方法可以用来分析连续型的最优控制等问题，但对分析离散的和随机的最优化问题更为有效。

在表述形式上，动态规划并不像以上非线性规划问题、古典变分法和最优控制问题一样有一般性的最优化问题表述。这里我们对应以上连续型最优控制问题，给出一个无限期的离散型的最优化问题表述形式：

$$(\text{DP}) \quad \min_{\{x_t, u_t\}} : \sum_{t=0}^{\infty} f(t, x_t, u_t)$$

$$\text{s. t. :} \quad x_{t+1} - x_t = g(t, x_t, u_t), \quad x_0 = \bar{x}_0$$

$$u_t \in U$$

t 表示离散的时间，初期为 0，第二期为 1，第三期为 2，以此类推。x_t 表示第 t 期的 x 值，u_t 变量同理。这里约束条件的动态方程表示为差分方程，$\bar{x}_0$ 为给定的初期值。

利用上述离散型动态优化问题的表述，我们也可以把前述最优经济增长问题表述为离散形式的动态模型。显然，模型描述正确的情况下，不论是表述为连续形式还是离散形式，主要数学结论与经济学含义应该是一致的。因此，比较连续形式和离散形式的经济学模型有助于深化理解模型的内涵。

例 0.4　无限期离散型 Ramsey 最优经济增长问题

用离散型变量描述上述最优经济增长问题时，目标泛函的积分式将变为代数和式，微分方程将变为差分方程。此时，数学表达式的经济学含义更为直观。具体表述如下：

$$\max_{\{c_t\},\{k_t\}} : \sum_{t=0}^{\infty} \frac{1}{(1+\theta)^t} U(c_t)$$

$$\text{s. t. :} \quad k_{t+1} - k_t = f(k_t) - c_t, \quad t = 0, 1, \cdots,$$

$$k_0 = \bar{k}_0$$

这里的 t 表示第 t 期，与前例中 t 的不同之处在于它是个离散而非连续的量，c_t、k_t 分别表示 t 期的消费和资本；U、f、θ 的经济学含义和前例相同；$\bar{k}_0$ 为给定的初期资本存量。现在离散形式的目标函数更直观地表述了每期消费效用贴现值的总和，差分方程也更直观地描述了前后期资本存量的变化。

对该模型的进一步讨论将在第 6 章用动态规划方法展开。

0.5　本书主要内容与结构简介

本书主要基于经济学分析中静态和动态的区分，将内容分为静态优化分析和动态优化分析两部分。静态优化分析包含第 1 章至第 3 章，动态优化分析为第 4 章至第 7 章，各章主要内容如下：

第 1 章着重从数学原理上讨论非线性规划问题最优解的最优性条件，同时介绍了几个直接的经济学应用案例。本章从无约束最优化问题开始，进而递进分析含等式约束、不等式约束的最优化问题。我们重点解释经济学中常用的一阶最优性条件，特别是含不等式约束的 Kuhn-Tucker 定理，这在经济学应用中最为广泛。此外，本章也拓展介绍了最优解的二阶最优性条件和鞍点特征，以便读者进一步了解最优化理论。在应用方面，主要介绍如何应用最优性条件分析前述简单的消费者和厂商的最优化问题。

第 2 章在第 1 章的基础上，进一步介绍如何分析非线性规划问题中的参数对最优解以及最优目标值的影响，也就是灵敏性分析。这有助于便捷分析解函数和目标值函数的特征，在经济学中，分析价格对需求的影响是一个典型例子。此外，对成本函数和利润函数等性质的分析也经常用到包络定理，本章也介绍如何利用灵敏性分析对此展开讨论。

第 3 章介绍结合静态优化与均衡的经济理论分析范例。如前所述，通常情况下，优化与均衡的结合才能完整表述经济理论。本章主要学习几种不同类型且具代表性的关于市场竞争与均衡的理论模型，主要包括：寡头竞争市场均衡，垄断竞争市场均衡，合同形式的市场均衡，以及借助市场均衡表述的科斯定理等。

第 4 章讨论古典的变分法问题。本章首先讨论了变分的含义，以及由此导出的最简变分问题的 Euler 方程等最优性条件。Euler 方程也是经济学动态分析中最常用的最优性条件之一。在此基础上，着重将 Euler 方程拓展到含各种不同约束条件的变分法问题。本章还特别讨论了应用变分原理展开的积分泛函形式的非线性规划问题，这对分析用函数表述的相关经济学动态优化问题显得简单有效。

第 5 章讨论最优控制问题。本章主要围绕刻画最优控制的最优解特征的庞特里亚金（Л. С. ПОНТРЯГИН）最大值原理展开，同时讨论了 Arrow 最优解充分条件。本章介绍了数学研究中最优控制的一般形式[①]与经济学应用中的简化形式，讨论了简化最优控制问题的最大值原理与变分法问题的 Euler 方程的等价性，同时也在附录中给出了一般形式的最大值原理的证明（相对烦琐但依然基于微积分知识）供读者选读，并给出了利用最大值原理求解的数学计算范例。在此基础上，拓展介绍了包含其他约束条件的最优控制问题。作为经济学的直观应用范例，主要介绍了最大值原理在前述最优经济增长模型等分析中的应用。

第 6 章介绍动态规划方法与应用。动态规划的核心思想是贝尔曼（Bellman）最优性原理。动态规划方法主要是基于 Bellman 原理写出反映最优解特征的 Bellman 方程或采用逆向递归求解。如前所述，动态规划可应用于连续型和离散型不同形式的动态最优化问题。为此，本章也分为两部分，对连续型最优化问题，主要讨论该方法对最优控制问题的应用，并解释 Bellman 方程与变分法的 Euler 方程以及最优控制的最大值原理的一致性，以帮助读者进一步了解相关最优化理论之间的关联；对离散型最优化问题，主要介绍逆向递归方法。最后介绍了经济学的工作搜寻模型中 Bellman 方程的设立以及据此展开的分析。

第 7 章介绍结合动态优化与均衡的经济理论分析范例。本章主要以市场经济体制下的经济增长分析为例，讨论几个经典的经济增长模型如何描述动态优化和均衡，以此阐释经济增长的机制和相关因素的影响。主要包括：考虑市场均衡的分散决策的 Ramsey 增长模型，包含人力资本的分散决策下两部门增长模型，以及同样着重刻画市场竞争机制的基于横向创新的内生增长模型和基于纵向创新的内生增长模型。

除以上主要内容之外，第 4 章和第 5 章也分别讨论了离散形式的变分法和最优控制问题。这些离散的最优化问题可以利用非线性规划方法推导出离散形式的 Euler 方程和最大值原理。这一方面进一步解释了各最优化理论的关联性，另一方面也丰富了经济学最优化问题的表述方式与分析方法。

本书最优化分析所需要的相关数学基础知识在附录部分提供，在上述各章节的数学分析过程中，我们也会建议读者参考附录的相应部分。根据需要，读者也

---

① 数学上的一般形式更能刻画最大值原理的特征，有助于读者进一步理解最优控制问题的基本原理与方法。

可以先复习附录部分的内容。另外，考虑到本书的目的主要在于讨论如何将数学方法应用于经济学分析，在数学方法上，本书对较复杂且经济学应用相对较少的章节标注了"*"符号，初学者可略过标注"*"符号的内容，这些内容不影响对本书中经济学范例的理解。最后，作为教材内容，本书中涉及的最优化数学基础内容、例子与习题、以及相关经济学范例等在不同书籍中均出现过，相关参考资料总列于书后参考文献中。

第一部分

静态优化分析

对最优化问题的静态和动态的区分多见于经济学分析，所谓的静态优化是相对于动态优化而言，通俗地说，就是最优化问题的选择变量不涉及时间的动态变化因素。分析静态优化问题通常利用实数空间的非线性规划方法。本部分力求精炼且相对系统地介绍非线性规划的基本理论与方法，在此基础上，通过范例介绍经济学如何运用非线性规划方法展开相关理论分析。

在经济学应用分析方面，第1章与第2章主要介绍最优性条件等的直接应用，优化与均衡的综合分析将在第3章展开。

此外，也必须明确指出，以下讨论的非线性规划方法也可用于分析相关动态最优化问题，比如，离散时间形式的动态优化问题和一些积分泛函形式的连续时间函数的动态优化问题。我们将在第二部分探讨动态优化分析时介绍这些问题。

第1章

非线性规划基础与应用

如绪论中所述，最优化问题可以追溯到古老的函数极值问题。非线性规划作为相对独立的研究领域大约始于20世纪中叶，最早有影响的相关研究是1947年丹齐克（G. B. Dantzig）关于求解线性规划问题的讨论，20世纪50年代初，H. W. Kuhn 和 A. W. Tucker 发表的关于最优性条件的研究成果则为非线性规划奠定了理论基础，被视为非线性规划正式诞生的一个重要标志。非线性规划内容通常主要包括：解的最优性条件、解的存在唯一性、灵敏性分析、对偶性理论，以及求最优解的数值算法等，特别是随着计算机技术的飞速发展，非线性规划的数值算法得到了快速推进与广泛应用。

但在经济学理论分析中，一般情况下，求出具体的最优解并不是主要目的。经济理论模型通常高度简略和抽象，此时模型具体的最优解一般不是对现实变量的准确刻画。理论模型的重点更在于解释各经济变量的逻辑关联，经济学理论分析通常在于利用对最优解特征的分析，挖掘出能反映经济规律、解释经济问题的经济变量之间的关系式。因此简略而言，在经济理论分析应用中更关键的是对最优解性质的分析，而不是如何应用算法求出具体的最优解。所以，比起算法，理论分析更注重对刻画最优解特征的最优性条件的分析与应用。为此，作为精要内容，本章也主要讨论最优解的最优性条件。

本章将从最简单的无约束最优化问题开始，再依次介绍含等式约束的最优化问题，含不等式约束的最优化问题，以及同时包含等式和不等式的最优化问题的最优解的特征。我们主要分析最优解的一阶和二阶的最优性必要条件、充分条件和最优解的鞍点特征，以及 Lagrange 乘子的含义等问题，使读者能较深入地理解最优解的数学性质，为经济理论分析提供数学基础。在经济学应用范例方面，本章也给出部分最优性条件的直接应用范例，而如前所述，更完整的理论应用分析将在第3章进行。

1.1 古典最优化：无约束和等式约束问题

前面提到，最优化问题也称为极值问题，而无约束极值和等式约束极值问题可以追溯到微积分学发展的初期，所以这些极值问题有时也被称为古典的最优化问题。古典的极值问题作为微分的基本应用也出现在多数微积分学的教材之中，只是在相关部分通常多是介绍一维和二维函数的情况。本节主要讨论一般性多元函数的极值问题。本节的结论也是一维和二维函数结论的直接推广。对于多元函数与向量值函数的相关导数的概念与表示法，如梯度、方向导数、海塞（Hesse）矩阵、雅可比（Jacobi）矩阵等，初学者可能较为生疏；另外，关于凸集、凸函数等凸分析的相关概念和基础，部分读者也可能首次接触，这些可先参阅本书附录Ⅱ的"数学基础知识"。

1.1.1 无约束最优化原理与应用

无约束最优化问题即函数的极值问题。极值即给定的函数在其定义域上的某个范围内的极大值或极小值。

考虑多维函数 $f(x): R^n \to R$ 的极值问题。

【定义 1.1.1】 如果存在 $\delta > 0$，使得所有满足 $x \in R^n$，$\| x - x^* \| < \delta$[①]的 x 都有 $f(x) \geqslant (\leqslant) f(x^*)$，则称 x^* 为局部极小（极大）点；若对任意满足 $\| x - x^* \| < \delta, x \in R^n, x \neq x^*$ 的点，都有 $f(x) > (<) f(x^*)$，则称 x^* 为严格的极小（极大）点，即极小（极大）点是唯一的。

【定义 1.1.2】 若 $\forall x \in R^n$，都有 $f(x) \geqslant (\leqslant) f(x^*)$，则称 x^* 为全局（总体）极小（极大）点。

直观上，我们可以用二维坐标表示极值的图像，如图 1.1.1 所示。考虑可导的一维函数的情况，直观上容易理解，若一点 x 为极小点，则在该点左侧附近函数值必须递减，此时，左导数必须小于或等于 0，即 $f'_-(x) \leqslant 0$；而在该点右侧附近函数值必须递增，此时，右导数必须大于或等于 0，即 $f'_+(x) \geqslant 0$。因此，若在该点导数存在，则必须为 0。

---

① 这里涉及 n 维实数空间范数和邻域的概念，初学者可参阅附录Ⅱ。

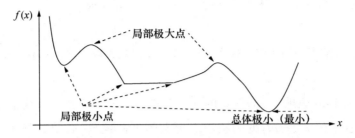

图 1.1.1　局部极小点与总体极小点

进一步地，如果存在二阶导数，二阶导数表示一阶导数的变化趋势，显然，如图 1.1.2 所示，极小点附近的切线的斜率必须递增，由此知道一阶导函数的导数必须大于或等于 0，即二阶导数必须大于或等于 0。

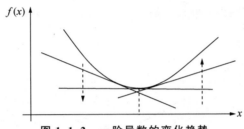

图 1.1.2　一阶导数的变化趋势

上述结论容易扩张到多维空间，以下给出 R^n 空间函数极值的一阶和二阶必要条件和充分条件。因为在理论上分析极大值和极小值的最优性条件是同理的，所以以下主要讨论极小值问题。另外，在多元微积分和矩阵代数的基础知识范围内，本书尽量给出相关定理的证明。对数学定理证明的理解有助于深入领会数理分析的本质。掌握数学证明对将数学应用于经济理论分析而言尤为重要。

【定理 1.1.1】（一阶必要条件）

设开集 D 上的函数 $f: D \subset R^n \to R$ 在 D 上可微，若 $x^* \in D$ 是局部极小（最优）点，则有 $\nabla f(x^*) = 0$。

证明① （反证法）　假定 $\nabla f(x^*) \neq 0$，取 $d = -\nabla f(x^*)$，则有：

$$\nabla f(x^*)^\mathrm{T} d = -\nabla f(x^*)^\mathrm{T} \nabla f(x^*) < 0$$

注意到 $\nabla f(x^*)^\mathrm{T} d$ 也就是 f 沿 d 方向的方向导数，所以 d 为目标函数 f 的下

---

① 这里用到多元函数的梯度 $\nabla f(x^*)$ 和方向导数 $\nabla f(x^*)^\mathrm{T} d$ 的定义与性质，$\nabla f(x^*)$ 为向量，向量通常为列向量形式，用上标 T 表示向量的转置。可参阅本书附录 Ⅱ。

降方向。故存在 $\theta>0$，使得对任意的 $\alpha\in(0,\theta]$，下式成立：
$$f(x^* + \alpha d) < f(x^*) \qquad (1.1.1)$$

此处对 x^* 的任意的 $\delta-$邻域 $N_\delta(x^*)$，只要取 α 充分小，就有 $x^* + \alpha d \in N_\delta(x^*)$。

所以(1.1.1)式表明 x^* 的任意的 $\delta-$邻域 $N_\delta(x^*)$ 都含有函数值比 x^* 的函数值 $f(x^*)$ 更小的点 $x^* + \alpha d$（此为极小点定义的否命题）。此结论与 x^* 为极小点的假设矛盾。

因此，
$$\nabla f(x^*) = 0 \qquad \square$$

需要注意的是，上述命题的逆命题不成立，即梯度为 0 时，函数值不一定是极值。图 1.1.3 所示的鞍点即为一例。

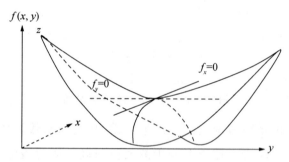

图 1.1.3　梯度为 0 的点不一定是极值点

所以，有时必须借助二阶导数的性质展开进一步判断。

【定理 1.1.2】（二阶必要条件）

设开集 D 上的函数 $f：D\subset R^n \to R$ 在 D 上二阶连续可微。若 $x^*\in D$ 为局部极小点，则有：
$$\nabla f(x^*) = 0, \quad d^\mathrm{T} \nabla^2 f(x^*) d \geqslant 0, \quad \forall d \in R^n$$

证明　第一个结论即定理 1.1.1；对第二个结论可用 Taylor 公式证明。

取序列 $x_k = x^* + \alpha_k d$，其中 d 为任意（方向），$\alpha_k \to 0 (k \to \infty)$。注意到，$\nabla f(x^*)=0$，$x^*$ 为局部最小点，在 $f\in C^2$（二次连续可微）的设定下，有下式成立：
$$0 \leqslant f(x_k) - f(x^*) = \frac{1}{2}\alpha_k^2 d^\mathrm{T} \nabla^2 f(\theta_k) d$$

其中
$$\theta_k = \eta x^* + (1-\eta)x_k, \quad \eta \in [0,1]$$

当 $k \to \infty$ 时，有 $x_k \to x^*$，所以 $\theta_k \to x^*$。

将以上不等式两边同时除以 $\frac{1}{2}\alpha_k^2$，再对 k 求极限即可得：
$$d^T \nabla^2 f(x^*) d \geqslant 0, \quad \forall d \in R^n \qquad \square$$

【定理 1.1.3】（二阶充分条件）

设 $f: D \subset R^n \to R$ 在开集 D 上二阶连续可微，则以下条件是 $x^* \in D$ 为严格局部极小点的充分条件：
$$\nabla f(x^*) = 0, \quad d^T \nabla^2 f(x^*) d > 0, \quad \forall d \in R^n, \quad d \neq 0$$

证明 该定理结论从以下的 Taylor 公式容易得到：
$$f(x^* + \varepsilon d) = f(x^*) + \nabla f(x^*)^T \varepsilon d + \frac{1}{2}\varepsilon^2 d^T \nabla^2 f(x^* + \theta \varepsilon d) d$$

这里，$\forall d \in R^n, \theta \in [0,1], \varepsilon$ 可取任意小。 $\square$

一般情况下，无法给出一个最优解的充分必要条件，因为 $\nabla^2 f(x^*)$ 在充分条件里是正定的，而在必要条件里是非负定的。但在凸优化问题中可以得到充分必要条件。关于凸分析的基础概念和基本性质，初学者可参阅本书附录 Ⅱ 的 A.3。

【定理 1.1.4】（凸优化问题的充要条件）

设 $f: D \subset R^n \to R$ 为凸函数且在开集 D 上连续可微，则 x^* 为全局极小的充要条件为 $\nabla f(x^*) = 0$。

证明 必要条件的证明同定理 1.1.1；充分条件的证明利用以下可微凸函数的性质（参阅附录 Ⅱ 的 A.3）即可得：
$$f(x) - f(x^*) \geqslant \nabla f(x^*)^T (x - x^*), \quad (\forall x \in D) \qquad \square$$

上述无约束最优化问题虽然简单，在经济学中却应用普遍。特别是在包含多个个体的优化与均衡分析时，经常把部分个体的优化选择简单描述为无约束最优化问题。如在本书第 7 章要讨论的经济增长模型中，对厂商行为的表述就利用了例 1.1.1 的无约束最优化问题。

例 1.1.1 厂商的利润最大化问题

在宏观经济分析中，通常假设所有厂商是无差异的，而生产要素主要考虑资本和劳动，其生产函数可表示为 $y=f(k,l)$，其中，k 表示资本要素，l 表示劳动要素。如此，完全竞争市场中的厂商选择可以表示为：

$$\max_{k,l}:\pi(k,l)=f(k,l)-rk-wl$$

这里，π 表示利润，r 为资本市场的利率，w 为劳动力市场的工资率，r 和 w 也就是要素价格。①

上述生产函数通常被假设为凹函数②，所以这里的目标函数 $\pi(k,l)$ 也是凹函数。如此根据上述充要性定理 1.1.4，易知，(k^*,l^*) 为最优解的充分必要条件是 $\nabla\pi(k^*,l^*)=0$，即：

$$f_k(k^*,l^*)=r, \quad f_l(k^*,l^*)=w$$

所以最优投入时，利息率等于资本的边际收益，工资率等于劳动的边际收益。反之，边际产出等于要素价格时的投入也就是最优投入。

因此，在以上最优选择问题中，边际成本等于边际收益的投入选择等价于最优选择。该结论被广泛用于经济分析。 □

在经济学理论分析中更多利用最优性一阶条件，二阶条件的运用并不多见。特别是在含约束条件的最优化问题中，二阶条件表达式复杂，不易表述其直观的经济学含义。本书的例子也主要讨论一阶条件的应用，但二阶条件有时也能推导出具有直观经济学含义的结论，如下例：

例 1.1.2　生产要素需求与价格的关联

考虑一般的情况，设生产函数为 $y=f(x)$，x 为投入要素的向量，对应的价格向量为 w。进一步设出售 y 的收益为 $R(y)$。此时，厂商的利润可表示成如下函数形式：

$$F(x,w):=R(f(x))-wx$$

这里厂商的最优选择意味着，在给定的 w 下，厂商将选择最优的 x，因此 w 的变化将会引起 x 改变。以下主要利用二阶最优性条件简单观察 w 的变化对最优

---

① 这里隐含了产品价格为 1，所以 r 和 w 是相对价格。另外，这里的厂商利润最大化问题与绪论中提到的利润函数的表述是一致的。

② 凹函数可用二阶导数判断，参阅附录 II 的凸分析部分。另外，这里需要注意的是，笔者依照数学惯例，表示数学的最优化问题时主要使用最小化 min（更方便对应目标函数为凸函数的情况）。而在经济学中，如本例，许多情况都表述为最大化问题。因此，应用时需要注意相应改变目标函数的凹凸性。

选择 x 的影响。①

求 F 关于 x 的一阶导数，可得 $F_x = \dfrac{\mathrm{d}R}{\mathrm{d}f}\dfrac{\mathrm{d}f}{\mathrm{d}x} - w$，再对 w 求导（二阶导数）得 $F_{xw} = -E$。E 为单位矩阵。②

由最优解的一阶条件可知，在最优解 x^* 处，$F_x(x^*,w) = 0$。对此式求全微分得：

$$F_{xx}(x^*,w)\mathrm{d}x^* + F_{xw}(x^*,w)\mathrm{d}w = 0$$

所以有：

$$\mathrm{d}x^* = -F_{xx}(x^*,w)^{-1}F_{xw}(x^*,w)\mathrm{d}w = F_{xx}(x^*,w)^{-1}\mathrm{d}w$$

由此可得：

$$\mathrm{d}w^\mathrm{T}\mathrm{d}x^* = \mathrm{d}w^\mathrm{T}F_{xx}(x^*,w)^{-1}\mathrm{d}w$$

由最优解二阶必要条件知，$F_{xx}(x^*,w)$ 非正定（这里考虑的是最大化问题，故二阶条件为非正定），所以上式等号右边非正，即 $\mathrm{d}w^\mathrm{T}\mathrm{d}x^* \leqslant 0$。这表示总体上要素价格与要素投入（需求）之间是负相关关系。

另外，虽然以上对生产函数 f 和收益函数 R 没有进一步的凹性要求，但二阶必要条件非正定也意味着，如存在最优解则要求 F 在 x^* 附近必须是凹的，这也就意味着最终收益的复合函数 $R(f(x))$ 必须是凹的。 □

1.1.2 等式约束最优化问题

现在考虑含等式约束的最优化问题。在一定条件下，一般形式的等式约束可以用隐函数定理将约束条件归结到目标函数，从而在理论上把等式约束最优化问题转化为无约束极值问题。但在探讨具体问题的最优解时，如果存在许多等式约束，如此替代可能是烦琐的。拉格朗日（Lagrange）提出了一种分析等式约束问题的有效方法，称为 Lagrange 乘数法。现代非线性规划的许多结论，包括本章后面介绍的主要内容实际上都是 Lagrange 乘数法的拓展。如下所示，在只有等式约束的情况下，Lagrange 乘数法可以从隐函数定理导出。

考虑以下含等式约束的最优化问题：

(NLP-1) $\qquad\qquad\qquad \min: f(x_1, x_2, \cdots, x_n)$

---

① 这实际上是讨论最优化问题的参数对最优解的影响，我们在下一章将进一步讨论，这里只是简单介绍二阶条件的一个应用例。

② 这里，二阶导数 F_{xw} 为向量值函数 $(-w)$ 的导数，是 Jacobi 矩阵，参阅附录Ⅱ的 A.2。

s. t.：
$$g_i(x_1, x_2, \cdots, x_n) = 0, \quad i = 1, \cdots, m$$

在等式约束的最优化问题中，通常设 $m < n$。因为若 $m = n$，则作为约束的 n 个方程可能决定了唯一的一组解，此时不存在最优解的选择。而若 $m > n$，则约束方程的个数超过其所含变量的个数，可能不存在满足约束条件的变量。

该约束最优化问题的全局解和局部最优解定义如下：

令 $D = \{x \in R^n \mid g_i(x) = 0, i = 1, 2, \cdots, m\}$，即 D 为 (NLP-1) 的可行解的集合，称为可行域。设 $x^* \in D$，如果存在 $\delta > 0$，对任意的 $x \in N_\delta(x^*) \cap D$ 都有 $f(x) \geqslant f(x^*)$，则称 x^* 为 (NLP-1) 的局部最优解。如果 $f(x) \geqslant f(x^*)$ 对任意的 $x \in D$ 成立，则称 x^* 为全局最优解。

1.1.2.1 二维空间的等式约束最优化问题

考虑二维的情况，此时等式约束为 $g(x_1, x_2) = 0$。设 $x^* = (x_1^*, x_2^*)$ 为局部最优解，f 和 g 在 x^* 的某邻域连续可微，$g_{x_2}(x_1^*, x_2^*) \neq 0$。此时，如果 g 满足隐函数定理的相关条件（参阅附录Ⅱ的 A.2 隐函数定理），则等式约束隐含了 $x_2 = x_2(x_1)$，代入目标函数则有 $f(x_1, x_2(x_1)) =: \phi(x_1)$，从此式和由 $g(x_1, x_2) = 0$ 导出的 $\dfrac{\mathrm{d} x_2}{\mathrm{d} x_1} = -\dfrac{g_{x_1}}{g_{x_2}}$ 可求出：

$$\frac{\mathrm{d}\phi}{\mathrm{d}x_1} = f_{x_1} - f_{x_2} \frac{g_{x_1}}{g_{x_2}}$$

根据前述无约束极值的一阶条件（定理 1.1.1），则有 $\dfrac{\mathrm{d}\phi}{\mathrm{d}x_1}(x_1^*) = 0$。此时，设 $\mu = -\dfrac{f_{x_2}(x_1^*, x_2^*)}{g_{x_2}(x_1^*, x_2^*)}$，则可得：

$$f_{x_1}(x_1^*, x_2^*) + \mu g_{x_1}(x_1^*, x_2^*) = 0$$
$$f_{x_2}(x_1^*, x_2^*) + \mu g_{x_2}(x_1^*, x_2^*) = 0$$

此即二维空间的等式约束最优化问题的一阶最优性必要条件。

如果设函数

$$\mathcal{L}(x_1, x_2, \mu) = f(x_1, x_2) + \mu g(x_1, x_2)$$

则 $\nabla_\mu \mathcal{L}(x_1^*, x_2^*, \mu) = g(x_1^*, x_2^*) = 0$ 为约束条件，该式成立。如此，以上分析表明：如果 $x^* = (x_1^*, x_2^*)$ 为上述二维的等式约束问题的最优解，则存在 μ，使得以下一阶条件成立：

$$\nabla \mathcal{L}(x_1^*, x_2^*, \mu) = 0$$

即
$$\begin{cases} f_{x_1}(x_1^*, x_2^*) + \mu g_{x_1}(x_1^*, x_2^*) = 0 \\ f_{x_2}(x_1^*, x_2^*) + \mu g_{x_2}(x_1^*, x_2^*) = 0 \\ g(x_1^*, x_2^*) = 0 \end{cases} \quad (1.1.2)$$

上述 $\mathcal{L}(x_1, x_2, \mu)$ 称为 Lagrange 函数，它包含了目标函数和约束函数，μ 称为 Lagrange 乘子。从以上分析可知，可能的极值点（最优解）就包含在方程组(1.1.2)的解之中，用方程组(1.1.2)讨论可能的极值点的方法称为 Lagrange 乘数法。

1.1.2.2 n 维空间的等式约束最优化问题

上述结论容易推广到 n 维的情况。此时，我们设 x^* 为局部最优解，目标函数和约束函数在 x^* 的某邻域连续可微，并设 $g=(g_1, g_2, \cdots, g_m)$ 在 x^* 的 Jacobi 矩阵的秩为 m，即 $\nabla g_i(x^*), i=1, \cdots, m$ 是线性独立的。不妨设 g 关于前 m 个变量的 Jacobi 矩阵是可逆的，并设 $y=(x_1, \cdots, x_m)$，$z=(x_{m+1}, \cdots, x_n)$，同样在满足隐函数定理的条件下（参阅附录Ⅱ的 A.2），等式约束隐含了

$$y = y(z), \quad \nabla y = -(\nabla_y g)^{-1} \nabla_z g \; \text{①}$$

把 $y=y(z)$ 代入目标函数，如上同样展开分析，从此时的目标函数在最优解处关于 z 的梯度为 0 可知：

$$-\nabla_y f(y^*, z^*)^{\mathrm{T}} [\nabla_y g(y^*, z^*)]^{-1} \nabla_z g(y^*, z^*) + \nabla_z f(y^*, z^*)^{\mathrm{T}} = 0$$

由此，如果设

$$\mu^{\mathrm{T}} = -\nabla_y f(y^*, z^*)^{\mathrm{T}} [\nabla_y g(y^*, z^*)]^{-1} \in R^m$$

则以下等式成立：
$$\nabla_z f(y^*, z^*) + \mu^{\mathrm{T}} \nabla_z g(y^*, z^*) = 0 \; \text{②}$$
$$\nabla_y f(y^*, z^*) + \mu^{\mathrm{T}} \nabla_y g(y^*, z^*) = 0$$

设 Lagrange 函数为：$\mathcal{L}(x, \mu) = f(x) + \mu^{\mathrm{T}} g(x)$，结合 x^* 满足等式约束条件，可得以下定理：

【定理 1.1.5】（等式约束极值的必要条件）

设 x^* 为(NLP-1)的局部最优解，f、g_i $(i=1, \cdots, m)$ 在 x^* 的某邻域连续可微，$\nabla g_i(x^*)$ $(i=1, \cdots, m)$ 是线性独立的，则存在 $\mu \in R^m$，使得：

$$\nabla \mathcal{L}(x^*, \mu) = 0$$

---

① 式中 $\nabla_y g$，$\nabla_z g$ 分别表示 $g(y, z)$ 关于向量 y 和向量 z 的梯度。

② 此处的 $\mu^{\mathrm{T}} \nabla g = \sum_{i=1}^{m} \mu_i \nabla g_i$ 为列向量的线性组合，以下类似表示方法的意义相同。

进一步分析还可以知道，上述 Lagrange 函数的相关正定性还提供了最优解的充分条件。

> **【定理 1.1.6】**（等式约束极值的二阶充分条件）
>
> 设 f,g 在 x^* 的某邻域二次连续可微，且存在 Lagrange 乘子 $\mu \in R^m$ 满足 $\nabla \mathcal{L}(x^*,\mu)=0$，如果以下二阶条件成立：
>
> $$y^T \nabla_{xx}\mathcal{L}(x^*,\mu)y > 0, \quad \forall\, y \in \{y \in R^n \mid \nabla g(x^*)y=0, y \neq 0\}$$
>
> 则 x^* 为（NLP-1）的严格局部最优解。

证明 这里将证明上述结论的逆否命题（参阅附录Ⅱ的 A.1）成立，即要证明：如果 x^* 不是严格局部最优的，则存在满足 $\nabla g_i(x^*)\bar{y}=0, i=1,\cdots,m$ 的非零向量 $\bar{y}$，使得：

$$\bar{y}^T \nabla_{xx}\mathcal{L}(x^*,\mu)\bar{y} \leqslant 0$$

设 x^* 不是严格局部最优，则在 x^* 的一邻域存在收敛于 x^* 的点列 $\{x^k\}$，满足等式约束 $g(x^k)=0$，且 $f(x^k) \leqslant f(x^*)$（不是最优时，x^* 附近的任一邻域均存在比 x^* 更优的可行解，如此当邻域不断缩小时，即可取出如上点列）。

使 $x^k = x^* + \theta^k y^k$，其中，$\theta^k > 0 \in R$，$\|y^k\|=1$，根据有界数列必存在收敛子列的原理，不失一般性，我们可设以上序列 $\{y^k\}$ 收敛于 $\bar{y}$，$\|\bar{y}\|=1$。另，因为 $\{x^k\}$ 收敛于 x^*，所以 $\{\theta^k\} \to 0$。故可以导出（参考附录Ⅱ的 A.2 中方向导数和梯度的关系）：

$$\frac{g(x^*+\theta^k y^k) - g(x^*)}{\theta^k} \to \nabla g(x^*)\bar{y}, \quad k \to \infty$$

注意到，$g(x^*+\theta^k y^k)=g(x^k)=0, g(x^*)=0$，所以 $\nabla g(x^*)\bar{y}=0$。

另，根据 Taylor 公式，有：

$$\mathcal{L}(x^k,\mu) - \mathcal{L}(x^*,\mu)$$

$$= \theta^k (y^k)^T \nabla_x \mathcal{L}(x^*,\mu) + \frac{1}{2}(\theta^k)^2 (y^k)^T \nabla_{xx}\mathcal{L}(x^*+\lambda^k \theta^k y^k,\mu)y^k \qquad (1.1.3)$$

其中，$\lambda^k \in [0,1]$。

因为约束条件 $g(x^*)=0, g(x^k)=0$ 和一阶条件 $\nabla \mathcal{L}(x^*,\mu)=0$ 成立，所以 (1.1.3) 隐含了

$$f(x^k) - f(x^*) = \frac{1}{2}(\theta^k)^2 (y^k)^T \nabla_{xx}\mathcal{L}(x^*+\lambda^k \theta^k y^k,\mu)y^k \leqslant 0$$

由此式和 $k \to \infty$ 时，$y^k \to \bar{y}$，$x^*+\lambda^k \theta^k y^k \to x^*$ 可知：

$$\bar{y}^T \nabla_{xx} \mathcal{L}(x^*, \mu) \bar{y} \leqslant 0$$

所以定理得证。 □

在前面讨论无约束极值问题时，函数的二阶导数（Hesse 矩阵）的正定性是极小的充分条件，而半正定性是必要条件。与此相似，上述 Lagrange 函数的相关正定性改为半正定性时就是最优解的二阶必要条件。以下给出二阶必要条件的定理，其证明从略，有兴趣的读者可参阅书后参考文献中的非线性规划相关教材。

【**定理 1.1.7**】（等式约束极值的二阶必要条件）

设 x^* 为（NLP-1）的局部最优解，f、g 在 x^* 的某邻域二次连续可微，$\nabla g_i(x^*)(i=1,\cdots,m)$ 是线性独立的，则存在 $\mu \in R^m$，使得：

$$\nabla \mathcal{L}(x^*, \mu) = 0$$

$$y^T \nabla_{xx} \mathcal{L}(x^*, \mu) y \geqslant 0, \quad \forall y \in \{y \in R^n \mid \nabla g(x^*) y = 0\}$$

而当利用隐函数把等式约束问题归结为无约束问题时，目标函数 $F(z) = f(y(z), z)$ 的二阶导数 $\nabla^2 F(z)$ 的正定性也就是最优解的充分条件。此时 $f(y(z), z)$ 的正定性可用 $\mathcal{L}$ 的加边 Hesse 矩阵的顺序主子式的正负来判定。这里不展开讨论，详细可参阅书后参考文献中的非线性规划相关教材。

另，经济学应用中等式约束通常也可以表示为不等式约束，这里不再单独列举等式约束的应用例。

1.2 不等式约束最优化原理与应用

本节讨论含不等式约束的最优化问题。不等式约束和等式约束存在重要区别，一般认为，把不等式约束引入最优化问题是最优化问题研究从"古典"到"现代"的主要标志。本节将集中讨论不等式约束问题，下一节将考虑同时含等式和不等式约束的最优化问题。本节是非线性规划的核心内容和基础，下一节的相关结论是本节结论的直接拓展。

含不等式约束的非线性规划问题表示如下：

(NLP-2) $\qquad \min: f(x)$

s.t.: $\qquad g_i(x) \leqslant 0, \quad i = 1, 2, \cdots, m$

其中，$f: R^n \to R$，$g_i: R^n \to R$，$i = 1, 2, \cdots, m$。

该约束最优化问题的全局解和局部最优解定义与前节相同，只是可行解的集

合为 $X = \{x \in R^n \mid g_i(x) \leqslant 0, i = 1, 2, \cdots, m\}$。

以下为简便，有时用向量值函数表示，即 $g(x) = (g_1(x), \cdots, g_m(x))^T$。

1.2.1 一阶最优性必要与充分条件

1.2.1.1 最优解的 Fritz John 必要条件

首先从直观意义上考察最优解所必须满足的性质；其次由此性质推导出关于最优解的必要条件。由于最优解首先必须是局部最优解，所以相应的讨论主要集中于局部最优解的特征分析。

【引理 1.2.1】

设 $f: R^n \to R$，$g: R^n \to R^m$ 在 $x^* \in R^n$ 处可微，若 x^* 为上述问题（NLP-2）的局部最优解，则同时满足以下两个条件的 $S \in R^n$ 不存在：

(1) $\nabla f(x^*)^T S < 0$；

(2) $\nabla g_i(x^*)^T S < 0$，$\forall i \in I(x^*)$，$I(x^*) := \{i \mid g_i(x^*) = 0\}$。

利用方向导数的定义，该定理的直观意义很明显。条件(1)表示：

$$\nabla f(x^*)^T S = \lim_{\theta \to 0} \frac{f(x^* + \theta S) - f(x^*)}{\theta} < 0$$

所以当 θ 充分小时，$f(x^* + \theta S) < f(x^*)$。由此 S 方向实际上表示目标函数值的下降方向。

条件(2)隐含了对 $i \in I(x^*) := \{i \mid g_i(x^*) = 0\}$ 的不等式约束，当 θ 充分小时，

$$g_i(x^* + \theta S) < g_i(x^*) = 0$$

即沿着 S 方向微小变动的点还会满足这些不等式约束。而其他不等式约束，即 $j \notin I(x^*)$ 的不等式约束，则有 $g_j(x^*) < 0$。由 g_j 的连续性可知，当 $x^* + \theta S$ 充分接近 x^* 时，必然也满足 $g_j(x^* + \theta S) < 0$。

所以，条件(2)的 S 方向实际表明：沿该方向的微小变动还会落在可行域的范围。这样的 S 也称为可行方向或许可方向。

显然，如果 x^* 为问题（NLP-2）的局部最优解，则不可能存在既是使目标函数值下降的，同时又是可行的方向 S。

如上，在讨论局部最优解时，主要关注的是在最优点取等号的不等式约束，实际上，如果 $g_j(x^*) < 0$，g_j 的连续性将使得在 x^* 附近的点也满足 $g_j(x) < 0$，所以这样的约束在 x^* 的局部不起实质约束作用。如此，考虑到在探讨局部最优解时，存在实际上起约束作用的不等式和不起约束作用的不等式，一般地，我们把不等式约束中在（局部）最优点取等号的约束称为有效约束或称受束缚的（binding），其他的则称为松弛约束或不受束缚的。上述集合 $I(x^*)$ 即表示有效约

束的不等式标示号的集合。

以下将从该引理推导出最优解的必要条件。

为证明关于最优解的必要条件的定理,我们将利用以下二择一定理。二择一定理表明,两组系数相关的线性方程组和线性不等式组不可能同时有解,但肯定其中一个将有解。

【引理 1.2.2】(Gordan 的二择一定理)

对 $m \times n$ 矩阵 A 来说,(1) 存在 $x \in R^n$,使得 $Ax < 0$;或者,(2) 存在 $y \in R^m$,使得 $A^T y = 0$,且 $y \geqslant 0$。但(1)和(2)不可能同时成立。

这里比较向量的不等号 "$\geqslant$" 与 "$\geq$" 意义不同。m 维向量 $a \geqslant b$ 表示其分量满足 $a_i \geqslant b_i$,$\forall i \in \{1, \cdots, m\}$;而 $a \geq b$ 表示对 $\forall i \in \{1, \cdots, m\}$,$a_i \geqslant b_i$,且 $\exists j \in \{1, \cdots, m\}$,$a_j > b_j$。本书下同。

证明 首先是"(2)成立时(1)不成立"的证明。设 y^* 为(2)的解,此时,假设(1)也有解 x^*。则由 $y^* \geq 0$,$Ax^* < 0$ 可知,$y^{*T} A x^* < 0$,即 $x^{*T} A^T y^* < 0$,同时 $A^T y^* = 0$ 成立必须有 $x^{*T} A^T y^* = 0$。导出矛盾,因此(2)成立时(1)不成立。

其次是"(2)不成立时(1)将成立"的证明。该部分的证明将利用凸集的分离性定理。设(2)不成立,则不存在满足 $A^T y = 0$,$e^T y = 1$,$y \geqslant 0$ 的 $y \in R^m$,此处 $e = (1, 1, \cdots, 1)^T$。

设 $Z = \{z \mid z = A^T y, e^T y = 1, y \geqslant 0\}$,可以确认 Z 为闭凸集。同时,由于 $0 \notin Z$,由点和凸集的分离定理(参阅附录Ⅱ的 A.3)可知,存在 $p \in R^n$,$\alpha \in R$ 使得:
$$p^T \cdot 0 > \alpha \quad 且 \quad p^T z \leqslant \alpha, \quad \forall z \in Z$$
由此即得:
$$p^T z < 0, \quad \forall z \in Z$$
即对任意满足 $e^T y = 1$,$y \geqslant 0$ 的 y 都有 $p^T A^T y < 0$。显然,如此的 y 可取第 i 个分量为 1、其余均为 0 的向量,即单位向量 e^i。所以,$p^T A^T e^i < 0$,$i = 1, \cdots, m$,即 $Ap < 0$,由此,(1)成立。 □

该定理具有以下直观几何意义。设 $A^T = (a_1, a_2, \cdots, a_m)$,$a_i^T$ 即表示 A 的行向量。结论(1)表示存在 $x \in R^n$,使得 $a_i^T x < 0$,$i = 1, \cdots, m$。在图形上即表示为存在与所有 A 的行向量成钝角的向量。在二维平面上,考虑简单的三个向量的情况下,如图 1.2.1 所示,三向量应在与 x 垂直的直线的同一侧。①

---

① $a_i^T x = a_i \cdot x = \langle a_i, x \rangle$ 为两向量的内积,两向量间的夹角 ϕ 与内积的关系为:$\cos \phi = \dfrac{a_i \cdot x}{\|a_i\| \|x\|}$。所以,$a_i^T x < 0$ 表明两向量的夹角大于 90 度,$a_i^T x = 0$ 说明夹角等于 90 度,$a_i^T x > 0$ 说明夹角小于 90 度。

结论(2)表示存在系数 $y=(y_1,y_2,\cdots y_m)^T \geqslant 0$，使得 $\sum_{i=1}^{m} y_i a_i = 0$，即 0 可表示为 A 的所有行向量的非负线性组合。同样，在上述三个二维向量的情况下，如图 1.2.2 所示，三个行向量不可能都在一直线的同一侧。

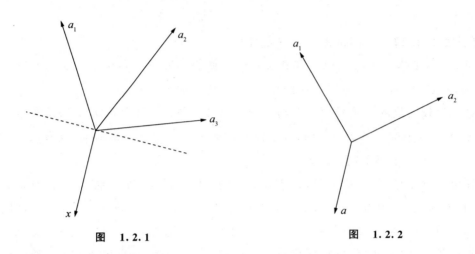

图　1.2.1　　　　　　　　　　　　图　1.2.2

显然，以上两种情况必须有一种，也只能有一种情况成立。

从引理 1.2.1 及引理 1.2.2，可以得到以下关于最优解的最优性必要条件。该结论由 Fritz John 于 1948 年提出。

【定理 1.2.3】（Fritz John 条件）

设函数 $f: R^n \to R$，$g: R^n \to R^m$ 在 $x^* \in R^n$ 处可微，若 x^* 为问题（NLP-2）的局部最优解，则存在 $\mu_0 \in R$，$\mu=(\mu_1,\mu_2,\cdots,\mu_m)^T \in R^m$，$(\mu_0,\mu) \geqslant 0$ 使得：

$$\mu_0 \nabla f(x^*) + \mu^T \nabla g(x^*) = 0 \tag{1.2.1}$$

$$g(x^*) \leqslant 0, \quad \mu^T g(x^*) = 0 \tag{1.2.2}$$

在这里，由于对 $\forall i$，$\mu_i \geqslant 0$，$g_i(x^*) \leqslant 0$，因此定理中的 $\mu^T g(x^*) = 0$ 等价于 $\mu_i g_i(x^*) = 0$。一般地，我们将这个条件称为互补松弛条件，互补松弛条件在经济学分析中有时起着重要作用，后面将会结合例子进一步讨论。以下给出该定理的证明。

证明　为方便区分，不妨设 $g_1(x^*) = g_2(x^*) = \cdots = g_k(x^*) = 0$，$g_{k+1}(x^*) < 0, \cdots, g_m(x^*) < 0$。

由引理 1.2.1 可知，不存在满足以下条件的 S：

$$\begin{bmatrix} \nabla f(x^*)^{\mathrm{T}} \\ \nabla g_1(x^*)^{\mathrm{T}} \\ \vdots \\ \nabla g_k(x^*)^{\mathrm{T}} \end{bmatrix} S < 0$$

依引理 1.2.2 可知：$\exists (\mu_0, \mu_1, \cdots, \mu_k) \geqslant 0$，使得：

$$\begin{bmatrix} \nabla f(x^*)^{\mathrm{T}} \\ \nabla g_1(x^*)^{\mathrm{T}} \\ \vdots \\ \nabla g_k(x^*)^{\mathrm{T}} \end{bmatrix}^{\mathrm{T}} \begin{bmatrix} \mu_0 \\ \mu_1 \\ \vdots \\ \mu_k \end{bmatrix} = \mu_0 \nabla f(x^*) + \sum_{i=1}^{k} \mu_i \nabla g_i(x^*) = 0$$

再令 $i = k+1, \cdots, m$ 的 $\mu_i = 0$。显然，通过上式可得出：

$$\mu_0 \nabla f(x^*) + \sum_{i=1}^{m} \mu_i \nabla g_i(x^*) = 0$$

此式即 (1.2.1)。

(1.2.2) 的 $g(x^*) \leqslant 0$ 其实是问题的约束条件。若 x^* 为问题的局部最优解，则必然要满足约束条件。$\mu_i g_i(x^*) = 0$ 对有效约束 $i = 1, \cdots, k$ 显然是成立的，因为此时 $g_i(x^*) = 0$。对松弛约束 $i = k+1, \cdots, m$ 也成立，因为 $\mu_i = 0$。

以上即证明了定理 1.2.3。 □

与前面的等式约束最优化问题一样，对上述含不等式约束的最优化问题 (NLP-2)，我们将以下包含目标函数和约束条件中的函数的函数称为 Lagrange 函数：

$$\mathcal{L}(x, \mu_0, \mu) = \mu_0 f(x) + \mu^{\mathrm{T}} g(x)$$

其中，μ_0、μ 称为 Lagrange 乘子。

运用 Lagrange 函数，上述最优解的一阶必要条件 (1.2.1) 可表示为：

$$\nabla_x \mathcal{L}(x^*, \mu_0, \mu) = 0$$

在上述 Fritz John 的最优性条件中，应该注意到该一阶条件中的目标函数的 Lagrange 乘子可能为 0。观察以下 Kuhn 和 Tucker 在 1951 年论文中给出的例子：

例 1.2.1　Lagrange 函数中目标函数退化

考虑以下最优化问题：

$$\min: -x_1$$

s.t.：
$$x_2 - (1 - x_1)^3 \leqslant 0$$
$$-x_2 \leqslant 0$$

此处，$f(x)=-x_1$，$g_1(x)=x_2-(1-x_1)^3$，$g_2(x)=-x_2$，如图 1.2.3 所示，容易知道最优解为 $x^*=(x_1^*,x_2^*)=(1,0)$。在该最优解点，$\nabla f(x^*)=(-1,0)$，$\nabla g_1(x^*)=(0,1)$，$\nabla g_2(x^*)=(0,-1)$。此时，Lagrange 函数一阶导数为 0，则 Lagrange 系数中的 μ_0 不可能非 0。Fritz John 条件只对系数 $\mu_0=0$，$\mu=(\alpha,\alpha)$，$(\forall \alpha>0)$ 成立，因此实质上 Lagrange 函数中不包含目标函数，是退化的情形。

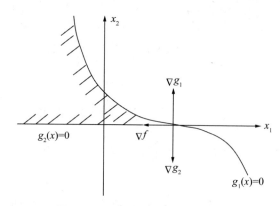

图 1.2.3 退化的 Fritz John 条件

显然，当对应目标函数的 Lagrange 乘子为 0 时，无法从一阶条件中分析目标函数的特征。为此，在实际应用中，必须进一步讨论目标函数的 Lagrange 乘子不为 0 的情况。以下对此展开进一步分析。

1.2.1.2 最优解的 Kuhn-Tucker 条件

一般而言，要保证上述目标函数 Lagrange 乘子不为 0，对约束条件必须加以约束，对约束条件的约束通常称为约束规范（constraint qualification）。以下是常用的约束规范。

(1)【**Cottle 约束规范**】

g 在 $x^*\in R^n$ 可微，存在 $S\in R^n$，使得：
$$\nabla g_i(x^*)^T S<0, \quad \forall i\in I(x^*)$$

从以上二择一定理可知，此约束规范可等价地表示为：

g 在 $x^*\in R^n$ 处可微，不存在满足以下条件的 μ_I：
$$\mu_I^T \nabla g_I(x^*)=0, \quad \mu_I\geqslant 0$$

μ_I 为 $i\in I(x^*)$ 的 μ_i 组成的向量，g_I 为对应 $i\in I(x^*)$ 的不等式约束中的函数 g_i 组成的向量。

(2)【**线性独立约束规范**】

$g: R^n\to R^m$ 在 $x^*\in R^n$ 处可微，向量 $\nabla g_i^T(x^*)$，$i\in I(x^*)$ 线性独立。

(3)【Slater 约束规范】

$g_i(x)$，$i\in I(x^*)$ 为凸函数，且存在 $x_0\in R^n$，使得 $g_i(x_0)<0$，$i\in I(x^*)$。

在以上约束规范中，Cottle 约束规范是最弱的，如果线性独立约束规范或 Slater 制约规范成立（在可微的情况下），则 Cottle 约束规范也成立。在以上约束规范的设定下，可以得到以下 Kuhn-Tucker 必要条件[①]。

【定理 1.2.4】（Kuhn-Tucker 必要条件）

设 $f: R^n\to R$，$g: R^n\to R^m$ 在 $x^*\in R^n$ 处可微，x^* 满足 Cottle 约束规范。如果 x^* 是问题（NLP-2）的局部最优解，则存在 $\mu\in R^m$，使得：

$$\nabla f(x^*)+\mu^T\nabla g(x^*)=0 \qquad (1.2.3)$$

$$g(x^*)\leqslant 0,\quad \mu^T g(x^*)=0,\quad \mu\geqslant 0 \qquad (1.2.4)$$

同样，这里如采用 Lagrange 函数的形式，一阶条件可表示为 Lagrange 函数关于 x 的一阶导数为 0。即：

$$\nabla_x \mathcal{L}(x^*,\mu)=0,\quad \mathcal{L}(x,\mu)=f(x)+\mu^T g(x)$$

在上述 Fritz John 定理的基础上证明该定理则很简单。证明过程如下：

证明 从上述 Fritz John 定理可知，存在 $\mu_0\in R$，$\mu=(\mu_1,\mu_2,\cdots,\mu_m)^T\in R^m$，$(\mu_0,\mu)\geqslant 0$ 使得：

$$\mu_0\nabla f(x^*)+\mu^T\nabla g(x^*)=0$$

$$g_i(x^*)\leqslant 0,\quad \mu_i g_i(x^*)=0,\quad i=1,\cdots,m$$

显然只要证明 $\mu_0\neq 0$，即可证明 Kuhn-Tucker 定理。

现假设 $\mu_0=0$，则有 $\mu\geqslant 0$。

这里为简单区分不等式约束，同样不妨设 $g_1(x^*)=g_2(x^*)=\cdots=g_k(x^*)=0$，$g_{k+1}(x^*)<0,\cdots,g_m(x^*)<0$。

由 $\mu_i g_i(x^*)=0$ 可知：$\mu_{k+1}=\cdots=\mu_m=0$，所以

$$\sum_{i=1}^k \mu_i\nabla g_i(x^*)=0$$

且有 $(\mu_1,\cdots,\mu_k)\geqslant 0$。

由引理 1.2.2 得，此时不存在满足以下条件的 $S\in R^n$：

[①] 此定理的结论由 Kuhn 和 Tucker 于 1951 年得出，但实际上 Karush 在 1939 年也得出了类似的结论，故也称此结论为 Karush-Kuhn-Tucker 条件。具体文献参阅福岛雅夫（1980）。

$$\nabla g_i(x^*)^\mathrm{T} S < 0, \quad i = 1, \cdots, k$$

此与 Cottle 约束规范的设定矛盾，所以 $\mu_0 \neq 0$。定理成立。 □

Kuhn-Tucker 最优性条件的几何意义：

考虑简单的两个变量的情形。此时，三维图形表示如图 1.2.4 所示。

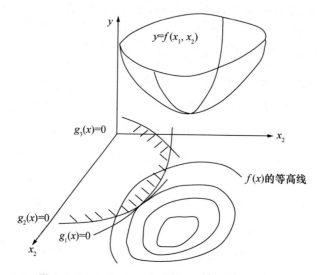

图 1.2.4 Kuhn-Tucker 最优性条件的几何意义

在这里，我们考虑有三个不等式约束的情形。图中，$g_1(x)=0, g_2(x)=0$ 表示为 (x_1, x_2) 平面的曲线。(x_1, x_2) 平面上 $f(x_1, x_2)$ 的等高线即为 $f(x_1, x_2)=\alpha$，α 取不同值的曲线族。

在二维 (x_1, x_2) 平面上，如图 1.2.5 所示，$g_3(x^*)<0$，所以 $g_3(x)\leqslant 0$ 不是有效约束。集合

$$T = \{x \mid \nabla g_i(x^*)x \leqslant 0, i=1,2\}$$

称为切锥（含深色部分），在 x^* 的近旁可视为满足约束条件的可行集。其中，梯度 $\nabla g_i(x^*)$ 表示曲线 $g_i(x)=0$ 在点 x^* 的法向量。① $-\nabla f(x^*)$ 为目标函数的最快减少方向，同时与 $-\nabla f(x^*)$ 方向成锐角的方向 d 也是目标函数 $f(x)$ 的下降方向，因为此时 $\nabla f(x^*)^\mathrm{T} d < 0$，在这些下降方向上作微小移动也会使目标函数值下降。

---

① 在 (x_1, x_2) 平面上，显函数形式的曲线 $x_2=g(x_1)$ 上一点的导数 $\nabla g(x_1)=\mathrm{d}x_2/\mathrm{d}x_1$ 表示曲线上该点的切线斜率，隐函数形式的曲线 $g(x_1, x_2)=0$ 上一点的梯度 $\nabla g(x_1, x_2)=(g_{x_1}, g_{x_2})^\mathrm{T}$ 则表示在该点的 $g(x_1, x_2)$ 函数值的最大增值方向，表示与该点切线垂直的法向量（增值方向）。

第 1 章　非线性规划基础与应用

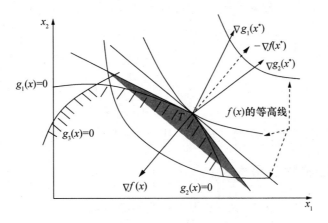

图 1.2.5　Kuhn-Tucker 最优性条件的几何意义

由 x^* 的最优性可知，下降方向不能落在可行集中，所以与 $-\nabla f(x^*)$ 的夹角成锐角的向量不能落在可行集的切锥 T 内，这在图形中即表现为 $-\nabla f(x^*)$ 应在 $\nabla g_1(x^*)$ 和 $\nabla g_2(x^*)$ 之间，因此存在系数 $\mu_1 \geqslant 0$ 与 $\mu_2 \geqslant 0$ 使得：

$$\nabla f(x^*) + \mu_1 \nabla g_1(x^*) + \mu_2 \nabla g_2(x^*) = 0$$

对应于 $g_3(x^*) < 0$ 的系数设为 $\mu_3 = 0$。则

$$\nabla f(x^*) + \mu_1 \nabla g_1(x^*) + \mu_2 \nabla g_2(x^*) + \mu_3 \nabla g_3(x^*) = 0$$

$$\mu_i g_i(x^*) = 0, \quad \mu_i \geqslant 0, \quad i = 1, 2, 3$$

此即定理 1.2.4 Kuhn-Tucker 最优性必要条件。

所以，Kuhn-Tucker 最优性必要条件直观地表示出：在（局部）最优解点，使目标函数值下降（变优）的不论多么微小的移动也不可能满足约束条件。

在此必须指出：使用数学方法讨论局部最优解时，一般更关注的是有效的不等式约束，实际上在 Lagrange 函数中只能体现有效约束。但在应用中，有时对松弛（无效）约束的探讨也可以得出有意义的结论，参见后面的隐含合同应用范例。

以上我们考察了局部最优解的必要条件，显然，这些定理也适用于全局最优解。一般而言，上述必要条件并不是最优解的充分条件，但当目标函数和约束函数为凸函数时，上述 Kuhn-Tucker 必要条件将是最优解的充分条件。

【定理 1.2.5】（Kuhn-Tucker 充分条件）

设 $f: R^n \to R$，$g: R^n \to R^m$ 为凸函数且在 $x^* \in R^n$ 处可微。如果对 x^* 存在满足定理 1.2.4 中的(1.2.3)式和(1.2.4)式的 $\mu \in R^m$，则 x^* 是问题（NLP-2）的全局最优解。

证明 根据目标函数和约束函数的凸性,以及(1.2.3)式和(1.2.4)式,有:

$$f(x) - f(x^*) \geqslant \nabla f(x^*)^\mathrm{T}(x - x^*)$$
$$= -\mu^\mathrm{T} \nabla g(x^*)(x - x^*)$$
$$\geqslant \mu^\mathrm{T}(g(x^*) - g(x))$$
$$= -\mu^\mathrm{T} g(x) \geqslant 0$$

即 $f(x) - f(x^*) \geqslant 0$ 对任意的 x 成立,所以 x^* 为全局最优解。 □

1.2.2 经济学应用例

以上的一阶最优性条件描述了非线性规划问题的解的最基本特征,也是经济学分析中应用最广泛的最优性条件。利用一阶最优性条件可以分析经济学中理性选择的相关基本性质,同时,对一些相对简单的最优化问题而言,有时可以据此推导出显式的最优解。以下介绍绪论中提到的两个微观经济学的简单例子:

例 1.2.2 消费者最优选择分析

先考虑绪论中提到的消费者最优选择问题。如绪论所述,该问题可模型化为如下非线性规划问题:

$$\max_{x} U(x_1, x_2, \cdots, x_n)$$

s.t.:
$$p_1 x_1 + p_2 x_2 + \cdots + p_n x_n \leqslant y$$

现在利用前面含不等式约束的最优性必要条件展开进一步分析。

由 Fritz John 一阶最优性条件可知,如果上述最优选择问题存在最优解,则存在 $(\lambda, \mu) \geqslant 0$,使得以下 Lagrange 函数①

$$\mathcal{L}(x, \lambda, \mu) = \lambda U(x_1, x_2, \cdots, x_n) + \mu(y - p_1 x_1 - p_2 x_2 - \cdots - p_n x_n)$$

在最优解处对 x 的一阶导数 $\nabla_x \mathcal{L} = 0$,即:

$$\lambda U_{x_i} - \mu p_i = 0, \quad i = 1, \cdots, n \qquad (*1)②$$

同时,满足互补松弛条件:

$$\mu(y - p_1 x_1 - p_2 x_2 - \cdots - p_n x_n) = 0 \qquad (*2)$$

---

① 这里需注意的是,在把最小化形式的最优性定理应用于最大化问题时,必须注意不等号方向的问题。最大化问题表示为:$\max: F(x)$, s.t.: $G(x) \geqslant 0$,的情况下,可以直接套用定理。所以,不等式约束写成 $y - p_1 x_1 - p_2 x_2 - \cdots - p_n x_n \geqslant 0$ 形式后,可以直接套用定理。本书其他例子同理。

② 在本书的各个例子中,因为相关方程基本只在例子中重复提到,所以例子中的方程编号均加上"*",如这里的(*1),加"*"的方程编号只在该例中使用。如此,可区别于本书中讨论一般数学原理时使用的各章节方程编号。

这里，如果给出具体的效用函数，从以上最优性条件可以进一步求最优解。但经济学分析的主要目的是探讨最优性条件所蕴含的经济学原理，一般函数形式的设定通常比具体的函数更能体现理论的普适性。所以，以下首先在一般函数形式的情况下分析最优性条件的经济学含义。

最优性条件($*1$)，在 $p_i > 0 (i=1,\cdots,n)$（市场价格为正）的情况下，可以知道，如果 $\lambda=0$，则 $\mu=0$。因为 $(\lambda,\mu) \geqslant 0$，所以 $\lambda \neq 0$，故最优性必要条件($*1$)要求：

$$\frac{U_{x_1}}{p_1} = \frac{U_{x_2}}{p_2} = \cdots = \frac{U_{x_n}}{p_n} = \frac{\mu}{\lambda}$$

该方程表示消费的边际等值原理，表明最优的消费选择必须是使最后一单位货币购买不同的消费品带来的边际效用相同。

为更详细讨论其经济学含义，上式可变化为：

$$\frac{U_{x_i}}{U_{x_j}} = \frac{p_i}{p_j}, \quad \forall\, i,j = 1,\cdots,n$$

方程左边反映 i 商品和 j 商品的边际替代率，右边称为经济替代率。最优选择要求二者必须相等。其经济学意义也很直观，如果二者不相等，比如，

$$\frac{U_{x_i}}{U_{x_j}} = \frac{1}{1} \neq \frac{2}{1} = \frac{p_i}{p_j}$$

显然，此时消费者若放弃一单位的 i 商品而购置两单位的 j 商品可提高效用。

由以上分析还可知 $\mu \neq 0$，此时，根据互补松弛条件($*2$)，必须满足

$$p_1 x_1 + p_2 x_2 + \cdots + p_n x_n = y$$

即不等式约束是有效的。其直观意义是：若还有多余财富，显然追加消费可增大效用。实际上，上述不等式约束也表示消费者的预算约束，因此，此时预算达到平衡才是最优的。

进一步地，由以上分析还可以知道，当 $\lambda \neq 0$ 时（即满足 Kuhn-Tucker 最优性条件），可设 $\lambda = 1$。此时，Lagrange 乘子具有经济学意义，容易看出，$\mu = \frac{U_{x_i}}{p_i}$，也即表示单位货币用于消费时的边际效用。

此外，以上利用的是 Fritz John 最优性条件，其实由该问题可知，Slater 制约规范被满足，因而也可直接利用 Kuhn-Tucker 最优性条件，设 $\lambda = 1$。实际上，在大多数经济学应用中，由于涉及的多是凸或凹函数，通常满足相关的制约规范，所以可直接利用 Kuhn-Tucker 最优性条件。

另一方面，在上例中，效用函数通常设定为凹函数，而约束条件中的函数形式是线性的，根据充分条件的定理 1.2.5，上述必要条件实际上也是全局最优的充分条件。在经济学应用中，基于相关函数凸性的设定，最优性必要条件通常也是充分的。

现在，如果进一步赋予效用函数具体的函数形式，则可利用一阶最优性条件求解。考虑如下消费者最优化问题：

$$\max_{(x_1, x_2)} : U(x_1, x_2) = x_1^\alpha x_2^{1-\alpha}$$

s.t.：
$$p_1 x_1 + p_2 x_2 \leqslant y$$

这里只考虑两个消费品的情况，效用函数取具体的 C-D（柯布-道格拉斯）函数形式，其中，$0<\alpha<1$。

以下分析如何求上述最优化问题的最优解，也就是需求函数。

根据定理 1.2.4，如果存在最优解，可构造如下 Lagrange 函数：

$$\mathcal{L} = x_1^\alpha x_2^{1-\alpha} + \mu(y - p_1 x_1 - p_2 x_2), \quad \mu \geqslant 0$$

满足一阶最优性条件和互补松弛条件：

$$\frac{\partial \mathcal{L}}{\partial x_1} = \alpha x_1^{\alpha-1} x_2^{1-\alpha} - \mu p_1 = 0 \qquad (*3)$$

$$\frac{\partial \mathcal{L}}{\partial x_2} = (1-\alpha) x_1^\alpha x_2^{-\alpha} - \mu p_2 = 0 \qquad (*4)$$

$$\mu(y - p_1 x_1 - p_2 x_2) = 0 \qquad (*5)$$

这里考虑微观经济学中通常讨论的内点解[①]的情况，即 $x_1>0$，$x_2>0$，此时容易判断等于 0 非最优解。从（*3）可知，$\mu>0$。另外，因为价格 $p_1>0$，$p_2>0$，结合（*3）和（*4）可得：

$$x_2 = \frac{(1-\alpha) p_1}{\alpha p_2} x_1 \qquad (*6)$$

根据互补松弛条件（*5），有：

$$p_1 x_1 + p_2 x_2 = y$$

将（*6）代入此式，即可得：

$$x_1 = \frac{\alpha y}{p_1}, \quad x_2 = \frac{(1-\alpha) y}{p_2}$$

这表示如果有内点解，此即为最优解。

---

① 内点的定义参阅附录 II 的 A.2。

进一步可知，$x_1^\alpha x_2^{1-\alpha}$ 和 $y-p_1x_1-p_2x_2$ 关于 (x_1,x_2) 是凹的，① 所以根据充分性条件的定理 1.2.5 可知，以上求出的 x_1、x_2 即为最优解。

如绪论中提到的，这里的解 $x_1=\dfrac{\alpha y}{p_1}$，$x_2=\dfrac{(1-\alpha)y}{p_2}$，也称为马歇尔（Marshall）或瓦尔拉斯（Walras）需求函数，利用该函数也可以进一步分析收入 y 和价格 p 对需求的影响，但这里主要讨论如何利用最优性条件求解，暂不涉及需求函数经济学意义的进一步讨论。

例 1.2.3　厂商最优选择分析

现在讨论绪论中提到的厂商最优选择问题。考虑厂商选择最优的规模和投入，以求利润最大化的选择问题。如绪论中所述，该问题可表示如下：

$$\max_{x,y}: py-w_1x_1-\cdots-w_nx_n$$

s.t.：
$$f(x_1,\cdots,x_n)\geqslant y$$

如上例，首先在一般形式生产函数的设定下讨论一阶最优性条件所蕴含的经济学基本原理，而后进一步利用具体的生产函数形式示例如何求解。依照上述讨论，我们可以直接利用 Kuhn-Tucker 最优性条件。也就是如果存在最优选择，则存在 $\mu\geqslant 0$，使得如下 Lagrange 函数：

$$\mathcal{L}(x,\lambda)=py-w_1x_1-\cdots-w_nx_n+\mu[f(x_1,\cdots,x_n)-y]$$

在最优解处关于 (x,y) 的一阶导为 0，即：

$$\mu f_{x_i}(x_1,\cdots,x_n)=w_i, \quad i=1,\cdots,n$$

$$\mu=p$$

互补松弛条件成立：

$$\mu[f(x_1,\cdots,x_n)-y]=0$$

从以上最优性一阶条件容易得到：

$$\frac{f_{x_i}}{f_{x_j}}=\frac{w_i}{w_j},\quad \forall\, i,j=1,\cdots,n$$

此为生产的边际等值原理，即最优的投入比例要满足：不同要素投入的边际收益之比等同其价格之比。否则通过投入量的调整可以进行帕累托改进。

同时，还可以得到：

$$f_{x_i}=\frac{w_i}{p},\quad i=1,\cdots,n$$

---

① 在可微的情况下，可利用二阶导数判断凹凸性，参阅附录Ⅱ的 A.3。

注意到要素价格除以产出价格为要素的实际价格，所以该式表示任一要素的实际价格应等于该要素的边际收益。

此外，从互补松弛条件可知，此时的不等式约束是有效力的，即在最优解处，$f(x_1,\cdots,x_n)=y$。其经济学含义也是显而易见的，y 为售出产品量，在不考虑库存问题时，多于销售量的产出是无效率的。

以下也给出了具体的生产函数，分析如何利用最优性条件求解。但这里的最优化问题换个不同的视角，讨论绪论中提到的如下成本最小化问题：

$$\min_{(x_1,x_2)}: w_1 x_1 + w_2 x_2$$

s.t.:
$$f(x_1,x_2) = (x_1^\rho + x_2^\rho)^{\frac{1}{\rho}} \geqslant y$$

此处只考虑两种投入要素，其中，生产函数称为 CES（不变替代弹性）型生产函数，$\rho<1$。产出 y 在这里视为给定量，该问题的最优解 (x_1,x_2) 即绪论中所述的条件投入需求函数。

再次利用定理 1.2.4，可知如果存在最优解，则可设 Lagrange 函数如下：

$$\mathcal{L} = w_1 x_1 + w_2 x_2 + \mu [y - (x_1^\rho + x_2^\rho)^{\frac{1}{\rho}}]$$

在最优解处满足条件：

$$\mathcal{L}_{x_1} = w_1 - \mu x_1^{\rho-1}(x_1^\rho + x_2^\rho)^{\frac{1}{\rho}-1} = 0$$

即
$$w_1 = \mu x_1^{\rho-1}(x_1^\rho + x_2^\rho)^{\frac{1}{\rho}-1} \qquad (*1)$$

同理，由 $\mathcal{L}_{x_2}=0$ 可得：

$$w_2 = \mu x_2^{\rho-1}(x_1^\rho + x_2^\rho)^{\frac{1}{\rho}-1} \qquad (*2)$$

$(*1)$ 和 $(*2)$ 也隐含了 $\mu \neq 0$，由二式可得：

$$x_1 = \left(\frac{w_1}{w_2} x_2^{\rho-1}\right)^{\frac{1}{\rho-1}} \qquad (*3)$$

同时，互补松弛条件成立：

$$\mu(y - (x_1^\rho + x_2^\rho)^{\frac{1}{\rho}}) = 0$$

所以，最优时，

$$y = (x_1^\rho + x_2^\rho)^{\frac{1}{\rho}} \qquad (*4)$$

把 $(*3)$ 代入 $(*4)$ 可得：

$$y = x_2 \left[\left(\frac{w_1}{w_2}\right)^{\frac{\rho}{\rho-1}} + 1\right]^{\frac{1}{\rho}} = x_2 w_2^{\frac{1}{1-\rho}}\left(w_1^{\frac{\rho}{\rho-1}} + w_2^{\frac{\rho}{\rho-1}}\right)^{\frac{1}{\rho}}$$

所以，

$$x_2 = yw_2^{\frac{1}{\rho-1}}(w_1^{\frac{\rho}{\rho-1}} + w_2^{\frac{\rho}{\rho-1}})^{-\frac{1}{\rho}} \qquad (*5)$$

将此式代入(*3)可得：

$$x_1 = yw_1^{\frac{1}{\rho-1}}(w_1^{\frac{\rho}{\rho-1}} + w_2^{\frac{\rho}{\rho-1}})^{-\frac{1}{\rho}} \qquad (*6)$$

因此，如果存在最优解，(*5)与(*6)即为最优解。

同上例，可以判断此时目标函数 $w_1x_1 + w_2x_2$，与约束条件中的 $y-(x_1^\rho + x_2^\rho)^{\frac{1}{\rho}}$，关于$(x_1, x_2)$是凸的，利用最优解的充分条件，可知(*5)与(*6)是最优解。此处也主要示例如何求解，不进一步讨论解的经济学意义。

1.2.3 非负空间的最优性条件与应用

以上经济学例子中的选择变量从现实意义考虑实际上都是非负的，也就是这里实际上还存在关于选择变量取值范围的不等式约束，$x=(x_1,x_2,\cdots,x_n)\geqslant 0$。但在以上问题中，不论从直观经济含义还是数学意义上都容易判断最优解将大于0，① 也就是不会落在等于0的边界上。这样的最优解也称为内点解。此时非负的不等式约束不是束紧的，在前述数学意义上也就是非有效约束，所以在如上相关经济学最优化问题中非负约束也经常被省略。

此外，在数学上，一般情况下主要关注内点解的情况，因为对于在边界上的点可能无法讨论微分和导数。然而在部分经济学最优化问题中，有时必须讨论最优解可能落在边界上的情况（特别是其中部分分量为0的情况，有时也称为角点解）。所以，经济学中对选择变量属于非负空间的非线性规划问题，为综合反映角点解等特殊情况，有时也使用不同表述形式的一阶最优性条件。

现在，考虑如下非负空间的非线性规划问题：

(NLP-3) $\qquad \max: f(x_1,x_2,\cdots,x_n)$

s.t.： $\qquad g_j(x_1,x_2,\cdots,x_n) \geqslant 0, \quad j=1,2,\cdots,m$

$\qquad\qquad x_i \geqslant 0, \quad i=1,2,\cdots,n$

其中，$f: R^n \to R, g_j: R^n \to R (j=1,2,\cdots,m)$。

显然，在最优化问题(NLP-3)满足前述定理1.2.4的前提条件下，如果x^*

---

① 一般情况下，经济学中效用函数的设定通常满足：当任一消费品的消费量充分小时，其边际效用充分大。如此当该消费品的消费量为0时，该消费品的微量增加也会使其效用显著增加。此时，任一消费品的消费量为0均非最优选择。同理，通常生产函数关于任一投入要素的边际产出也满足类似设定，如此设定下的任一生产要素的零投入都不可能是最优选择。

是问题（NLP-3）的局部最优解，则存在非负的 $\mu \in R^m$，$\gamma \in R^n$，使得如下 Lagrange 函数：
$$\overline{\mathcal{L}}(x,\mu,\gamma) = f(x) + \mu^T g(x) + \gamma^T x,$$
满足一阶最优性条件，$\nabla_x \overline{\mathcal{L}}(x^*,\mu,\gamma) = 0$，即：
$$\nabla f(x^*) + \mu^T \nabla g(x^*) + \gamma^T E = 0 \qquad (1.2.5)^{①}$$
同时，约束条件和互补松弛条件成立：
$$g(x^*) \geqslant 0, \quad \mu^T g(x^*) = 0, \quad x^* \geqslant 0, \quad \gamma^T x^* = 0 \qquad (1.2.6)$$
现在，若如下设定不包含非负约束的 Lagrange 函数：
$$\mathcal{L}(x,\mu) = f(x) + \mu^T g(x)$$
即采用与前述（NLP-2）同样的 Lagrange 函数，则从（1.2.5）式与（1.2.6）式可得如下形式的一阶最优性条件：
$$\nabla_x \mathcal{L}(x^*,\mu) \leqslant 0, \quad x^* \nabla_x \mathcal{L}(x^*,\mu) = 0 \qquad (1.2.7)$$
以下我们观察一个最优解为角点解的例子。该例可用（1.2.7）形式的一阶最优性条件得出最优解。

例 1.2.4　非负非线性规划的范例

求解以下非线性规划问题：
$$\max: x_1 + 3\ln x_2$$
s.t.：
$$2x_1 + 4x_2 \leqslant 5$$
$$x_1 \geqslant 0, \quad x_2 \geqslant 0$$

对于该例也可以赋予经济学含义，如将其理解为关于两消费品的效用最大化的最优选择，然而此处的效用函数为 $u(x_1,x_2) = x_1 + 3\ln x_2$，不满足本书第 45 页脚注中关于边际效用的通常设定，这也意味着此时的最优解未必是内点解。

现在，根据以上讨论，如果存在最优解，则可设定如下 Lagrange 函数：
$$\mathcal{L} = x_1 + 3\ln x_2 + \mu(5 - 2x_1 - 4x_2), \quad \mu \geqslant 0$$

在最优解 (x_1^*, x_2^*) 处，其一阶导数满足上述（1.2.7）式，即：
$$\frac{\partial \mathcal{L}}{\partial x_1} = 1 - 2\mu \leqslant 0 \qquad (*1)$$

$$\frac{\partial \mathcal{L}}{\partial x_2} = \frac{3}{x_2^*} - 4\mu \leqslant 0 \qquad (*2)$$

$$x_1^* \frac{\partial \mathcal{L}}{\partial x_1} = (1 - 2\mu)x_1^* = 0 \qquad (*3)$$

---

① 这里的 E 是 x 的一阶导数，为单位矩阵。

$$x_2^* \frac{\partial \mathcal{L}}{\partial x_2} = 3 - 4\mu x_2^* = 0 \qquad (*4)$$

同时，还将满足约束条件和互补松弛条件：

$$5 - 2x_1^* - 4x_2^* \geqslant 0 \qquad (*5)$$

$$x_1^* \geqslant 0, \quad x_2^* \geqslant 0$$

$$\mu(5 - 2x_1^* - 4x_2^*) = 0 \qquad (*6)$$

由(*2)可知，$x_2^* \neq 0$，则 $x_2^* > 0$，于是根据(*4)可知：

$$\mu = \frac{3}{4x_2^*} > 0 \qquad (*7)$$

由此根据(*6)可得：

$$5 - 2x_1^* - 4x_2^* = 0$$

即

$$x_1^* = \frac{5}{2} - 2x_2^* \qquad (*8)$$

将(*7)和(*8)代入(*3)，有：

$$\left(1 - \frac{3}{2x_2^*}\right)\left(\frac{5}{2} - 2x_2^*\right) = 0$$

所以解为：

$$x_2^* = \frac{3}{2} \quad \text{或} \quad x_2^* = \frac{5}{4}$$

当 $x_2^* = \frac{3}{2}$ 时，由(*8)可知，$x_1^* = -\frac{1}{2} < 0$，不满足非负约束条件，故舍去。

当 $x_2^* = \frac{5}{4}$ 时，由(*8)可知，$x_1^* = 0$，此时满足所有最优性条件。

由于目标函数为凹函数，故以上解为原问题的最优解。可以看到，这个最优解，$x_1^* = 0$，$x_2^* = \frac{5}{4}$，为角点解。

1.2.4* 二阶最优性条件

以上分析了一阶最优性条件，现在进一步讨论二阶最优性条件。二阶条件的证明比较烦琐，本书着重介绍有关的主要结论，而略去相关证明，有兴趣的读者可以参阅书后参考文献中的非线性规划相关教材。另外，二阶条件在经济学中的应用也相对较少，初学者可以略过本节内容。

考虑上述最优化问题(NLP-2)的二阶最优性条件。讨论二阶条件时，一般情况下设定一阶条件已经成立。以下在一阶条件已经成立的基础上展开讨论。

首先，定义如下几个集合符号，考虑有效约束不等式的标示号集合 $I(x^*)$ 的部分子集：

$$I^+(x^*) := \{i \mid \mu_i > 0, i = 1, \cdots, m\}$$

其中，μ_i 为对应于 x^* 的满足一阶条件的 Lagrange 乘子，显然，根据辅助性条件 $\mu_i g_i(x^*) = 0$，有 $I^+(x^*) \subset I(x^*)$。

其次，利用集合 $I^+(x^*)$，设可行集 $M = \{x \in R^n \mid g_i(x) \leqslant 0, i = 1, \cdots, m\}$ 的子集如下：

$$\overline{M}(x^*) = M \cap \{x \in R^n \mid g_i(x) = 0, i \in I^+(x^*)\}$$

$\overline{M}(x^*)$ 在 x^* 处的切锥①(tangent cone) $T(x^*)$ 如下：

$$T(x^*) = \{y \in R^n \mid \alpha_k(x_k - x^*) \to y, x_k \in \overline{M}, \alpha_k \geqslant 0, k = 1, 2, \cdots\}$$

切锥的直观意义如图 1.2.6 所示（这里表示集合 D 在点 x^* 的切锥）。

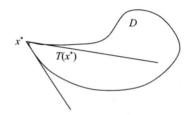

图 1.2.6　集合 M 在点 x^* 的切锥 $T(x^*)$

切锥表示集合在切锥顶点附近的线性近似。所以，$T(x^*)$ 为 $\overline{M}(x^*)$ 在 x^* 附近的一种线性近似表示。

此外，再设

$$C(x^*) = \left\{y \in R^n \;\middle|\; \begin{array}{l} \nabla g_i(x^*)^T y = 0, i \in I^+(x^*) \\ \nabla g_i(x^*)^T y \leqslant 0, i \in I(x^*) - I^+(x^*) \end{array}\right\}$$

$C(x^*)$ 为 $\overline{M}(x^*)$ 在 x^* 附近的另一种线性近似表示法，但与切锥未必一致。

为推导二阶条件也需要适当设定约束规范，$C(x^*) \subset T(x^*)$ 即为一个二阶约束规范。在该约束规范下，以下二阶条件成立：

---

① 切锥有不同的表示形式，图 1.2.5 中的切锥 T 给出了在边界曲线可微情况下的一种表示方式。

【定理 1.2.6】（二阶必要条件）

设 x^* 为问题（NLP-2）的局部最优解，f、g 在 x^* 处二次可微，$\mu \in R^m$ 为满足定理 1.2.4 中的 (1.2.3) 式和 (1.2.4) 式的 Lagrange 乘子。此时，若二阶约束规范 $C(x^*) \subset T(x^*)$ 成立，则有：

$$y^T \left[\nabla^2 f(x^*) + \sum_{i=1}^m \mu_i \nabla^2 g_i(x^*) \right] y \geqslant 0, \quad \forall y \in C(x^*)$$

要验证上述二阶约束规范并非易事。为此，引入以下定理，它保证了上述约束规范的成立。相对而言，该定理中的条件更容易验证。

【定理 1.2.7】 设函数 $g_i: R^n \to R$，$i \in I(x^*)$ 在 $x^* \in R^n$ 处连续可微。此时，若向量 $\nabla g_i^T(x^*)$，$i \in I(x^*)$ 线性独立，则 $C(x^*) \subset T(x^*)$ 成立。

以上二阶条件进一步强化后也可成为最优性充分条件，定理如下：

【定理 1.2.8】（二阶充分条件）

设 f，g 在 x^* 处二次可微，且存在 Lagrange 乘子 $\mu \in R^m$ 满足定理 1.2.4 中的 (1.2.3) 式和 (1.2.4) 式。此时，若以下二阶条件成立：

$$y^T \left[\nabla^2 f(x^*) + \sum_{i=1}^m \mu_i \nabla^2 g_i(x^*) \right] y > 0, \quad \forall y \in C(x^*), \quad y \neq 0$$

则 x^* 为问题（NLP-2）的局部最优解。

1.2.5 最优解的鞍点特征

在以上最优性条件分析中，我们用到目标函数和约束条件中的函数的可微性。但当目标函数和约束条件中的函数为凸函数时（这种情况下称之为凸规划问题），不用函数的可微性也可以探讨最优解的性质。对凸规划问题，可以用 Lagrange 函数的鞍点来描述最优解的特征。

关于鞍点的概念，前面已给出一个马鞍型鞍点的直观几何图形。其一般形式的定义如下：

【定义 1.2.1】 设 $\Phi(x,y)$ 是定义在 $X \times Y$ 上的函数，$X \subset R^n$，$Y \subset R^m$，如果 $(x^*, y^*) \in X \times Y$，对任意的 $x \in X$，$y \in Y$，有以下关系成立：

$$\Phi(x^*, y) \leqslant \Phi(x^*, y^*) \leqslant \Phi(x, y^*)$$

则称 (x^*, y^*) 为 $\Phi(x, y)$ 的一个鞍点。

以下是关于凸规划问题的鞍点定理：

【定理 1.2.9】（鞍点定理）

设最优化问题（NLP-2）的 $f: R^n \to R$，$g: R^n \to R^m$ 为凸函数，且在 $x^* \in R^n$ 处满足前述 Slater 约束规范。此时，x^* 为最优解的充分必要条件是：存在 Lagrange 乘子 $\mu^* \geq 0 \in R^m$，使得 (x^*, μ^*) 为 Lagrange 函数的鞍点，即：
$$\mathcal{L}(x^*, \mu) \leq \mathcal{L}(x^*, \mu^*) \leq \mathcal{L}(x, \mu^*)$$

这里，Lagrange 函数定义为：
$$\mathcal{L}(x,\mu) = \begin{cases} f(x) + \mu^T g(x), & \mu \geq 0 \\ -\infty, & \mu \ngeq 0 \end{cases}$$

证明 先证充分性。设 (x^*, μ^*) 为 $L(x,\mu)$ 的鞍点。则有：

$$\sum_{i=1}^{m} \mu_i g_i(x^*) \leq \sum_{i=1}^{m} \mu_i^* g_i(x^*), \quad \forall \mu \geq 0 \tag{1.2.8}$$

$$f(x^*) + \sum_{i=1}^{m} \mu_i^* g_i(x^*) \leq f(x) + \sum_{i=1}^{m} \mu_i^* g_i(x), \quad \forall x \in R^n \tag{1.2.9}$$

从(1.2.8)式中 $\mu \geq 0$ 的任意性可知，对任意的 i，$g_i(x^*) \leq 0$，且 $g_i(x^*) < 0$ 时，$\mu_i^* = 0$。由此，再从(1.2.9)可得：

$$f(x^*) \leq f(x) + \sum_{i=1}^{m} \mu_i^* g_i(x), \quad \forall x \in R^n$$

此式意味着对任意满足 $g_i(x) \leq 0 (i=1,2,\cdots,m)$ 的 x，$f(x^*) \leq f(x)$，即 x^* 为问题（NLP-2）的最优解。

再证必要性。这里必要性的证明将用到凸集的分离定理。首先，设 x^* 为最优解，利用目标函数和约束条件中的函数构造以下两个关于 z（$z = (z_0, \cdots z_m) \in R^{m+1}$）的集合，

$$A = \{z \in R^{m+1} \mid z_0 \geq f(x), z_i \geq g_i(x), i = 1, \cdots, m, \exists x \in R^n\}$$

$$B = \{z \in R^{m+1} \mid z_0 < f(x^*), z_i < 0, i = 1, \cdots, m\}$$

由 x^* 的最优性可知，$A \cap B = \varnothing$。根据 $f(x)$ 和 $g_i(x)$ 的凸性可知，A、B 为凸集合。根据凸集的分离定理可知，此时存在 $\mu^* = (\mu_0^*, \mu_1^*, \cdots \mu_m^*) \neq 0$，使得以下不等式成立，

$$\mu^{*T} z \geq \mu^{*T} \bar{z}, \quad \forall z \in A, \quad \forall \bar{z} \in B \tag{1.2.10}$$

根据 B 的定义，$\bar{z}$ 可以取充分小的值，所以要保证(1.2.10)式的成立，必须

有 $\mu^* \geqslant 0$。

现在对任意的 $x \in R^n, \varepsilon > 0$,令 $z = (f(x), g_1(x), \cdots, g_m(x))$, $\bar{z} = (f(x^*) - \varepsilon, -\varepsilon, \cdots, -\varepsilon)$,显然有 $z \in A, \bar{z} \in B$。由(1.2.10)可得,

$$\mu_0^* f(x) + \sum_{i=1}^m \mu_i^* g_i(x) \geqslant \mu_0^* f(x^*) - \varepsilon \sum_{i=1}^m \mu_i^*$$

由于此处 $\varepsilon > 0$ 具有任意性(可取充分接近 0 的值),所以,

$$\mu_0^* f(x) + \sum_{i=1}^m \mu_i^* g_i(x) \geqslant \mu_0^* f(x^*), \quad \forall x \in R^n \qquad (1.2.11)$$

这里容易知道上述 $\mu_0^* \neq 0$。反之,上式隐含的 $\sum_{i=1}^m \mu_i^* g_i(x) \geqslant 0, \forall x \in R^n$,与假设条件的 Slater 约束规范矛盾。

不失一般性,以下设 $\mu_0^* = 1$,则(1.2.11)表明:

$$f(x) + \sum_{i=1}^m \mu_i^* g_i(x) \geqslant f(x^*), \quad \forall x \in R^n \qquad (1.2.12)$$

此式对 x^* 也成立,所以有 $\sum_{i=1}^m \mu_i^* g_i(x^*) \geqslant 0$。但 $\mu^* \geqslant 0$,$g(x^*) \leqslant 0$(约束条件),因此必须有 $\sum_{i=1}^m \mu_i^* g_i(x^*) = 0$。把此结果代入(1.2.12)式,即得:

$$f(x) + \sum_{i=1}^m \mu_i^* g_i(x) \geqslant f(x^*) + \sum_{i=1}^m \mu_i^* g_i(x^*), \quad \forall x \in R^n$$

此式即为鞍点条件中右边的不等式。

最后证鞍点条件中左边的不等式。当 $\mu \not\geqslant 0$,由定义不证自明。考虑 $\mu \geqslant 0$ 的情况,此时,$g(x^*) \leqslant 0$ 和 $\sum_{i=1}^m \mu_i^* g_i(x^*) = 0$ 隐含了

$$\sum_{i=1}^m \mu_i g_i(x^*) \leqslant 0 = \sum_{i=1}^m \mu_i^* g(x^*)$$

由此有:

$$f(x^*) + \sum_{i=1}^m \mu_i g_i(x^*) \leqslant f(x^*) + \sum_{i=1}^m \mu_i^* g(x^*)$$

以上必要性得证。 □

如上,鞍点定理没有利用函数可微的设定,所以可以用来探讨不涉及函数可微性的优化问题。在经济学应用中,利用鞍点定理也可以讨论竞争均衡的特征,同时,在比较静态分析中,鞍点定理也可以用于讨论离散变动的参数对最优解的影响等。本书不详细展开,可参阅 Takayama(1985)。

从以上分析可知,如果凸规划问题的目标函数和约束函数可微分,则鞍点条

件和 Kuhn-Tucker 条件均为最优解的充分必要条件，因此当具备可微性时，上述鞍点条件实际上等价于 Kuhn-Tucker 条件，该等价性的证明留作习题。以下，我们主要讨论鞍点条件和 Kuhn-Tucker 条件中所蕴含的 Lagrange 乘子的经济学含义。

1.2.6　Lagrange 乘子的经济学含义

Lagrange 函数中的乘子把目标函数和约束条件中的函数联系在一起，在经济学应用中，通常有其重要的经济学含义。在后面一些具体的经济学应用范例中，我们也将进行说明。这里主要讨论一般形式的非线性规划问题中，刻画最优解特征的 Kuhn-Tucker 条件和鞍点条件所蕴含的 Lagrange 乘子的经济学意义。

考虑如下经济学中常见的最大化问题：

(NLP-4) $\quad\quad\quad\quad\quad\quad\quad \max: f(x)$

s.t.: $\quad\quad\quad\quad\quad\quad\quad g(x) \leqslant b$

在此需要赋予该最优化问题明确的经济学含义。不妨假设该最优化问题表示：在相关资源约束下，追求利润最大化的生产量。其中，生产 x 单位的产品时，必须使用 $g(x)$ 单位的资源，此时利润为 $f(x)$，资源为外生给定的量 b。

以下先讨论 Kuhn-Tucker 条件蕴含的 Lagrange 乘子的经济学意义。

设 x^* 为问题的最优解，根据定理 1.2.4 可知，存在 Lagrange 乘子 μ^*，使得 Lagrange 函数满足 Kuhn-Tucker 条件：[①]

$$\nabla_x \mathcal{L}(x^*, \mu^*) = \nabla f(x^*) - {\mu^*}^T \nabla g(x^*) = 0$$

$$\mu_i^* [b_i - g_i(x^*)] = 0, \quad i = 1, \cdots, m$$

$$\mu^* \geqslant 0, \quad b - g(x^*) \geqslant 0$$

现在，将有效约束和松弛约束分开考虑，定义下标集合如下：

$$I(x^*) = \{i \mid b_i = g_i(x^*)\}$$

$$J(x^*) = \{j \mid b_j > g_j(x^*)\}$$

则 Kuhn-Tucker 条件可改写为：

$$\nabla f(x^*) - \sum_{i \in I(x^*)} \mu_i^* \nabla g_i(x^*) = 0 \quad\quad\quad (1.2.13)$$

---

①　如上，把最小化形式的最优性定理应用于最大化问题时，必须注意凹凸性与不等号方向的问题。为了应用定理，这里的不等式约束应写为 $b - g(x) \geqslant 0$，所以 Lagrange 函数为 $\mathcal{L}(x, \mu) = f(x) + \mu^T [b - g(x)]$。

$$b_i - g_i(x^*) = 0, \quad i \in I(x^*) \tag{1.2.14}$$

$$\mu_i^* \geqslant 0, i \in I(x^*); \quad \mu_j^* = 0, j \in J(x^*)$$

由以上可知，最优解只依赖于有效约束的 $b_i, i \in I(x^*)$，独立于松弛约束的 $b_j, j \in J(x^*)$。所以，

$$\frac{\partial f(x^*)}{\partial b_j} = 0 = \mu_j^*, \quad j \in J(x^*) \tag{1.2.15}$$

此时，(1.2.13)式和(1.2.14)式可以看作以 $b_i, i \in I(x^*)$ 为参数的 x^* 和 μ_i^*，$i \in I(x^*)$ 的联立方程组，在一定的条件下（参阅第 2 章灵敏性分析部分）解 $x^*(b_I), \mu_I^*(b_I)$ 是存在的。此时设

$$\overline{\mathcal{L}}(b_I) = \overline{\mathcal{L}}(x^*(b_I), \mu_I^*(b_I)) = f(x^*(b_I)) + \mu_I^*(b_I)[b_I - g_I(x^*(b_I))]$$

此处，下标 I 表示该向量由对应有效约束的分量组成。该式对 b_I 求导可得：

$$\nabla \overline{\mathcal{L}}(b_I) = [\nabla f(x^*) - \mu_I^* \nabla g_I(x^*)] \nabla x^*(b_I) + \nabla \mu_I^*(b_I)[b_I - g_I(x^*)] + \mu_I^*$$

把(1.2.13)式和(1.2.14)式代入此式，即有：

$$\nabla \overline{\mathcal{L}}(b_I) = \mu_I^*$$

可以看到，在(1.2.14)式下，$\overline{\mathcal{L}}(b_I)$ 与 $f(x^*(b_I))$ 是一致的，所以有：

$$\frac{\partial f(x^*)}{\partial b_i} = \mu_i^*, \quad i \in I(x^*)$$

结合此式和(1.2.15)式，可知：

$$\frac{\partial f(x^*)}{\partial b_i} = \mu_i^*, \quad i = 1, \cdots, m$$

所以，这里的 Lagrange 乘子表示最优目标值关于参数的变化率，μ_i^* 表示资源 b_i 对利润的边际贡献度，也就是表示资源 b_i 的边际价值。如果资源除了用于生产外，还可以在资源市场进行买卖，则其用于生产带来的价值应该和用于资源买卖时的价格一致，所以 Lagrange 乘子 μ_i^* 也可以理解为 b_i 的价格，因为有别于市场价格，所以有时也称为影子价格（shadow price）。

我们再讨论鞍点条件所蕴含的 Lagrange 乘子的经济学意义。

结合上述最优化问题的经济学含义，进一步赋予 Lagrange 函数如下经济学意义。这里可以假设存在资源市场，μ 表示由经济计划当局（或理解为其他垄断力量）控制的资源价格。除该企业外，计划当局也拥有资源。企业将在该价格体系下决定将资源用于生产或进行资源的买卖，以使其利润最大化。此时的 Lagrange 函数：

$$\mathcal{L}(x,\mu) = f(x) + \mu^{\mathrm{T}}[b - g(x)], \quad \mu \geqslant 0$$

表示企业在初期资源为 b，决定生产的量为 x 时的总利润。其中，如果 $b_i > g_i(x)$，说明企业将余下的 x_i 资源出售，获得收益 $\mu_i[b_i - g(x_i)]$；反之，如果 $b_i < g_i(x)$，表示购入，并付出相应支出 $\mu_i[g(x_i) - b_i]$。

设 x^* 为问题的最优解，在满足上述鞍点定理的条件下，则存在相应的 Lagrange 乘子 μ^*，满足以下鞍点条件：①

$$f(x) + \mu^{*\mathrm{T}}[b - g(x)] \leqslant f(x^*) + \mu^{*\mathrm{T}}[b - g(x^*)] \leqslant f(x^*) + \mu^{\mathrm{T}}[b - g(x^*)]$$

现在，观察鞍点条件左边的不等式。它表示在价格体系 μ^* 下，x^* 将使企业的总利润最大化。根据上式右边不等式中 $\mu \geqslant 0$ 的任意性可知，$g(x^*) \leqslant b$ 必须成立，所以上述左边不等式表示，如果价格体系为 μ^*，则企业可以在其现有的资源约束下实现利润最大化。因此，这里的 Lagrange 乘子 μ^* 可以理解为支持最优资源配置 x^* 得以实现的价格，有时简称为支持价格。

另一方面，$\mu^{\mathrm{T}}[b - g(x)]$ 也可以表示经济计划当局的总支付，所以鞍点条件右边的不等式表示，在企业最优资源配置为 x^* 的情况下，μ^* 为经济计划当局支付最小的价格体系。如果 $\mu^{\mathrm{T}}[b - g(x)] = 0$，即收支均衡作为经济计划当局的收支预算约束，则互补松弛条件 $\mu^{*\mathrm{T}}[b - g(x^*)] = 0$ 表示该价格体系下的资源配置满足经济计划当局的预算约束。

1.3 含等式与不等式约束的最优化问题

本节将把前一节的有关结论推广到同时含不等式和等式约束的一般化非线性规划问题。考虑

(NLP-5) $\qquad \min: f(x)$

s. t. : $\qquad g_i(x) \leqslant 0, \quad i = 1, \cdots, m$

$\qquad h_j(x) = 0, \quad j = 1, \cdots, l$

$\qquad x \in R^n$

理论上，等式约束可以包含在不等式约束中，如上述等式约束 $h_j(x) = 0$，等价于两个不等式约束，即 $h_j(x) \leqslant 0$，$-h_j(x) \leqslant 0$。但容易确认，对如此的反向不

---

① 需要注意的是，这里是最大化问题，所以鞍点条件中的不等式方向与定理 1.2.9 中的相反。

等式约束，前节的部分结论和假设没有实际上的意义，如引理 1.2.1 中的(2)显然不存在。同理，前节关于不等式的 Cottle 约束规范不可能被满足，由此可知，其他两个约束规范也不可能成立。所以在一些情况下，有必要分别处理等式约束和不等式约束。

以下首先扩展前节的相关引理以适合含等式约束的情况，而后采用和前节相似的方法推导含等式、不等式约束问题的最优性条件。

【引理 1.3.1】

设 f、g 在 x^* 处可微，h 在 x^* 处连续可微，$\nabla h_j(x^*)(j=1,2,\cdots,l)$ 线性独立，此时，若 x^* 是(NLP-5)的局部最优解，则满足以下条件的 $S \in R^n$（方向）不可能存在：

$$\nabla f(x^*)^T S < 0$$
$$\nabla g_i(x^*)^T S < 0, \quad i \in I(x^*) := \{i \mid g_i(x^*) = 0\}$$
$$\nabla h_j(x^*)^T S = 0, \quad j = 1, \cdots, l$$

该定理也表明目标函数的下降方向与约束条件的许可方向不可兼容。此时，满足 $\nabla f(x^*)^T S < 0$ 的方向 S 为目标函数值下降方向，而满足 $\nabla g_i(x^*)^T S < 0, i \in I(x^*)$ 和 $\nabla h_j(x^*)^T S = 0, \forall j$ 的方向 S 则表示线性化可行方向，这可以理解为可行方向的近似表示。由于对等式约束展开讨论比较复杂，因此我们不进行详细的展开。但当 $l=n$ 时，该引理的证明则很简单。此时，$\nabla h(x^*)$ 为满秩的系数矩阵，则 $\nabla h_j(x^*)^T S = 0$ 隐含了 $S=0$，显然，此时 $\nabla f(x^*)^T S < 0$ 和 $\nabla g_i(x^*)^T S < 0$ 都不能成立。

【引理 1.3.2】（Gordan 二择一定理的系）

设 A 为 $m \times n$ 矩阵，B 为 $l \times n$ 矩阵。以下(1)和(2)中有一个成立，但不能同时成立。

(1) 存在 $x \in R^n$，使得 $Ax < 0, Bx = 0$；

(2) 存在 $y_1 \geqslant 0 \in R^m, y_2 \in R^l$，使得 $A^T y_1 + B^T y_2 = 0$。

该引理的证明和前述引理 1.2.2 情况下 Gordan 二择一定理的证明类似，在此不再重复。

应用上述两个引理容易推导出以下最优性一阶条件：

【定理 1.3.3】（Fritz John 条件）

设 f、g 在 x^* 处可微，h 在 x^* 处连续可微。若 x^* 为问题（NLP-5）的局部最优解，则存在 $\mu_0 \in R, \mu \in R^m, \delta \in R^l$，使得：

$$\mu_0 \nabla f(x^*) + \mu^T \nabla g(x^*) + \delta^T \nabla h(x^*) = 0 \tag{1.3.1}$$

$$g(x^*) \leqslant 0, \quad h(x^*) = 0, \quad \mu^T g(x^*) = 0 \tag{1.3.2}$$

$$(\mu_0, \mu) \geqslant 0, \quad (\mu_0, \mu, \delta) \neq 0 \tag{1.3.3}$$

证明 $\nabla h_j(x^*)(j=1,\cdots,l)$ 线性相关时，显然存在 $\sum_{j=1}^{l} \delta_j \nabla h_j(x^*) = 0$，其中 $\delta_j(j=1,\cdots,l)$ 不全为 0，所以定理是成立的。

设 $\nabla h_j(x^*)(j=1,\cdots,l)$ 线性独立。根据引理 1.3.1，不存在满足 $\nabla f(x^*)^T S < 0, \nabla g_i(x^*)^T S < 0, i \in I(x^*)$ 和 $\nabla h_j(x^*)^T S = 0, \forall j$ 的 S。

设 $A = \begin{bmatrix} \nabla f^T \\ \nabla g_I^T \end{bmatrix}$（此处的 g_I 与 1.2 节同义），$B = \nabla h^T$，由引理 1.3.2 可知，存在 $y_1 = \begin{bmatrix} \mu_0 \\ \mu_I \end{bmatrix} \geqslant 0$，$\mu_I$ 为对应 $i \in I(x^*)$ 的系数向量，$y_2 = \delta$，使得：

$$\mu_0 \nabla f(x^*) + \sum_{i \in I(x^*)} \mu_i \nabla g_i(x^*) + \sum_{j=1}^{l} \delta_j \nabla h_j(x^*) = 0$$

再令对应 $i \notin I(x^*)$ 的系数 $\mu_i = 0$，即可得（1.3.1）式和（1.3.3）式。对（1.3.2）式的分析与定理 1.2.3 相同。证毕。□

同前节，要保证对应目标函数的 Lagrange 系数不为 0，也需要相关约束规范。这里引入含等式约束的问题（NLP-5）的约束规范如下：

(1)**【Mangasarian-Fromovitz 约束规范】**

设 g 在 x^* 处可微，h 在 x^* 处连续可微，$\nabla h_j(x^*)(j=1,\cdots,l)$ 线性独立并存在 $S \in R^m$ 满足

$$\nabla g_i(x^*)^T S < 0, \quad \forall i \in I(x^*), \quad \nabla h_j(x^*)^T S = 0, \quad j=1,\cdots,l$$

当 $I(x^*) = \emptyset$ 时，则只要求 $\nabla h_j(x^*)(j=1,\cdots,l)$ 线性独立。

(2)**【线性独立约束规范】**

设 g 在 x^* 处可微，h 在 x^* 处连续可微，$\nabla g_i(x^*), i \in I(x^*), \nabla h_j(x^*), j=1,\cdots,l$ 线性独立。

容易判断在线性独立约束规范下，Mangasarian-Fromovitz 约束规范也成立。

在以上约束规范下，由上述 Fritz John 一阶必要条件可得 Kuhn-Tucker 一阶必要条件。

【定理 1.3.4】（Kuhn-Tucker 条件）

设 f 在 x^* 处可微，且 x^* 满足 Mangasarian-Fromovitz 约束规范。此时，若 x^* 为问题（NLP-5）的局部最优解，则存在 $\mu \in R^m, \delta \in R^l$，使得：
$$\nabla f(x^*) + \mu^T \nabla g(x^*) + \delta^T \nabla h(x^*) = 0$$
$$g(x^*) \leqslant 0, \quad h(x^*) = 0, \quad \mu^T g(x^*) = 0, \quad \mu \geqslant 0$$

证明 从定理 1.3.3 出发，只要证明 Fritz John 条件中的 $\mu_0 \neq 0$ 即可。用反证法，设 $\mu_0 = 0$，则

$$\sum_{i \in I(x^*)} \mu_i \nabla g_i(x^*) + \sum_{j=1}^{l} \delta_j \nabla h_j(x^*) = 0, \quad (\mu_I, \delta) \neq 0, \quad \mu_I \geqslant 0 \quad (1.3.4)$$

显然，当 $I(x^*) = \emptyset$ 或 $\mu_I = 0$ 时，(1.3.4) 式变为：

$$\sum_{j=1}^{l} \delta_j \nabla h_j(x^*) = 0, \quad \delta \neq 0$$

这与约束规范中 $\nabla h_j(x^*)(j=1,\cdots,l)$ 线性独立的设定矛盾。

当 $I(x^*) \neq \emptyset$ 且 $\mu_I \geqslant 0$ 时，根据二择一的引理 1.3.2 可知，(1.3.4) 式成立时，不存在满足以下条件的 S：

$$\nabla g_i(x^*)^T S < 0, \quad \forall i \in I(x^*), \quad \nabla h_j(x^*)^T S = 0, \quad j=1,\cdots,l$$

这与约束规范的设定矛盾，所以 $\mu_0 \neq 0$。 □

类似前面的结论，可以把问题（NLP-2）的二阶最优性条件原样扩张到问题（NLP-5）。只是此时的可行域 M 的条件中必须加上等式 $h(x)=0$ 约束，$C(x^*)$ 的条件中必须加入 $\nabla h_i(x^*)^T y = 0 (j=1,\cdots,l)$ 约束，一阶条件必须换成上述定理 1.3.4 中的 Kuhn-Tucker 条件。在如此替换下，定理 1.2.6 和定理 1.2.8 对问题（NLP-5）也成立。

同样地，鞍点定理也可以扩张到问题（NLP-5）。鉴于篇幅和本书关注的重点，此处略去对同时含等式与不等式约束的二阶条件和鞍点性质的详细描述。

第 2 章

灵敏性分析及其应用

前一章着重讨论了非线性规划问题最优解的基本特征。显然，作为非线性规划问题的最优解依赖于该最优化问题中的外生参数，参数的变化将会对最优解产生影响。在第 1 章第 1.2 节对 Lagrange 乘子经济学意义的讨论中，实际上已经涉及参数变化的影响。本章将进一步探讨有关外生参数对最优解与最优目标值的影响，以及相关原理在微观经济理论中的应用。

2.1* 最优解的灵敏性分析与应用

当最优化问题含有参数的时候，参数的变动会引起最优解的变动，灵敏性分析即考察参数的微小变化对最优解的影响。经济学中的比较静态分析多用到相关原理与方法。

考虑以下含参数最优化问题：

(NLP-6)
$$\min: f(x,\alpha)$$
s.t.：
$$g_i(x,\alpha) \leqslant 0, \quad i=1,\cdots,m$$

其中，α 为参数，$\alpha \in R^k$，$x \in R^n$，$f: R^n \times R^k \to R$，$g_i: R^n \times R^k \to R$，$i=1,\cdots,m$。该最优化问题的 Lagrange 函数设定如下：

$$\mathcal{L}(x,\lambda,\alpha) = f(x,\alpha) + \lambda^T g(x,\alpha).$$

对给定的参数 α，如果存在最优解及相应的 Lagrange 系数，从 Kuhn-Tucker 最优性一阶条件及互补松弛条件可知，下列 $(n+m)$ 个方程成立：

$$\mathcal{L}_{x_j}(x,\lambda,\alpha) = 0, \quad j=1,\cdots,n$$
$$\lambda_i g_i(x,\alpha) = 0, \quad i=1,\cdots,m$$

在相关条件的设定下，此方程组将决定解 $x_j(\alpha)$ ($j=1,\cdots,n$)、$\lambda_i(\alpha)$ ($i=1,\cdots,m$)。换句话说，该方程组隐含函数 $x(\alpha)$ 和 $\lambda(\alpha)$。这里讨论参数对最优解及相

应 Lagrange 系数的影响，即讨论这些隐函数的特征。

在展开探讨前，首先引入一些前提假设条件。对上述含参变量最优化问题（NLP-6），假设对应给定的参数 $\alpha=\alpha^*$，存在满足以下三个条件的局部最优解 x^*：

（1）二阶最优性充分条件：存在满足以下条件的 Lagrange 系数 $\lambda^* \in R^m$：

$$\nabla_x \mathcal{L}(x^*,\lambda^*,\alpha^*) = \nabla_x f(x^*,\alpha^*) + \sum_{i=1}^m \lambda_i^* \nabla_x g_i(x^*,\alpha^*) = 0$$

$$g_i(x^*,\alpha^*) \leqslant 0, \quad \lambda_i^* \geqslant 0, \quad \lambda_i^* g_i(x^*,\alpha^*) = 0, \quad i=1,\cdots,m$$

$$y^T \nabla_{xx}\mathcal{L}(x^*,\lambda^*,\alpha^*) y > 0, \quad \forall y \in C(x^*,\alpha^*), y \neq 0$$

其中：

$$C(x^*,\alpha^*) = \left\{ y \in R^n \;\middle|\; \begin{array}{l} \nabla_x g_i^T(x^*,\alpha^*) y = 0, i \in I^+(x^*) \\ \nabla_x g_i^T(x^*,\alpha^*) y \leqslant 0, i \in I(x^*) - I^+(x^*) \end{array} \right\}$$

$$I(x^*,\alpha^*) = \{i \mid g_i(x^*,\alpha^*) = 0\}, \quad I^+(x^*,\alpha^*) = \{i \mid \lambda_i^* > 0\}$$

（2）线性独立约束规范：$\nabla_x g_i(x^*,\alpha^*)$，$i \in I(x^*,\alpha^*)$ 线性无关。

（3）狭义互补松弛条件：$I(x^*,\alpha^*) = I^+(x^*,\alpha^*)$，即 $g_i(x^*,\alpha^*)=0 \Leftrightarrow \lambda_i^* > 0$

在上述条件下可以证明以下引理：

【引理 2.1.1】

若以上假设条件(1)至(3)被满足，则以下 $(n+m)$ 次方阵是可逆（非奇异）的：

$$\begin{bmatrix} \nabla_{xx}\mathcal{L}(x^*,\lambda^*,\alpha^*) & \nabla_x g_1(x^*,\alpha^*) & \cdots & \nabla_x g_m(x^*,\alpha^*) \\ \lambda_1^* \nabla_x g_1(x^*,\alpha^*)^T & g_1(x^*,\alpha^*) & \cdots & 0 \\ \vdots & \vdots & \ddots & \vdots \\ \lambda_m^* \nabla_x g_m(x^*,\alpha^*)^T & 0 & \cdots & g_m(x^*,\alpha^*) \end{bmatrix} \quad (2.1.1)$$

可以看到，(2.1.1)矩阵是 $\begin{bmatrix} \nabla_x \mathcal{L}(x,\lambda,\alpha) \\ \lambda_1 g_1(x,\alpha) \\ \vdots \\ \lambda_m g_m(x,\alpha) \end{bmatrix}$ 在 (x^*,λ^*,α^*) 处关于 (x,λ) 的

Jacobi 矩阵，在上述（1）至（3）的条件下，该 Jacobi 矩阵可逆，由隐函数定理

可知，由方程组 $\begin{bmatrix} \nabla_x \mathcal{L}(x,\lambda,\alpha) \\ \lambda_1 g_1(x,\alpha) \\ \vdots \\ \lambda_m g_m(x,\alpha) \end{bmatrix} = 0$ 所确定的隐函数 $x(\alpha)$、$\lambda(\alpha)$ 在 (x^*,λ^*,α^*) 的

某个范围存在并且可微。同时，可以确认 $x(\alpha)$、$\lambda(\alpha)$ 也满足上述(1)至(3)的二阶充分条件、线性独立约束规范和狭义互补松弛条件，所以也是问题(NLP-6)的解和对应的 Lagrange 系数。更确切地，利用上述引理和隐函数定理可导出以下结论：

【定理 2.1.2】

设 f，g 二次连续可微。对应于给定的 α^*，假定问题(NLP-6)存在满足上述条件(1)至(3)的局部最优解 x^* 与相应的 Lagrange 系数 λ^*，则在 α^* 的某邻域 Ω，存在连续可微的函数 $x(\alpha)$，$\lambda(\alpha)$：$\Omega \to R^n$，R^m，使得 $x(\alpha^*)=x^*$，$\lambda(\alpha^*)=\lambda^*$，且对任意 $\alpha \in \Omega$，$x(\alpha)$、$\lambda(\alpha)$ 分别为满足条件(1)至(3)的问题(NLP-6)的局部最优解和相对应的 Lagrange 系数。

进一步地，可以导出最优解及其相应的 Lagrange 系数对参数的变化率。设

$$N(x,\lambda,\alpha) := \begin{bmatrix} \nabla_x \mathcal{L}(x,\lambda,\alpha) \\ \lambda_1 g_1(x,\alpha) \\ \vdots \\ \lambda_m g_m(x,\alpha) \end{bmatrix}$$

对 $N(x,\lambda,\alpha)=0$ 的两边求 α 的导数，并注意到 (x,λ) 也是 α 的函数，可得：

$$\nabla_\alpha N(x,\lambda,\alpha) + \nabla_{(x,\lambda)} N(x,\lambda,\alpha) \begin{bmatrix} \nabla x(\alpha)^T \\ \nabla \lambda(\alpha)^T \end{bmatrix} = 0$$

上式变形可得：

$$\begin{bmatrix} \nabla x(\alpha)^T \\ \nabla \lambda(\alpha)^T \end{bmatrix} = -\nabla_{(x,\lambda)} N(x,\lambda,\alpha)^{-1} \nabla_\alpha N(x,\lambda,\alpha)$$

$$= -\nabla_{(x,\lambda)} N(x,\lambda,\alpha)^{-1} \begin{bmatrix} \nabla_{x\alpha} \mathcal{L} \\ \lambda_1 \nabla_\alpha g_1^T \\ \vdots \\ \lambda_m \nabla_\alpha g_m^T \end{bmatrix}$$

上述引理 2.1.1 中的矩阵(2.1.1)即此式中 $\nabla_{(x,\lambda)} N(x,\lambda,\alpha)$ 在 (x^*,λ^*,α^*) 处的值。综合以上分析可得以下结论：

【定理 2.1.3】

对应于给定的 α^*，若上述条件(1)至(3)成立，则问题（NLP-6）的局部最优解与相应的 Lagrange 系数关于参数 α 的变化率由下式决定：

$$\begin{bmatrix} \nabla x(\alpha^*) \\ \nabla \lambda(\alpha^*) \end{bmatrix} = -M(x^*, \lambda^*, \alpha^*)^{-1} \begin{bmatrix} \nabla_{x\alpha}\mathcal{L}(x^*, \lambda^*, \alpha^*) \\ \lambda_1^* \nabla_\alpha g_1(x^*, \alpha^*)^T \\ \vdots \\ \lambda_m^* \nabla_\alpha g_m(x^*, \alpha^*)^T \end{bmatrix}$$

$$M(x^*, \lambda^*, \alpha^*) = \begin{bmatrix} \nabla_{xx}\mathcal{L}(x^*, \lambda^*, \alpha^*) & \nabla_x g_1(x^*, \alpha^*) & \cdots & \nabla_x g_m(x^*, \alpha^*) \\ \lambda_1^* \nabla_x g_1(x^*, \alpha^*)^T & g_1(x^*, \alpha^*) & \cdots & 0 \\ \vdots & \vdots & \ddots & \vdots \\ \lambda_m^* \nabla_x g_m(x^*, \alpha^*)^T & 0 & \cdots & g_m(x^*, \alpha^*) \end{bmatrix}$$

以下讨论在经济学应用例中参数对最优解影响的具体意义。

例 2.1.1 最优消费问题

再考虑前述消费者的最优选择问题。如前所述，消费效用最大化问题可表示如下：

(CP-1) $\quad\quad\quad\quad \max: U(x_1, x_2, \cdots, x_n)$

s.t.: $\quad\quad\quad\quad p_1 x_1 + p_2 x_2 + \cdots + p_n x_n \leqslant y$

这里主要进一步考察作为参数的价格 p 和收入水平 y 对最优消费选择 x 的影响。

设含有参数的 Lagrange 函数如下：

$$\mathcal{L}(x, \lambda, p, y) = U(x) + \lambda(y - p^T x)$$

由最优性一阶条件和互补松弛条件得：

$$\nabla_x U(x) - \lambda p = 0$$

$$y - p^T x = 0$$

现在讨论价格参数对消费品需求的影响，这里的 x 和 λ 均为 p 的函数，将上述两个方程的两边对任一 p_i 求导，分别可得：

$$\nabla_{xx} U \frac{\partial x}{\partial p_i} - p \frac{\partial \lambda}{\partial p_i} = \lambda e_i$$

$$-p^T \frac{\partial x}{\partial p_i} = x_i$$

此处的 e_i 为第 i 个分量为1、其他分量为0的 n 维向量，写成矩阵形式即为：

$$\begin{bmatrix} \nabla_{xx}U & -p \\ -p^{\mathrm{T}} & 0 \end{bmatrix} \begin{bmatrix} \dfrac{\partial x}{\partial p_i} \\ \dfrac{\partial \lambda}{\partial p_i} \end{bmatrix} = \begin{bmatrix} \lambda e_i \\ x_i \end{bmatrix}$$

设 $H := \begin{bmatrix} \nabla_{xx}U & -p \\ -p^{\mathrm{T}} & 0 \end{bmatrix}$，考虑 H 为非奇异的情况，上式转换形式后变成：

$$\begin{bmatrix} \dfrac{\partial x}{\partial p_i} \\ \dfrac{\partial \lambda}{\partial p_i} \end{bmatrix} = H^{-1}\left[x_i \begin{pmatrix} 0 \\ 1 \end{pmatrix} + \lambda \begin{pmatrix} e_i \\ 0 \end{pmatrix} \right] = x_i H^{-1} \bar{e}_{n+1} + \lambda H^{-1} \bar{e}_i \qquad (*1)$$

其中，$\bar{e}_i$ 为第 i 个分量为1、其他分量为0的 $(n+1)$ 维单位向量。

进一步地，通过同样的分析可以得到最优解及相应的 Lagrange 系数对收入水平 y 的变化率如下：

$$\begin{bmatrix} \dfrac{\partial x}{\partial y} \\ \dfrac{\partial \lambda}{\partial y} \end{bmatrix} = -H^{-1} \bar{e}_{n+1} \qquad (*2)$$

结合（*1）和（*2），可得：

$$\begin{bmatrix} \dfrac{\partial x}{\partial p_i} \\ \dfrac{\partial \lambda}{\partial p_i} \end{bmatrix} = \lambda H^{-1} \bar{e}_i - x_i \begin{bmatrix} \dfrac{\partial x}{\partial y} \\ \dfrac{\partial \lambda}{\partial y} \end{bmatrix}$$

H 的逆矩阵可以表示为：

$$H^{-1} = \dfrac{H^*}{|H|}, \quad H^* = \begin{bmatrix} H_{11} & H_{21} & \cdots & H_{n1} \\ H_{12} & H_{22} & \cdots & H_{n2} \\ \vdots & \vdots & \ddots & \vdots \\ H_{1n} & H_{2n} & \cdots & H_{nn} \end{bmatrix}$$

其中，$|H|$ 为 H 的行列式，代数余子式 H_{ij} 为 H^* 的第 j 行第 i 列的元素，则上式隐含了

$$\dfrac{\partial x_j(p,y)}{\partial p_i} = S_{ji}(p,y) - x_i(p,y) \dfrac{\partial x_j(p,y)}{\partial y} \qquad (*3)$$

其中，$S_{ji}(p,y) = \lambda(p,y) \dfrac{H_{ij}}{|H|}$。

（*3）一般称为 Slutsky 方程，该方程最早由斯勒茨基（Slutsky）在 1915 年

发现，但一直未引起注意，直到 1934 年，希克斯（Hicks）等人重新发现后才广为人知。现在该方程已经成为需求理论的基础。

（*3）式右边第一项 S_{ji} 称为替代项，表示当实质收入不变时，第 i 个商品价格变化对第 j 个商品消费量的影响，也称为替代效应。右边第二项表示由第 i 个商品价格变化带来的实质收入的变化所引起的第 j 个商品消费量的变化，称为收入效应。二者之和为等号左边表示的第 i 个商品价格对第 j 个商品消费量的总效应。以上部分源于希克斯和萨缪尔森的古典分析，目前，微观经济学教科书中对 Slutsky 方程的推导通常利用另一种消费者最优选择问题，可见下一节的例 2.2.1，在例 2.2.1 中，替代项的直观意义更容易理解。

2.2 包络定理与应用

上一节讨论了参数对最优解及相应 Lagrange 系数的影响，本节主要分析参数对最优目标值的影响，相较于前节，本节的内容更为简单易用。同样，这里讨论前述含参数的非线性规划问题（NLP-6），显然，该问题的最优目标值也受到参数 α 的影响，一般地，如下表示为参数 α 的函数的最优目标值函数 $\Phi(\alpha)$ 称为值函数：

$$\Phi(\alpha) := \min_{x} \{ f(x,\alpha) \mid g_i(x,\alpha) \leqslant 0, i = 1, \cdots, m \}\text{[①]}$$

显然，如果 $x^*(\alpha)$ 是参数为 α 时的上述最优化问题（NLP-6）的最优解，则有：

$$\Phi(\alpha) = f(x^*(\alpha), \alpha)$$

因此，直观而言，参数 α 对最优目标值 f 的影响可分为两方面：一是 α 对 f 的直接影响；二是 α 通过最优解 $x^*(\alpha)$ 对 f 的间接影响。讨论参数 α 对最优目标值的影响主要就是分析值函数的梯度 $\nabla\Phi(\alpha)$，相关结论称为包络定理。这里"包络"的直观含义如图 2.2.1 所示。

为图示"包络"的直观含义，这里考虑简单的不包含约束条件的情况，即考虑值函数 $\Psi(\alpha) = \min_{x} \{f(x,\alpha)\}$。现在，对每一给定取值的 x，$f(x,\alpha)$ 可以看作 α 的函数，如此，x 取不同值时就形成 f 关于 α 函数的曲线簇，而值函数 $\Psi(\alpha)$ 可以理解为这一曲线簇的"包络"，如图 2.2.1 所示，$\Psi(\alpha)$ 是 $f(x_1,\alpha)$，$f(x_2,\alpha)$，

---

① 更严谨的值函数定义一般使用"inf"以保证可定义性，但考虑相关分析主要应用于经济学，在经济学分析中通常存在极值，所以这里使用"min"进行定义。

$f(x_3,\alpha)$，$f(x_4,\alpha)$…的"包络"。

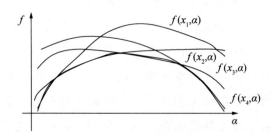

图 2.2.1　极小值函数

在 f 满足充分的可微性下，Ψ 也是可微的，则容易知道：
$$\nabla \Psi(\alpha) = \nabla x^*(\alpha)^T \nabla_x f(x^*(\alpha),\alpha) + \nabla_\alpha f(x^*(\alpha),\alpha)①$$

其中，$x^*(\alpha)$ 为无约束的 $f(x,\alpha)$ 的最优解，所以 $\nabla_x f(x^*(\alpha),\alpha)=0$，由此可知：
$$\nabla \Psi(\alpha) = \nabla_\alpha f(x^*(\alpha),\alpha) \tag{2.2.1}$$

也就是说，这里的参数 α 对最优值 f 的间接影响可以不用考虑，只需考虑参数的直接影响。(2.2.1)式称为无约束最优化问题的包络定理。

进一步地，可以把以上结论推广到含不等式约束的非线性规划问题。此时，我们可以得到如下包络定理：

【定理 2.2.1】（包络定理）

设定理 2.1.2 的所有前提条件都被满足，此时，在 α^* 的某一邻域 Ω，下式成立：
$$\nabla \Phi(\alpha) = \nabla_\alpha \mathcal{L}(x(\alpha),\lambda(\alpha),\alpha)$$
$$= \nabla_\alpha f(x(\alpha),\alpha) + \sum_{i=1}^m \lambda_i(\alpha) \nabla_\alpha g_i(x(\alpha),\alpha) \tag{2.2.2}$$

式中，$\mathcal{L}(x,\lambda,\alpha) = f(x,\alpha) + \lambda^T g(x,\alpha)$ 为 Lagrange 函数，$x(\alpha)$、$\lambda(\alpha)$ 为问题 (NLP-6) 的局部最优解和相对应的 Lagrange 系数。②

---

① ∇_x 和 ∇_α 分别表示该函数关于 x 和 α 变量的偏导数（或梯度），下同。
② 这里为表示简便，省略表示最优解 x 的"*"号。

根据上述思路，该定理可证明如下：

证明 定理 2.1.2 表明当 $\alpha \in \Omega$，存在最优解为 $x(\alpha)$，此时有 $\Phi(\alpha) = f(x(\alpha), \alpha)$。由此可知：

$$\nabla \Phi(\alpha) = \nabla x(\alpha)^{\mathrm{T}} \nabla_x f(x(\alpha), \alpha) + \nabla_\alpha f(x(\alpha), \alpha) \tag{2.2.3}$$

由 Kuhn-Tucker 一阶条件 $\nabla_x \mathcal{L} = 0$ 可知：

$$\nabla_x f(x(\alpha), \alpha) = -\sum_{i=1}^{m} \lambda_i(\alpha) \nabla_x g_i(x(\alpha), \alpha)$$

同时，最优解的互补松弛条件要求如下：

$$\lambda_i(\alpha) g_i(x(\alpha), \alpha) = 0, \quad i = 1, \cdots, m$$

因此，i 为有效约束时 ($i \in I(\alpha)$)，$g_i(x(\alpha), \alpha) = 0$，该式两边对 α 求导可得：

$$-\nabla x(\alpha)^{\mathrm{T}} \nabla_x g_i(x(\alpha), \alpha) = \nabla_\alpha g_i(x(\alpha), \alpha), \quad \forall i \in I(\alpha)$$

i 为松弛约束时 ($i \notin I(\alpha)$)，$\lambda_i(\alpha) = 0$。

所以，综合以上有：

$$\nabla x(\alpha)^{\mathrm{T}} \nabla_x f(x(\alpha), \alpha)$$
$$= -\sum_{i=1}^{m} \lambda_i(\alpha) \nabla x(\alpha)^{\mathrm{T}} \nabla_x g_i(x(\alpha), \alpha)$$
$$= \sum_{i=1}^{m} \lambda_i(\alpha) \nabla_\alpha g_i(x(\alpha), \alpha)$$

将此式代入(2.2.3)式，即得：

$$\nabla \Phi(\alpha) = \nabla_\alpha f(x(\alpha), \alpha) + \sum_{i=1}^{m} \lambda_i(\alpha) \nabla_\alpha g_i(x(\alpha), \alpha)$$

此式即为(2.2.2)式。

证毕。 □

对(2.2.2)式还可以进一步求二阶导数来分析参数对最优解和最优值的影响，由于推导过于烦琐，故在此不作探讨。但对简单的含参数最优化问题，分析二阶条件有时可以得出简洁且有意义的结论，以下即为一例：

考虑

(NLP-7) $\qquad\qquad\qquad \min: f(x)$

s. t. : $\qquad\qquad\qquad g_i(x) \leqslant \alpha_i, \quad i = 1, \cdots, m$

对此问题容易导出以下一阶和二阶的结论：

【定理 2.2.2】

对含参变量最优化问题（NLP-7），设定理 2.1.2 的所有前提条件都被满足，此时，在 α^* 的某一领域 Ω，下式成立：

$$\nabla \Phi(\alpha) = -\lambda(\alpha)$$

$$\nabla^2 \Phi(\alpha) = -\nabla \lambda(\alpha)$$

这里的 $\lambda(\alpha)$ 为问题（NLP-7）的 Lagrange 系数。

证明 此时，$f(x,\alpha) = f(x)$，$g_i(x,\alpha) = g_i(x) - \alpha_i (i = 1, \cdots, m)$，由定理 2.2.1 的 (2.2.2) 式可得，$\nabla \Phi(\alpha) = -\lambda(\alpha)$。同时，由定理 2.1.2 可知，在 α^* 的近旁 $\lambda(\alpha)$ 是连续可微的，所以 $\nabla^2 \Phi(\alpha) = -\nabla \lambda(\alpha)$。 □

以下利用包络定理进一步讨论前述微观经济学中消费理论的相关基础概念。

例 2.2.1 消费选择问题

考虑例 2.1.1 中的最优化问题的值函数，其表示如下：

$$V(p, y) = \max\{U(x) \mid p^\mathrm{T} x \leqslant y\}$$

在经济学中，该函数称为间接效用函数。

该最优化问题的 Lagrange 函数为，$\mathcal{L}(x, \lambda, p, y) = U(x) + \lambda(y - p^\mathrm{T} x)$，利用包络定理可知：

$$\frac{\partial V(p, y)}{\partial y} = \frac{\partial}{\partial y}\{U(x) + \lambda(y - p^\mathrm{T} x)\} = \lambda$$

该式说明这里的 Lagrange 系数表示收入的边际效用。

同时，如前所述，该最优消费选择问题的最优解 $x_i(p, y)$ 被称为 Marshall 需求函数。利用包络定理可知：

$$\frac{\partial V(p, y)}{\partial p_i} = \frac{\partial}{\partial p_i}\{U(x) + \lambda(y - p^\mathrm{T} x)\} = -\lambda x_i, \quad i = 1, 2, \cdots, n$$

该式显示，任一消费品价格上升将导致总效用下降，且下降程度与消费中该消费品的消费量成比例。

结合上述二式可知：

$$x_i(p, y) = -\frac{\dfrac{\partial V(p, y)}{\partial p_i}}{\dfrac{\partial V(p, y)}{\partial y}}, \quad i = 1, 2, \cdots, n$$

该式揭示了 Marshall 需求函数与间接效用函数之间的关系，该式称为 Roy 等式。

另一方面，也如绪论中所述，若考虑给定一效用水平 v，我们可以从另一侧面考察如下最优消费问题，

(CP-2) $\quad\quad\quad\quad\quad\quad \min: p^T x$
s. t.： $\quad\quad\quad\quad\quad\quad U(x) \geqslant v$

此问题的最优解称为 Hicks 需求函数，记为 $x_i^h(p,v)$，该最优化问题的值函数为：

$$E(p,v) = \min\{p^T x \mid U(x) \geqslant v\}$$

该函数称为支出函数。

利用包络定理，可以导出支出函数与 Hicks 需求函数的关系。(CP-2)的 Lagrange 函数为 $\mathcal{L}(x,\mu,p,v) = p^T x + \mu(v - U(x))$，由包络定理可知，

$$\frac{\partial E(p,v)}{\partial p_i} = \frac{\partial \mathcal{L}(x^h,\mu,p,v)}{\partial p_i} = x_i^h(p,v)$$

该结论称为 Shephard 引理。

进一步地，可以证明上述两种最优选择问题的解函数之间与值函数之间的关系，也就是 Marshall 需求函数与 Hicks 需求函数的关系，以及间接效用函数与支出函数的关系，它们之间的关联如下：

$$\begin{aligned} x_i(p,y) &= x_i^h(p,V(p,y)) \\ x_i^h(p,v) &= x_i(p,E(p,v)) \\ E(p,V(p,y)) &= y \\ V(p,E(p,v)) &= v \end{aligned} \quad (*1)$$

利用以上分析，再考察前述的 Hicks-Slutsky 方程。设 u^* 为参数 (p,y) 下的上一节中(CP-1)的最优值。对方程(* 1)的两边求 p_j 的偏导数，有：

$$\frac{\partial x_i^h(p,u^*)}{\partial p_j} = \frac{\partial x_i(p,E(p,u^*))}{\partial p_j} + \frac{\partial x_i(p,E(p,u^*))}{\partial y} \frac{\partial E(p,u^*)}{\partial p_j} \quad (*2)$$

同时注意到，

$$E(p,u^*) = E(p,V(p,y)) = y$$

$$\frac{\partial E(p,u^*)}{\partial p_j} = x_j^h(p,u^*) = x_j^h(p,V(p,y)) = x_j(p,y)$$

把上述二式代入(* 2)，即有：

$$\frac{\partial x_i(p,y)}{\partial p_j} = \frac{\partial x_i^h(p,u^*)}{\partial p_j} - x_j(p,y) \frac{\partial x_i(p,y)}{\partial y}$$

此式的含义与上一节例 2.1.1 中的(* 3)相同，即表示某一消费品的价格变化对其他消费品的消费量的影响可分解为替代效应和收入效应。其中，替代效应可以用 Hicks 需求函数的边际变化量来表示。

第 3 章
静态优化与均衡：市场均衡分析范例

前面介绍了非线性规划的基本原理和方法，着重讨论了最优解的最优性条件，并介绍了经济学中的应用例。以上应用例比较简单，实际上，给出最优化问题后，应用最优性条件展开相关推导分析通常并不困难。而如何恰当地表述经济主体的优化选择问题，特别是存在多个主体时，如何表述他（她）们之间相互影响的优化选择问题，则并非易事。更准确地说，如何把对经济问题的理解与解释用数学模型表述为相互影响的经济主体理性选择的结果则是困难所在。此时涉及前述优化与均衡的综合。

本章主要讨论静态情况下的优化与均衡分析，着重介绍几种典型的不同形式的市场竞争与均衡的模型分析范例。而在本书以下的例子中，重点不是讨论数学上"均衡"的存在[1]，而是着重介绍相关理论模型如何应用优化和均衡的描述以进行经济学的理论解释。

绪论中反复强调，"优化"与"均衡"的结合才是现代经济学理论分析的关键。而从篇幅上看，本书主要内容是介绍"优化"的基本数学原理和方法，因为对初学者而言，这是进行理论分析的前提基础，也是学习数理经济学的第一步。也就是说，第一步必须掌握理论模型中需要用到的最优化数学原理。但在观察与学习经济理论模型时，则不能只注重数学上如何构建 Lagrange 函数，如何求解等，应该同时关注模型中各个数学表达式所表述的经济学含义，模型主要在推导什么结论，如何进行经济学解释等。这可以视为第二步，也就是需要理解理论模型在表述和解释什么。第三步，则应该进一步观察和领会模型如何表述"优化"和"均衡"，特别是"均衡"如何体现。这也就是要进一步领会如何构建理论

---

[1] 不言而喻，数学模型存在均衡是分析的前提基础，本书引用的范例均存在均衡。如同最优解的存在性一样，联合优化问题什么情况下存在均衡也是一个研究议题，但不是本书的讨论主题。

模型。

此外,从经济学的视角,以下均衡分析范例分别描述了局部均衡和一般均衡两种不同形式。简略而言,局部均衡只着重考虑一个市场的均衡,其他市场的影响均视为给定的外生变量(参数),如3.1、3.3和3.4节中的范例。而一般均衡则包含相互影响的不同市场,通常包括产品市场和生产要素市场,如3.2节。此外,本书第7章将要讨论的增长模型也是一般均衡模型。在经济理论分析中,究竟采用局部均衡还是一般均衡更合适,需要视所分析的问题而定,不论哪种模型都只是对现实的抽象和简化,不能只因为"局部"或是"一般"的字面含义而简单论断理论模型与现实的一致性。

3.1 寡头垄断市场分析

以下首先观察两个经典的竞争决策模型:古诺(Cournot)竞争模型和斯塔克伯格(Stackelberg)竞争模型。[①] 它们主要分析具有垄断势力的厂商如何竞争以及竞争可能导致的结果。模型包含优化与均衡的分析,在存在两个以上个体进行优化选择的模型中,显然均衡才是联立最优化问题的解,相关经济学分析也着重围绕均衡展开。

3.1.1 Cournot 模型

Cournot 模型在1838年就已提出,它是最早利用数学进行竞争分析的模型,也是引出现代博弈论中纳什(Nash)均衡概念最早的模型,该模型影响深远,至今仍被广泛应用。该模型示例如何表述寡头竞争,并可用于比较不同市场的结构、行为、绩效等。

(1) Cournot 双寡头模型。假设某产品市场只存在两家厂商生产同质产品,在已知市场需求的情况下,考虑竞争的两厂商如何决定产量、形成均衡。

设市场的反需求函数(需求函数的反函数)为:$p = P(q) = P(q_1 + q_2)$,其

[①] 必须指出,这些模型也是博弈论的经典案例,但本书着重从最优化分析的视角展开讨论。从最优化的角度看,博弈模型是联立两个以上最优选择的优化分析模型。但一般情况下,博弈模型难以如此处的 Cournot 模型和 Stackelberg 模型一样,可以明确分别表述成不同行为者的最优化问题,并且可以利用最优化方法求解。本书仅讨论能用最优化方法展开分析的范例,不涉及博弈论其他内容的讨论。

中，p 表示产品价格，$P(\cdot)$ 为函数，q_1，q_2 分别为厂商 1 和厂商 2 的产量。设厂商 1 的成本函数为 $C_1(q_1)$，厂商 2 的成本函数为 $C_2(q_2)$。假定两厂商同时决定各自的产量，则两厂商的竞争决策表示如下：

厂商 1 在预测厂商 2 的产量为 q_2 的情况下，寻求使自己利润最大化的最优产量 q_1，其面临的最优化问题如下：

$$\max_{q_1} : \pi_1 = P(q_1 + q_2) q_1 - C_1(q_1)$$

显然，这里的最优解 q_1 也依赖于该最优化问题中的参数 q_2，即 q_1 为 q_2 的函数，这表示厂商 1 的最优产量选择受厂商 2 选择的影响，这也意味着厂商 1 将对厂商 2 的选择作出反应，所以也称为反应函数，记为 $q_1 = \varphi_1(q_2)$。

同理，厂商 2 在预测厂商 1 产量为 q_1 的情况下的最优选择可表述为：

$$\max_{q_2} : \pi_2 = P(q_1 + q_2) q_2 - C_2(q_2)$$

记该问题的最优解为 $q_2 = \varphi_2(q_1)$，此即为厂商 2 对厂商 1 的反应函数。

以上情况下，同时满足 $q_1 = \varphi_1(q_2)$ 和 $q_2 = \varphi_2(q_1)$ 的 (q_1, q_2) 形成一种均衡，称为 Cournot 均衡。显然，在均衡时，任一厂商单方面改变自己的产量不会增加自己的利润，这种意义的均衡也就是 Nash 均衡。

在具体的需求函数和成本函数下，容易分析均衡的存在性以及均衡产量等。如假设两厂商的成本函数同为 $C_i(q_i) = c \cdot q_i$，$c > 0$，$i = 1, 2$，反需求函数为 $p = a - b \cdot (q_1 + q_2)$，$a > 0$，$b > 0$，$a > c$。

现在由最优性条件 $\dfrac{\mathrm{d}\pi_1}{\mathrm{d}q_1} = 0$ 可知：

$$q_1 = \frac{a - bq_2 - c}{2b}$$

同理，由 $\dfrac{\mathrm{d}\pi_2}{\mathrm{d}q_2} = 0$ 可导出：

$$q_2 = \frac{a - bq_1 - c}{2b}$$

可得均衡解为：

$$q_1 = q_2 = \frac{a - c}{3b}$$

从该式也可看出，$a > c$ 是存在均衡解的充分必要条件。此时，厂商的垄断利润为：

$$\pi_1 = \pi_2 = \frac{(a - c)^2}{9b}$$

该均衡结果经常与两厂商串谋（相当于一个垄断厂商）的情况进行比较。如果两厂商进行串谋，共同选择最优产量 q，而后再平分市场，则最优化问题为，

$$\max_{q}: P(q)q - C(q) = (a-bq)q - cq$$

可知最优解为 $q = \dfrac{a-c}{2b}$，如两厂商平分市场，则各自产出和利润为：

$$q_1 = q_2 = \dfrac{a-c}{4b}, \quad \pi_1 = \pi_2 = \dfrac{(a-c)^2}{8b}$$

所以，与串谋（垄断）时相比，在寡头竞争中，两个厂商生产的产量更多，市场价格更低，这有利于消费者；但各厂商的利润更低，不利于厂商。

从厂商的角度看，这是一个典型的囚徒困境案例，通过串谋，两个厂商本可以通过合作协议约定生产一个较低的产量以获得更高的利润，但这个结果是不稳定的，每个厂商在对方遵守合作协议时，都有违背协议提高产量的动机。也就是说，厂商2遵守 $q_2 = \dfrac{a-c}{4b}$ 时，厂商1的最优选择如下：

$$\max_{q_1}: \pi_1 = \left[a - b\left(\dfrac{a-c}{4b} + q_1\right) \right]q_1 - cq_1$$

同样地，利用一阶最优性条件可知，最优解为 $q_1 = \dfrac{3(a-c)}{8b}$。因此，厂商1有单方面违约动机，厂商2反之亦然。因此，$q_1 = q_2 = \dfrac{a-c}{4b}$ 不是稳定状态。

（2）该模型可由两个厂商扩展到多个厂商的情况，更方便与完全竞争市场进行比较。

现在假设有 N 个厂商，成本函数均为 $C_i(q_i) = cq_i (i=1,\cdots,N)$，市场反需求函数为 $p = a - b\sum\limits_{i=1}^{N} q_i$。

此时，任意第 i 个厂商的最优化选择表述为：

$$\max_{q_i}: \pi_i = \left(a - b\sum_{i=1}^{N} q_i\right)q_i - cq_i$$

从最优性一阶条件可得：

$$bq_i = a - c - b\sum_{i=1}^{N} q_i$$

对任意 i，该方程的右边相同，所以各厂商的最优产量相同，对方程左边 i 从1到 N 进行加总，可导出均衡（各厂商的最优选择同时成立）时的各厂商产量：

$$q_i = \dfrac{a-c}{(N+1)b}$$

此时，均衡价格为：

$$p = a - \frac{N(a-c)}{N+1}$$

显然，在 $a > c$ 的条件下，该均衡价格大于边际成本，$\frac{dC(q)}{dq} = c$，$p - c = \frac{a-c}{N+1} > 0$。

这种情况下，厂商垄断利润为：

$$\pi_i = (p-c)q_i = \frac{(a-c)^2}{(N+1)^2 b} > 0$$

从以上可以看出，当厂商数量 N 充分多时，$p \to c$，$\pi_i \to 0$，此时的均衡状态接近于完全竞争市场。而在完全竞争市场，市场价格等于边际成本，厂商利润为 0。①

3.1.2 Stackelberg 模型

在前述 Cournot 模型中，两个寡头厂商同时作出产量决策。与此不同，Stackelberg 模型描述的是其中一个厂商具有先行决策优势下的寡头垄断市场问题。Stackelberg 模型也称为"领导者－追随者"模型。

为便于比较，这里同样考虑产量竞争的情况。假设领导者（先行优势者）厂商 1 首先设定自己的计划产量为 q_1，追随者厂商 2 在知道厂商 1 计划产量的情况下决定自己的产量 q_2，这时厂商 2 的产量是厂商 1 产量的反应函数；反过来，厂商 1 会充分考虑厂商 2 的反应函数，再作出自己的最优选择。此时，两厂商的选择存在先后顺序，如此的联立最优化问题，在博弈论中称为动态博弈。②

对 Stackelberg 模型采用逆向归纳方法可以使问题的描述更明确。首先考虑在给定厂商 1 的计划产量下，厂商 2 的产量选择。这里设市场反需求函数及厂商成本函数和上例相同，则厂商 2 的最优选择可描述如下：

---

① 在完全竞争市场上，厂商无垄断定价能力，为市场价格的接受者，此时，厂商的最优选择为 $\max_q : \pi_i = p \cdot q - C(q)$，最优选择满足 $\frac{dC(q)}{dq} = p$，即边际成本等于价格。

② 需要注意的是，动态最优化中的动态指的是选择变量为时间的函数或时间的序列，是动态变量；动态博弈的动态指的是博弈参与者（博弈局中人）间的选择行动存在先后顺序，参与者的行动顺序是动态的（相对而言，静态博弈指的是参与者的选择不存在先后顺序，可以理解为同时决策，但与具体时间无关）。因此，二者的动态含义不同，所以在优化与均衡的分析中，如本例，竞争双方的决策顺序可能是动态的，但各自最优化问题是静态的，依然属于静态优化分析。

$$\max_{q_2} \pi_2 = P(q_1+q_2)q_2 - C_2(q_2)$$

该最优化问题的最优解 $q_2 = \phi(q_1)$，即厂商 2 对厂商 1 的反应函数。

在知道厂商 2 对任一给定产量的反应函数后，对厂商 1 的最优选择可模型化如下：

$$\max_{q_1} \pi_1 = P(q_1+q_2)q_1 - C_1(q_1)$$

s.t.：
$$q_2 = \phi(q_1)$$

在该问题中，厂商 2 的最优选择即为厂商 1 的约束条件。

该问题的最优解即决定了领导者厂商 1 的最优产量选择，也决定了追随者厂商 2 相对应的最优选择。如此同时满足厂商 1 和厂商 2 最优选择的 (q_1, q_2) 称为 Stackelberg 均衡。

同样地，如采用前例中的反需求函数和成本函数的具体设定，可以依据一阶最优性条件求出均衡解。

此时，厂商 2 的最优化问题与上例相同。由一阶条件可得反应函数：

$$q_2 = \frac{a - bq_1 - c}{2b}$$

把该反应函数代入厂商 1 的利润函数则有：

$$\pi_1 = \left[a - b\left(q_1 + \frac{a - bq_1 - c}{2b}\right)\right]q_1 - cq_1$$

分析其最优性一阶条件，即可求得均衡解为：

$$q_1 = \frac{a-c}{2b}, \quad q_2 = \frac{a-c}{4b}$$

此时，两厂商的垄断利润分别为：

$$\pi_1 = \frac{(a-c)^2}{8b}, \quad \pi_2 = \frac{(a-c)^2}{16b}$$

比较此时厂商 1 的利润和上例 Cournot 竞争模型中的厂商 1 的利润，可以知道，在 Stackelberg 模型中，厂商 1 基于其"领导者"地位所具有的先行一步的优势，可以得到更多的垄断利润。

3.2 垄断竞争市场分析：D-S 模型

D-S 模型是 1977 年的 Dixit-Stiglitz 垄断竞争模型的简称，该模型描述了存在众多厂商的垄断竞争市场，以及消费者选择和厂商选择相互影响的一般均衡。

D-S 模型用简洁优雅的方式将经济学中的规模收益递增、垄断竞争与一般均衡结合起来，为相关理论研究的模型化表述奠定了开创性的基础。现代经济学的新增长理论（参见本书第 7 章）、新经济地理学与新贸易理论等相关创新性研究均不同程度借鉴和仿效了 D-S 模型的设定与分析。

以下主要介绍基于原模型的一个改写版本。设经济存在两类产业：农业和制造业（工业），其中，农业部门生产同质产品，农业生产规模报酬不变，农产品市场为完全竞争市场；制造业部门的产品存在差异，厂商规模收益递增，制造业产品市场为垄断竞争市场。此外，模型也包含生产要素市场等，描述了各市场相互影响下形成的一般均衡。

下面观察模型如何表述消费者与厂商的优化选择，以及这些选择如何在各个相互关联的市场形成均衡。

(1) 消费者选择

假设消费者的效用函数（从消费农产品和制造业部门的不同产品中得到效用）如下：

$$U = \beta M^\theta A^{1-\theta}, \quad 0 < \theta < 1$$

其中，β 为正的常数，A 表示农产品消费，M 表示一组存在差异的工业品的如下组合：

$$M = \left(\sum_{i=1}^n q_i^\rho\right)^{\frac{1}{\rho}}, \quad 0 < \rho < 1$$

其中，q_i 为第 i 种工业品（制造业产品）的消费，ρ 用以度量产品间替代弹性。①

消费者的预算约束表示为：

$$\sum_{i=1}^n p_i q_i + p_a A \leqslant y \qquad (*1)$$

其中，p_i 为第 i 种工业品的价格，p_a 为农产品价格，y 为收入水平。

基于该最优化问题的结构设定，实际上可以分为两步进行处理：第一步，考虑在给定工业品消费一定份额的情况下，如何在工业品的消费之间进行最优配置；第二步，分析消费支出如何在农产品和工业品总量之间进行分配。

第一步的最优化问题表述如下，

$$\max: M = \left(\sum_{i=1}^n q_i^\rho\right)^{\frac{1}{\rho}}$$

---

① 替代弹性为 $\sigma = \dfrac{1}{1-\rho}$。

s. t. ：
$$\sum_{i=1}^{n} p_i q_i \leqslant \bar{y}$$

这里，$\bar{y}$ 表示用于工业品消费的总额。

依据前述 Kuhn-Tucker 定理，可建立如下 Lagrange 函数：

$$\mathcal{L} = \left(\sum_{i=1}^{n} q_i^{\rho}\right)^{\frac{1}{\rho}} + \mu\left(\bar{y} - \sum_{i=1}^{n} p_i q_i\right)$$

在最优解处，其一阶导数为 0，即（为表述简便，以下用 $\sigma = \dfrac{1}{1-\rho}$ 替代）：

$$\frac{\partial \mathcal{L}}{\partial q_i} = M^{\frac{1}{\sigma}} q_i^{-\frac{1}{\sigma}} - \mu p_i = 0 \tag{*2}$$

同时，从互补松弛条件可知，不等式约束是紧约束，即：

$$\bar{y} - \sum_{i=1}^{n} p_i q_i = 0 \tag{*3}$$

从（*2）解出 q_i 并将其代入（*3）可得：

$$M\mu^{-\sigma} = \frac{\bar{y}}{\sum_i p_i^{1-\sigma}}$$

再将其代回（*2），可得需求函数：

$$q_i = \frac{p_i^{-\sigma}}{\sum_i p_i^{-(\sigma-1)}} \bar{y}, \quad i = 1, \cdots n \tag{*4}$$

现在将 q_i 的需求函数代入前述 M 的定义式，可得：

$$M = \left[\sum_{i=1}^{n}\left(\frac{p_i^{-\sigma}}{\sum_i p_i^{-(\sigma-1)}} \bar{y}\right)^{\frac{\sigma-1}{\sigma}}\right]^{\frac{\sigma}{\sigma-1}} = \bar{y}\left(\sum_{i=1}^{n} p_i^{-(\sigma-1)}\right)^{\frac{1}{\sigma-1}}$$

进一步定义，

$$P := \left(\sum_{i=1}^{n} p_i^{-(\sigma-1)}\right)^{\frac{-1}{\sigma-1}}$$

可得，$PM = \bar{y}$。再结合（*3）可知：

$$PM = \sum_{i=1}^{n} p_i q_i$$

所以可将 P 视为工业品的复合价格指数，它表示工业品消费组合 M 的价格。同时，利用以上价格指数的表达式，需求函数（*4）可改写为：

$$q_i = \frac{p_i^{-\sigma}}{P^{1-\sigma}} \bar{y} = \left(\frac{p_i}{P}\right)^{-\sigma} \frac{\bar{y}}{P} \tag{*5}$$

现在考虑第二步，消费者如何在预算约束下配置 M 和 A 二者间的最优消费，该最优化问题可表述为：

$$\max: U = \beta M^\theta A^{1-\theta}$$

s.t.：
$$PM + p_a A \leq y$$

再次利用 Kuhn-Tucker 定理可得：

$$M = \frac{\theta y}{P}$$

$$A = \frac{(1-\theta)y}{p_a}$$

结合第一步可知，$\theta y = PM = \sum_{i=1}^{n} p_i q_i = \bar{y}$。

（2）厂商选择

以下讨论厂商的最优选择。为简化分析，假设农业部门和制造业部门均使用劳动力作为唯一的投入要素，但劳动力不同质，农业部门使用非技能劳动力，制造业部门使用技能劳动力，不同质的劳动力在部门间不可流动。非技能劳动力总量为 L_a，技能劳动力总量为 L。

① 农业部门。如上所述，农业生产设为：产品无差异、规模报酬不变、市场完全竞争。为简化分析，进一步假设一个非技能劳动力生产 1 单位农产品（即生产函数为 $y_a = l_a$）。设 w_a 为农业劳动力工资，完全竞争下，价格等于边际成本，即 $p_a = w_a$。再以农产品为计价品，故可设 $p_a = w_a = 1$。

② 制造业部门。设 w 为制造业部门工资率，每个厂商的固定劳动力需求量为 f，边际劳动需求量为 m。故生产 q_i 单位的产品 i 所需的劳动力总量为：

$$l_i = f + mq_i \qquad (*6)$$

其对应的成本函数为：

$$C(q_i) = fw + mwq_i$$

制造业厂商的产品存在差异性，厂商具有垄断定价能力，在预知市场需求的情况下（前述(*5)）通过选择价格以最大化利润，此时，最优化问题可表述如下：

$$\max: \pi_i = p_i q_i - C(q_i) = (p_i - mw)q_i - fw$$

s.t.：
$$q_i = \left(\frac{p_i}{P}\right)^{-\sigma} \frac{\theta y}{P}$$

此处厂商最优化问题约束条件中的（预知的）需求函数和前述消费者最优选择下的需求函数 (*5) 一致，也是市场均衡的条件之一。

这里考虑当市场中厂商充分多时，上述工业品价格指数 P 被每个厂商视为给定量，即不考虑自己的定价 p_i 会如何影响总体价格水平 P。如此设定下，利用

Lagrange 乘数法，通过一阶最优性条件可求得以上制造业厂商（市场均衡下）的最优定价为：

$$p_i\left(1 - \frac{1}{\sigma}\right) = mw$$

该式意味着各个厂商的垄断定价相同，均为：

$$p^* = \frac{\sigma}{\sigma - 1}mw$$

将该式代入以上厂商的利润表达式（目标函数），可得厂商利润为：

$$\pi_i = \frac{mw}{\sigma - 1}q - fw \qquad (*7)$$

这里从以上知均衡时各厂商的产量一致，故可用 q 表述。

（3）均衡分析

以下进一步分析均衡时的厂商数量、产量和产品价格以及工资是如何确定的。

利用垄断竞争市场的长期均衡意味着自由进出将使得每个厂商的利润为 0，从（*7）可知，均衡时各个制造业厂商的产量均为：

$$q^* = \frac{f(\sigma - 1)}{m}$$

同时，（*6）表明每个制造业厂商使用的劳动力数量均为：

$$l^* = f + mq^* = f\sigma$$

均衡时劳动力市场出清意味着：

$$L = nl^* = nf\sigma$$

于是，制造业厂商的数量（制造业产品种类）为：

$$n^* = \frac{L}{f\sigma}$$

均衡时消费者的收入为[①]：

$$y = w_a L_a + wL = L_a + wL$$

由于 $\theta y = \sum_{i=1}^{n} p_i q_i$，因此均衡时，

$$\theta(L_a + wL) = n^* p^* q^*$$

进一步代入上述 n^*、p^*、q^* 的均衡值，可得：

---

① 这里更严谨的表述应是：假设存在 N 个消费者家庭，每个家庭提供 L_a/N 单位非熟练劳动和 L/N 单位熟练劳动，再将 N 简化为 1，显然，如此简化并不影响模型的本质内容。

$$w^* = \frac{\theta L_a}{(1-\theta)L}$$

如此，确定了均衡时的垄断厂商数量、厂商的产出、产品市场和劳动市场的价格，以及劳动力资源配置等所有经济变量。

该模型为如何表述垄断竞争下的一般均衡提供了极有价值的经典范例。

3.3 合同（契约）形式的市场均衡分析

本小节讨论与以上形式不同的市场均衡问题，表述为契约或称合同形式的优化决策问题。这种情况实际上也包含两个进行理性选择的个体，可将其视为雇主和雇员或委托人和代理人的关系，也就是立契约的双方。这里的优化和均衡综合反映在其中一方（雇主或委托人）的最优化问题中，而另一方（雇员或代理人）的理性选择被作为约束（通常称为参与约束）隐含在前者的最优化问题中。以下主要讨论这类问题如何表述为优化问题，如何分析最优性条件，以及如何用以解释经济现象等。

3.3.1 隐含合同

隐含合同模型出现于20世纪70年代，它为宏观经济学的失业问题提供了具有微观基础的理论解释，对当时经济学研究产生了很大影响。该模型把劳动力的供给与需求决策描述为厂商与工人的一种双边的隐形合同形式。以下主要考察模型的构建以及如何从微观视角为工资黏性与失业问题提供解释。

（1）基本设定

设工人的劳动时间为固定值，工人提供一单位的劳动时间或不提供。在劳动市场开放时，工人可以在不同厂商间选择，而劳动市场关闭时则不能流动。劳动市场关闭时，产品市场开放，生产在产品市场开放期间进行。

设产品市场存在两种情况，以概率 π_1 出现情况 1，此时产品的价格为 p_1；以概率 π_2 出现情况 2，此时产品的价格为 p_2。显然，$\pi_1+\pi_2=1$，并设 $p_1>p_2$。厂商在产品价格为 p_1 时支付的实质工资为 w_1，在产品价格为 p_2 时支付的实质工资为 w_2。假设市场信息是完全和对称的，厂商和工人都知道以上信息。

设工人的实质工资都用于消费，其效用函数为 $U(\cdot)$，在情况 i 时，工人以 μ_i 的概率被雇用，则此时工人的期望效用表述为：

$$\sum_{i=1}^{2}\pi_i[U(w_i)\mu_i+U(v)(1-\mu_i)]$$

式中，v 表示领取失业保险和不劳动的效用的实际价值的总和。考虑到非自愿失业的设定，设 $w_1>v, w_2>v$。

为简化分析，设厂商的生产函数为 $f(L)$，L 为雇用劳动量，生产函数满足通常的边际收益递减的设定。设厂商初期雇用最大量的劳动力为 N，在情况 i 下雇用量调整为 L_i，显然，$L_1\leqslant N, L_2\leqslant N$。设劳动力是同质的，则每个工人在情况 i 下面临的就业率为 $\mu_i=L_i/N$。

设劳动者的效用存在一个最低限度 U_0，劳动者在达到该最低效用水平时才会提供劳动，因此，厂商雇用工人时必须满足这个最低限度的约束。

(2) 合同的模型表述

如上所述，该模型把厂商（雇主）和工人（雇员）的劳动力供求关系解释为雇佣合同关系。这里的合同实质上表述为，厂商在工人了解合同并愿意接受雇用的约束条件下，最大化自身利润的优化选择。在以上设定下，厂商的最优选择问题(P)表示如下：

$$\max_{L_1,L_2,N,w_1,w_2}:\sum_{i=1}^{2}\pi_i[p_if(L_i)-w_iL_i]$$

s.t.:
$$\sum_{i=1}^{2}\pi_i[U(w_i)\mu_i+U(v)(1-\mu_i)]\geqslant U_0 \qquad (*1)$$

$$L_1\leqslant N,\quad L_2\leqslant N \qquad (*2)$$

以上目标函数描述了此时厂商的期望利润。约束条件(*1)表示工人接受该合同的条件，在合同理论中称为参与约束。这里可以注意到，在问题(P)中，厂商提供的不仅是雇用时的工资，同时也包含解雇的可能性，对于这些，双方均了解并接受。因此，以上模型的最优解可理解为双方都能接受的实际雇佣关系的隐含合同。

(3) 模型分析 I ——刚性工资问题

以下主要通过上述最优化问题的最优性条件分析，解释刚性工资的存在问题。

设上述最优化问题的 Lagrange 函数如下：

$$\mathcal{L}=\sum_{i=1}^{2}\pi_i[p_if(L_i)-w_iL_i]$$

$$+\lambda\left\{\sum_{i=1}^{2}\pi_i\left[U(w_i)\frac{L_i}{N}+U(v)\left(1-\frac{L_i}{N}\right)\right]-U_0\right\}$$

$$+ \sum_{i=1}^{2} \delta_i(N - L_i)$$

此处，Lagrange 乘子满足 $(\lambda, \delta_1, \delta_2) \geqslant 0$。在最优解处，有以下一阶最优性条件成立：

$$\mathcal{L}_N = \lambda \sum_{i=1}^{2} \pi_i \left[-U(w_i) \frac{L_i}{N^2} + U(v) \frac{L_i}{N^2} \right] + \sum_{i=1}^{2} \delta_i = 0 \qquad (*3)$$

$$\mathcal{L}_{L_i} = \pi_i p_i f'(L_i) - \pi_i w_i + \frac{\lambda \pi_i [U(w_i) - U(v)]}{N} - \delta_i = 0, \quad i = 1, 2 \qquad (*4)$$

$$\mathcal{L}_{w_i} = -\pi_i L_i + \lambda \pi_i U'(w_i) \frac{L_i}{N} = 0, \quad i = 1, 2 \qquad (*5)$$

同时，问题（P）中的约束条件与以下互补松弛条件成立：

$$\lambda \left\{ \sum_{i=1}^{2} \pi_i \left[U(w_i) \frac{L_i}{N} + U(v) \left(1 - \frac{L_i}{N}\right) \right] - U_0 \right\} = 0 \qquad (*6)$$

$$\delta_i(N - L_i) = 0, \quad i = 1, 2 \qquad (*7)$$

这里先讨论不等式约束条件的有效性问题。由（*5）得，$\lambda U'(w_i)/N = 1$，$i = 1, 2$，所以 $\lambda > 0$。因此在最优解处，约束条件（*1）的等式成立。假设 $L_1 < N$（此时也就有 $L_2 < N$，实际上可以证明 $p_1 > p_2$ 时，$L_1 \geqslant L_2$），则（*7）表明，$\delta_1 = \delta_2 = 0$。将其代入（*3）中，得 $\lambda = 0$，存在矛盾。所以，$L_1 = N$。

现在考虑上述有效不等式约束的经济学直观含义。首先，如果不等式约束（*1）不是有效约束，也就是大于号成立，显然此时厂商还可以降低工资以提高利润。因此在厂商处于最优状态时，工人只可能实现最低限的效用水平。其次，$L_1 = N$ 表明厂商初期雇用的是景气状态下所需要的劳动量，根据前述设定，有情况 1 和情况 2，其中情况 1 下产品价格高，对厂商来说即是景气状态。

由 $\lambda U'(w_i)/N = 1$，$i = 1, 2$，可知 $w_1 = w_2$。设 $w_1 = w_2 = w$，将此与 $\lambda = N/U'(w)$，$L_1 = N$ 代入（*4）可得：

$$p_1 f'(N) - \frac{\delta_1}{\pi_1} = w - \frac{U(w) - U(v)}{U'(w)} \qquad (*8)$$

$$p_2 f'(L_2) - \frac{\delta_2}{\pi_2} = w - \frac{U(w) - U(v)}{U'(w)} \qquad (*9)$$

再把 $w_1 = w_2 = w$，$\lambda = N/U'(w)$，$L_1 = N$ 代入（*3）可知：

$$\frac{U(w) - U(v)}{U'(w)} \left(\pi_1 + \pi_2 \frac{L_2}{N} \right) = \sum_{i=1}^{2} \delta_i \qquad (*10)$$

通过（*8）（*9）可解得 δ_1, δ_2，并代入（*10）；同时，利用 $\pi_1 = 1 - \pi_2$，可以导出下式：

$$w = \pi_1 p_1 f'(N) + \pi_2 p_2 f'(L_2) + \pi_2 \left(1 - \frac{L_2}{N}\right) \frac{U(w) - U(v)}{U'(w)} \qquad (*11)$$

该式是实质工资的决定式。它说明：

实质工资＝边际劳动收益的平均值（期望）＋失业风险补偿（即失业的概率×货币单位表示的失业带来的效用损失）。

此外，(*6)隐含了，

$$U(w) - \pi_2 [U(w) - U(v)] \left(1 - \frac{L_2}{N}\right) = U_0 \qquad (*12)$$

现在知道，$w_1 = w_2 = w$，$L_1 = N$，所以问题(P)要讨论的未知量实质上是 N、L_2、w。从以上推导还可以知道，前述最优性条件等价于(*9)(*11)(*12)，以及 $\delta_2 \geqslant 0$ 和 $\delta_2 (N - L_2) = 0$。以下对不等式约束 $N \geqslant L_2$ 的不同情况展开分类讨论。

当 $L_2 = N$ 时，即没有失业的情况下，(*11)和(*12)变为

$$w = (\pi_1 p_1 + \pi_2 p_2) f'(N), \quad U(w) = U_0$$

此二式决定了 w 和 N，如此决定了均衡时的各变量。

当 $L_2 < N$ 时，即存在失业的情况下，$\delta_2 = 0$，(*9)隐含了

$$p_2 f'(L_2) = w - \frac{U(w) - U(v)}{U'(w)} \qquad (*13)$$

在这种均衡状态下，N，L_2，w 由(*11)(*12)(*13)决定。

以上分析表明，不论是否存在失业的情况，都满足 $w_1 = w_2$，该结论即表明工资存在刚性。实质上，工资刚性的存在为该模型的主要结论之一。问题（P）的最优解从比较以上两种情况即可得，但这里主要关注经济学分析的内容。

(4) 模型分析 II——失业保障的影响

该模型可以进一步用于分析失业保险金的设置对失业的影响。我们考虑什么情况下不会出现失业，因此主要讨论不会出现失业情况的充分条件，即不会出现 $L_2 < N$ 的充分条件。显然，不满足 $L_2 < N$ 的必要条件也就是不会出现失业的充分条件。

由(*12)可知，当 $L_2 < N$ 时，$U(w) > U_0$，此时有 $w > U^{-1}(U_0)$。由(*13)可知必须满足

$$G(w) := w - \frac{U(w) - U(v)}{U'(w)} = p_2 f'(L_2) > 0$$

此时，由 $G(w)$ 的定义容易确认 $G'(w) < 0$，即 G 为减函数。所以，如果

$$G(U^{-1}(U_0)) = U^{-1}(U_0) - \frac{U_0 - U(v)}{U'(U^{-1}(U_0))} < 0 \qquad (*14)$$

则有：

$$G(w) < G(U^{-1}(U_0)) < 0$$

这与上述作为 $L_2 < N$ 必要条件的 $G(w) > 0$ 矛盾。所以 $G(U^{-1}(U_0)) < 0$ 时，有 $L_2 = N$。换句话说，

$$U(v) < U_0 - U^{-1}(U_0) U'(U^{-1}(U_0)) \qquad (*15)$$

为不存在失业的一个充分条件。

一般情况下，(*15)意味着如果失业保险金越低（v 值将越小），则越不容易导致解雇。如果失业保险等因素可以被忽略，使得 $U(v)$ 值接近 0，则解雇的情况很难发生。

反过来，从该模型可知，如果失业保险充分高，则可能出现解雇。其具体分析如下：

当 $L_2 = N$ 时，由(*12)可知，$w = U^{-1}(U_0)$，由(*11)可知，$f'(N) = w/(\pi_1 p_1 + \pi_2 p_2)$，将其代入(*9)可得：

$$0 \leqslant \frac{\delta_2}{\pi_2} = \frac{U_0 - U(v)}{U'(U^{-1}(U_0))} - \left(1 - \frac{p_2}{\pi_1 p_1 + \pi_2 p_2}\right) U^{-1}(U_0)$$

该式变形后为：

$$U(v) \leqslant U_0 - \left(1 - \frac{p_2}{\pi_1 p_1 + \pi_2 p_2}\right) U^{-1}(U_0) U'(U^{-1}(U_0))$$

即当 $L_2 = N$ 时，必须满足此式。因此，如果

$$U(v) > U_0 - \left(1 - \frac{p_2}{\pi_1 p_1 + \pi_2 p_2}\right) U^{-1}(U_0) U'(U^{-1}(U_0))$$

则有 $L_2 < N$。此式意味着如果失业保险金充分高（v 值充分大），则存在解雇。

隐含合同模型实际上把解雇，也即非自愿失业同失业保险金的高低完全联系起来。因此，作为失业理论，其说服力有限。但尽管如此，作为合同理论模型，该模型得到了大力发展。

3.3.2 "逆向选择"问题

以上范例中，进行最优选择的各方是信息对称的，但现实中也存在许多信息不对称的问题，如微观基础理论中介绍的"逆向选择"和"道德风险"问题。对如何激励相关行为者如实披露信息的关联研究催生了激励理论、信息经济学、委托—代理理论、合同理论、机制设计理论等关联密切的相关研究领域。以下介绍

"委托—代理"理论中"逆向选择"问题的基础模型。[①]

"委托—代理"模型是信息不对称情况下的合同模型,本质上也是分析委托人和代理人之间的"优化"与"均衡"问题。如隐含合同模型,在一般的"委托—代理"模型中,代理人的理性选择也通常被转化为委托人的约束条件并入委托人的最优化问题。以下模型主要介绍如何表述"逆向选择"的信息不对称下的最优选择,并由此解释信息不对称如何导致市场效率扭曲。

(1)模型基本设定

考虑一委托人(消费者或厂商)委托一代理人(厂商)生产某产品 q 单位,并为此支付 t。委托人由此得到的效用(或收益)为 $S(q)$,$S'>0$,$S''<0$。

但代理人的生产成本(反映为生产效率)是不对称的信息。委托人无法得知代理人的成本,但双方都知道:固定成本为 F,边际成本为 $\{\bar{\theta},\underline{\theta}\}$ 的某一个,这里设 $\bar{\theta}>\underline{\theta}$,$\underline{\theta}$ 为低边际成本(表示高效率),$\bar{\theta}$ 为高边际成本(表示低效率),代理人为高效率和低效率的概率分别为 v 和 $(1-v)$,而代理人作决策前知道自己的效率类型 θ。

如此,委托人知道的成本函数为,

$$C(q,\theta) = \begin{cases} \underline{\theta}q + F & \text{出现概率为 } v \\ \bar{\theta}q + F & \text{出现概率为 } (1-v) \end{cases}$$

现在要分析的是,委托人在代理人愿意接受委托的条件下,如何选择委托产量 q 和给代理人的支付 t(契约设计的内容),使得委托人的净收益最大化。

该经济问题也表现为参与契约的双方存在先后顺序的动态决策问题,其决策和行动时序如下:代理人获知类型 θ → 委托人提供契约 → 代理人接受或拒绝 → 契约执行。但如前所述,这里的最优化问题是静态优化问题。

(2)完全信息(对称信息)下的最优契约

为便于比较,首先分析完全信息下的最优选择(对委托人而言)。此时,委托人的最优产量选择如下:

$$\max: S(q) - C(q,\theta) = S(q) - [F + \theta q] = \begin{cases} S(q) - F - \underline{\theta}q, & \text{高效} \\ S(q) - F - \bar{\theta}q, & \text{低效} \end{cases}$$

---

① 关于"逆向选择"和"道德风险"的含义请参阅相关微观经济学中、高级教材。以下模型是许多教材中常见的在 Mussa 和 Rosen 的 1978 年研究等基础上的简化版。这里只摘取数理模型中最简单的部分。

这里的最优解分析是简单的，一阶最优性条件意味着产出必须满足 $S'(q^*)=C'(q^*,\theta)$[①]，即对应不同效率类型的最优产量如下：

$$S'(\underline{q}^*)=\underline{\theta} \qquad (*1)$$

$$S'(\bar{q}^*)=\bar{\theta} \qquad (*2)$$

现在考虑对最优产量的支付。设代理人不参与契约时收益为 0，则参与契约必须满足（此时不考虑固定成本）

$$\underline{t}-\underline{\theta}\underline{q}\geqslant 0 \qquad (*3)$$

$$\bar{t}-\bar{\theta}\bar{q}\geqslant 0 \qquad (*4)$$

此二式称为参与约束。对委托人而言，取等号为最优选择。因此，在完全信息下，最优契约为：

当 $\theta=\underline{\theta}$ 时，为 $\{\underline{t}^*,\underline{q}^*\}$，其中，$\underline{t}^*=\underline{\theta}\underline{q}^*$，$S'(\underline{q}^*)=\underline{\theta}$；当 $\theta=\bar{\theta}$ 时，为 $\{\bar{t}^*,\bar{q}^*\}$，其中，$\bar{t}^*=\bar{\theta}\bar{q}^*$，$S'(\bar{q}^*)=\bar{\theta}$。

（3）不对称信息下的最优契约（次优选择）

在不对称信息下，高效率代理人可能模仿低效率代理人选择契约 $\{\bar{t},\bar{q}\}$（逆向选择）。委托人在不对称信息时，要设计契约使高效率者自愿选择 $\{\underline{t},\underline{q}\}$，低效率者选择 $\{\bar{t},\bar{q}\}$，如此称为激励相容。激励相容约束可简单表述如下：

$$\underline{t}-\underline{\theta}\underline{q}\geqslant \bar{t}-\underline{\theta}\bar{q} \qquad (*5)$$

$$\bar{t}-\bar{\theta}\bar{q}\geqslant \underline{t}-\bar{\theta}\underline{q} \qquad (*6)$$

（*5）表示 $\underline{\theta}$ 型代理人的选择 $\{\underline{t},\underline{q}\}$ 优于 $\{\bar{t},\bar{q}\}$；同理，（*6）意味着 $\bar{\theta}$ 型的选择 $\{\bar{t},\bar{q}\}$ 优于 $\{\underline{t},\underline{q}\}$，即激励相容意味着代理人如实选择自己类型的契约是最优的。

一般把满足上述激励相容约束和参与约束的契约称为激励可行契约。由（*5）和（*6）可知，$\underline{q}>\bar{q}$，这被称为可实施条件，是保证激励相容约束得到满足的必要条件。

现在引入信息租金的概念。完全信息下，委托人可使代理人的效用为最低点（即上述参与约束取等号）。

$$\underline{U}^*:=\underline{t}^*-\underline{\theta}\underline{q}^*=0, \quad \bar{U}^*:=\bar{t}^*-\bar{\theta}\bar{q}^*=0$$

[①] 这里的 $C'(q^*,\theta)$ 表示 C 对 q 的导数，而 θ 用以标识类型，不是通常的自变量，在不会引起歧义的情况下，有时采用类似一维变量的简化导数表述。

但在不对称信息下,如要低效率者参与生产 $\bar{q}>0$,此时,高效率者 $\underline{\theta}$ 模仿低效率者 $\bar{\theta}$ 时可得效用

$$\bar{t}-\underline{\theta}\bar{q}=\bar{t}-\bar{\theta}\bar{q}+(\bar{\theta}-\underline{\theta})\bar{q}=\bar{U}+\Delta\theta\bar{q}$$

这里,$\bar{U}:=\bar{t}-\bar{\theta}\bar{q}$(以下设 $\underline{U}:=\underline{t}-\underline{\theta}\underline{q}$),$\Delta\theta:=\bar{\theta}-\underline{\theta}$。而 $\Delta\theta\bar{q}>0$ 则称为信息租金。

现在委托人的问题为:设计一契约,使得激励既是可行的,又尽可能少付信息租金以最大化委托人的净收益(收益减支付)。如此,委托人的最优契约可表述为:

$$\max_{\{(\bar{t},\bar{q}),(\underline{t},\underline{q})\}}:\nu(S(\underline{q})-\underline{t})+(1-\nu)(S(\bar{q})-\bar{t})$$

s. t. :   (﹡3),(﹡4),(﹡5),(﹡6)成立

为利用信息租金的概念,将 t 变量用 U 和 q 变量替代,如此以上最优化问题可以改写成:

$$\max_{\{(\underline{U},\underline{q}),(\bar{U},\bar{q})\}}:\underbrace{\nu(S(\underline{q})-\underline{\theta}\underline{q})+(1-\nu)(S(\bar{q})-\bar{\theta}\bar{q})}_{\text{期望配置效率}}-\underbrace{(\nu\underline{U}-(1-\nu)\bar{U})}_{\text{期望信息租金}}$$

s. t. :

$$\underline{U}\geqslant 0 \quad (\ast 7)$$

$$\bar{U}\geqslant 0 \quad (\ast 8)$$

$$\underline{U}\geqslant \bar{U}+\Delta\theta\bar{q} \quad (\ast 9)$$

$$\bar{U}\geqslant \underline{U}-\Delta\theta\underline{q} \quad (\ast 10)$$

相对前述完全信息下的最优解而言,该最优化问题的解一般称为次优解,以下将用上标 SB(second best)表示该问题中最优选择下的相关变量。

(4)模型分析与主要结论

现在分析上述改写后的最优契约问题的最优解特征。这里主要讨论让低效率代理人也参与生产的情况,即 $\bar{q}>0$ 的情况。在本例,可以先通过讨论不等式约束的松紧性(有效性)简化分析(只需考虑等式约束)。

首先由(﹡8)和(﹡9)可知,$\underline{U}\geqslant\Delta\theta\bar{q}>0$,即(﹡7)为松弛约束。其次,可以判断(﹡8)和(﹡9)是紧的,即 $\bar{U}=0$,$\underline{U}=\Delta\theta\bar{q}$。否则,如果 $\bar{U}=\varepsilon>0$,则通过对(﹡8)和(﹡9)的 $\bar{U}$ 和 $\underline{U}$ 各减 ε 可实现更优。同理,如果 $\underline{U}=\Delta\theta\bar{q}+\varepsilon>\Delta\theta\bar{q}$,也可通过将 $\underline{U}$ 减少 ε 实现更优。最后,在以上结论下可知,$\bar{U}=0>\Delta\theta(\bar{q}-\underline{q})=\underline{U}-\Delta\theta\underline{q}$,所以(﹡10)是松弛的。

如此,省略松弛约束(﹡7)和(﹡10),把取等式约束的(﹡8)和(﹡9),即

$\underline{U}=0$ 和 $\overline{U}=\Delta\theta\overline{q}$ 代入目标函数可得如下无约束优化问题：

$$\max_{\underline{q},\overline{q}} \nu(S(\underline{q})-\underline{\theta}\underline{q})+(1-\nu)(S(\overline{q})-\overline{\theta}\overline{q})-\nu\Delta\theta\overline{q}$$

依据最优时该目标函数的一阶导数为 0，对 $\underline{q}$ 求导，可得：

$$S'(\underline{q}^{SB})=\underline{\theta}$$

将此式与(*1)比较可知，$\underline{q}^{SB}=\underline{q}^*$。这表明，如果代理人是高效率的，信息不对称下的产量与信息完全状态下相同，产出达到最优状态。

对 $\overline{q}$ 求导可知：

$$S'(\overline{q}^{SB})=\frac{\nu}{1-\nu}\Delta\theta+\overline{\theta} \tag{*11}$$

将(*11)与(*2)比较可知，因为 $S'>0$，$S''<0$，所以，$\overline{q}^{SB}<\overline{q}^*$，即如果代理人是低效率者，则产出减少，不对称信息将造成效率损失。

此时，$\underline{t}^{SB}=\underline{\theta}\underline{q}^*+\Delta\theta\overline{q}^{SB}$，$\overline{t}^{SB}=\overline{\theta}\overline{q}^{SB}$，相应地，$\underline{U}^{SB}=\Delta\theta\overline{q}^{SB}$，$\overline{U}^{SB}=0$，即代理人如是高效率的，将获得正的信息租金。

作为特例之一，如果(*11)不成立，$\overline{q}^{SB}=0$ 可能成为最优解，也就是说最优选择是关闭低效率代理商。此时，委托人提供唯一非零契约$\{\underline{t},\underline{q}\}$。这种情况下，高效率代理人也无法抽取信息租金，但低效率代理人无法参与生产也同样存在效率损失。

以上效率类型是离散的，只讨论简单的两种效率类型 $\theta\in\{\overline{\theta},\underline{\theta}\}$ 的情况，如果要讨论存在更多的不同类型，可用连续的类型表述，如设 $\theta\in[\underline{\theta},\overline{\theta}]$ 服从某种随机分布。此时模型设定相似，但分析工具将用到下章讨论的函数空间的最优化方法，本书不详细展开。

此外，对于道德风险问题也可采用类似的模型分析讨论信息不对称可能造成的效率损失。此处也不再展开，若需要进一步了解可参阅激励理论或合同理论相关教材。

3.4 市场外部性与科斯（Coase）定理

以上用数学模型描述了经济学中几种不同形式的市场竞争与均衡，以下用类似的优化与均衡语言描述科斯定理。

经济学的基本原理表明完全竞争的市场可以达到资源的最优配置，但外部性、存在垄断势力的不完全竞争以及不完全信息等将导致市场失败,上述例子也论证了垄断竞争和信息不对称将导致市场效率损失。本例讨论存在市场外部性的情况,科斯认为,由外部性扭曲的市场可以由厂商间的协商来解决。科斯的这一思想可用下述数学模型表述,该模型实际上描述的也是两厂商的竞争博弈问题。

考虑用同一要素进行生产的两个厂商,厂商1的生产函数为$Y_1=F_1(L_1)$,L_1为其要素投入量,并设厂商1的生产对厂商2存在外部性,厂商2的产出Y_2受厂商1产量Y_1的影响,所以也可表示为受其投入量L_1的影响,设$Y_2=F_2(L_1,L_2)$,L_2为厂商2的投入。该要素的资源约束为$L_1+L_2=L$。

(1) 外部性导致市场失败

外部性将导致市场的资源优化配置功能失效。

① 社会性最优配置。先分析资源实现最优配置的条件。考虑按某标准对两厂商的产出进行加权评价,如果在更大的经济范围内考虑,可以设定用各自的价格标准进行评价。设P_1和P_2分别代表Y_1和Y_2的市场价格,则社会性最优资源配置问题可表示如下:

$$\max_{L_1,L_2}: P_1F_1(L_1)+P_2F_2(L_1,L_2)①$$

s.t.: $$L_1+L_2=L \tag{*1}$$

该问题的Lagrange函数为:

$$\mathcal{L}=P_1F_1+P_2F_2+\mu(L-L_1-L_2)$$

由一阶条件,可得:

$$\frac{d\mathcal{L}}{dL_1}=P_1\frac{dF_1}{dL_1}+P_2\frac{\partial F_2}{\partial L_1}-\mu=0$$

$$\frac{d\mathcal{L}}{dL_2}=P_2\frac{\partial F_2}{\partial L_2}-\mu=0$$

由此可知:

$$P_1\frac{dF_1}{dL_1}+P_2\frac{\partial F_2}{\partial L_1}=P_2\frac{\partial F_2}{\partial L_2} \tag{*2}$$

所以,资源L的最优配置由(*1)和(*2)决定。

② 现在考虑由两厂商各自的最优选择所决定的均衡配置。对于厂商1而言,

---

① 如果用两企业的利润$P_1F_1(L_1)+P_2F_2(L_1,L_2)-w(L_1+L_2)$($w$表示$L$的价格)最大化作为选择的目标,也可得到同样的结论,实际上,此时$w(L_1+L_2)=wL$为外生变量,显然并不影响最优选择。

在市场价格体系下将考虑最优的投入 L_1，其最优化选择为：

$$\max_{L_1}: P_1 F_1(L_1) - wL_1$$

其中，w 为投入要素的价格，对厂商而言，它是外生的给定量。此时，一阶最优性条件为：

$$P_1 \frac{\mathrm{d}F_1}{\mathrm{d}L_1} = w$$

厂商 2 将在市场价格体系和给定厂商 1 的选择后，对投入 L_2 作最优选择，其问题表示如下：

$$\max_{L_2}: P_2 F_2(L_1, L_2) - wL_2$$

一阶最优性条件要求，

$$P_2 \frac{\partial F_2}{\partial L_2} = w$$

均衡时要素价格相等，所以

$$P_1 \frac{\mathrm{d}F_1}{\mathrm{d}L_1} = w = P_2 \frac{\partial F_2}{\partial L_2} \qquad (*3)$$

同时，均衡时 $L_1 + L_2 = L$ 成立，所以均衡状态的资源配置由（*1）和（*3）决定。

比较（*2）和（*3）可以发现，如果存在外部性，市场竞争的均衡不会是社会性最优的（要实现 $L_1 + L_2 = L$，要素价格 w 将随要素在两厂商间的配置变动，因此这里的要素价格和后续其他情况下的要素价格可能不同。但要素价格差异不影响分析，为简便以下仍用 w 表示要素价格）。

（2）庇古（Pigou）方案

针对以上由外部性导致的市场失败，庇古提出通过政府征税或补贴的财政政策来修正市场的失败。

① 方案一：设政府将对厂商 1 按 τ 税率征收产值税，此时厂商 1 的最优选择为：

$$\max: P_1(1-\tau)F_1(L_1) - wL_1$$

最优性一阶条件为：

$$P_1(1-\tau) \frac{\mathrm{d}F_1}{\mathrm{d}L_1} = w$$

厂商 2 的最优化问题为：

$$\max: P_2 F_2(L_1, L_2) - wL_2$$

最优性一阶条件为：

$$P_2 \frac{\partial F_2}{\partial L_2} = w$$

均衡时，

$$P_1(1-\tau)\frac{\mathrm{d}F_1}{\mathrm{d}L_1} = w = P_2 \frac{\partial F_2}{\partial L_2} \qquad (*4)$$

同时，要满足资源约束(*1)。此时，如果把税率设定为：①

$$\tau = -\frac{P_2}{P_1 F_1'} \cdot \frac{\partial F_2}{\partial L_1} > 0$$

则可以使(*4)和(*2)一致，以此修正市场失败，达到社会性的资源配置最优。

② 方案二：政府对厂商 2 进行财政补贴也可达到同样的效果，详细证明留为习题。

(3) 科斯定理

科斯认为，以上情况无须政府介入，可由两个厂商私下协商达到资源配置的最优状态。当然，这里隐含了一个重要假设，即不存在交易费用。

① 厂商 1 有责任负担外部性的情况。由以上分析可知，厂商 2 的最优投入选择 L_2 依赖于 L_1 的选定，即 $L_2 = L_2(L_1)$，所以厂商 2 的（最大）利润 π_2 可表示为 L_1 的函数：

$$\pi_2(L_1) = P_2 F_2(L_1, L_2(L_1)) - w L_2(L_1) \qquad (*5)$$

因为不存在厂商 1 的外部影响时，厂商 2 的利润为 $\pi_2(0)$，所以厂商 1 给厂商 2 带来的损失为 $\pi_2(0) - \pi_2(L_1)$。假设通过厂商 1 和厂商 2 的协商，由厂商 1 赔偿厂商 2 的损失。此时，必须付出赔偿的厂商 1 面临的最优选择为：

$$\max_{L_1}: P_1 F_1(L_1) - w L_1 - (\pi_2(0) - \pi_2(L_1))$$

一阶最优性条件隐含，

$$P_1 \frac{\mathrm{d}F_1}{\mathrm{d}L_1} - w + \frac{\mathrm{d}\pi_2}{\mathrm{d}L_1} = 0$$

同时，厂商 2 的最优选择为：

$$\max_{L_2}: P_2 F_2(L_1, L_2) - w L_2 + (\pi_2(0) - \pi_2(L_1))$$

最优性条件隐含，

---

① 这里考虑负的外部效应，即 $\partial F_2/\partial L_1 < 0$。若是正的外部效应，$\partial F_2/\partial L_1 > 0$，此时 τ 为负，税收变为财政补贴。

$$P_2 \frac{\partial F_2}{\partial L_2} - w = 0 \qquad (*6)$$

均衡时,

$$P_1 \frac{dF_1}{dL_1} + \frac{d\pi_2}{dL_1} = w = P_2 \frac{\partial F_2}{\partial L_2} \qquad (*7)$$

同时,(*1)被满足。所以均衡状态的资源配置由(*1)与(*7)决定。此时,对(*5)利用包络定理(可见第2章的(2.2.1)式)可知:

$$\frac{d\pi_2}{dL_1} = P_2 \frac{\partial F_2}{\partial L_1}$$

由此可知,(*7)与(*2)一致,即可通过厂商间的协商达到社会性最优的资源配置。

② 厂商2有责任承担外部性的情形。假设厂商2希望厂商1把产量由L_1^0降低至L_1,并愿意为此作出补偿,即$\pi_2(L_1) - \pi_2(L_1^0)$。

考虑到来自厂商2的补偿的厂商1的最优选择表述如下:

$$\max_{L_1}: P_1 F_1(L_1) - wL_1 + (\pi_2(L_1) - \pi_2(L_1^0))$$

同样地,由一阶最优性条件可知:

$$P_1 \frac{dF_1}{dL_1} - w + \frac{d\pi_2}{dL_1} = 0$$

此时,厂商2的最优选择为:

$$\max_{L_2}: P_2 F_2(L_1, L_2) - wL_2 - (\pi_2(L_1) - \pi_2(L_1^0))$$

满足如下一阶条件:

$$P_2 \frac{\partial F_2}{\partial L_2} - w = 0$$

显然,均衡时下式和(*1)成立,

$$P_1 \frac{dF_1}{dL_1} + \frac{d\pi_2}{dL_1} = P_2 \cdot \frac{\partial F_2}{\partial L_2}$$

此式即(*7)。所以,通过厂商2对厂商1的补偿,也可实现社会性最优资源配置。

习　题　一

习题主要在于帮助读者进一步理解和掌握书中相关的最优化方法与应用，而对书中相关数学定理与结论推导的掌握将有助于对数学原理的深入理解，同时对书中理论模型的掌握也有助于在将来的经济理论研究中进行仿效运用。因此，书中相关定理和结论的证明与理论模型的推演均可以作为习题。以下补充部分习题：

1. 求解以下含等式约束的非线性规划问题：
$$\min: x_1^2 + 2x_2^2$$
s. t. ：
$$x_1 + x_2 - 2 = 0$$

2. 运用 Kuhn-Tucker 条件求以下非线性规划问题的最优解：
$$\min: x_1^2 - 2x_1 + x_2^2 + 1$$
s. t. ：
$$x_1 + x_2 \leqslant 0$$
$$x_1^2 - 4 \leqslant 0$$

3. 求解以下含等式和不等式约束的非线性规划问题：
$$\min: (x_1 - 3)^2 + (x_2 - 2)^2$$
s. t. ：
$$x_1^2 + x_2^2 \leqslant 5$$
$$x_1 + 2x_2 = 4$$
$$x_1 \geqslant 0, \quad x_2 \geqslant 0$$

4. 设某消费者效用函数为：
$$u(x_1, x_2) = (x_1^\rho + x_2^\rho)^{\frac{1}{\rho}}, \quad 0 < \rho < 1$$

（1）求出其马歇尔需求函数 $x_i(p_1, p_2, y)(i=1,2)$，其中 y 为收入，p_1，p_2 为价格；

（2）求希克斯需求函数 $x_i^h(p_1, p_2, v)(i=1,2)$，其中 v 为给定的效用水平；

（3）验证例 2.2.1 中的 Slutsky 方程成立。

5. 消费者对单个商品 x 和合成商品 m 的偏好可以用以下效用函数表示：$u(x,m) = \ln x + m$，令 x 的价格为 p，m 的价格为 1，收入为 y。请写出消费者的效用最大化问题，并求出关于 x 和 m 的马歇尔需求函数。

6. 厂商的最优选择分析。如果企业的生产函数分别为：

（1）固定比例生产技术（里昂惕夫型生产函数）：$y = \min\{x_1, x_2\}$

(2) 线性生产技术：$y = ax_1 + bx_2$

(3) 柯布—道格拉斯形式：$y = Ax_1^\alpha x_2^\beta$

求相应的条件投入需求函数 $x_i(w_1, w_2, y)(i=1,2)$ 和成本函数 $c(w_1, w_2, y)$，其中，w_1、w_2 为生产要素价格。

7. 设生产函数为：

$$y = A(x_1^\rho + x_2^\rho)^{\frac{\alpha}{\rho}}, \quad 0 < \alpha < 1, \, 0 < \rho < 1,$$

求相应的需求函数 $x_i(p, w)(i=1,2)$，供给函数 $y(p, w)$ 和利润函数 $\pi(p, w)$，其中，p 为产品价格，$w = (w_1, w_2)$ 为生产要素价格。请利用包络定理，证明：

$$\frac{\partial \pi(p, w)}{\partial p} = y(p, w), \quad -\frac{\partial \pi(p, w)}{\partial w_i} = x_i(p, w), \quad i = 1, 2$$

8. 考虑用存在两种生产要素的模型表述科斯定理。第3章3.4节模型中的生产要素 L 可理解为劳动要素，在此基础上，可以考虑生产还需另一要素——资本 K 的投入，考虑此时的最优化模型表示，并论证这种情况下科斯定理的结论也是成立的。

9. 考虑不存在失业的隐含合同模型。假设在第3章3.3.1的模型中，企业对劳动投入量的调整是通过对每个工人劳动时间的调整来实现的，而不存在解雇（失业）的情况。此时，3.3.1的约束条件 $L_i \leq N$ 不存在（也不存在 N 的选择）。同样假设每个劳动者都是同质的，则厂商的劳动量投入选择实际上等同于选择每个劳动者的时间，因此，此时的 L_i 为 i 情况下的劳动时间（理解为总量或均值均可）。厂商的目标函数不变，而此时劳动者的效用函数设为：

$$U(w, L) = U[wL - g(L)],$$

其中，$g(L)$ 表示劳动的负效用，$g' > 0$，$g'' > 0$。此时，劳动者的参与约束如下：

$$\sum_{i=1}^{2} \pi_i U[w_i L_i - g(L_i)] \geq U_0$$

其他设定和3.3.1相同，请写出此时的厂商最优化问题，分析相应的最优性条件的意义，特别是证明此时不存在工资刚性。

10. 考虑存在信息不对称的隐含合同。假设在习题9的模型中，厂商和劳动者信息不对称，假设厂商比劳动者更了解市场，厂商知道不同景气状态下的价格 $p_i(i=1,2)$，而劳动者并不了解，此时厂商有可能隐藏信息，如同3.3.2的分析，此时合同需要加入激励厂商披露信息的激励相容约束，即需要加上以下条件：

$$p_1 f(L_1) - w_1 L_1 \geq p_1 f(L_2) - w_2 L_2$$
$$p_2 f(L_2) - w_2 L_2 \geq p_2 f(L_1) - w_1 L_1$$

请解释此二式的经济学含义,分析此时的最优性条件及其经济学含义,并与习题 9 的结论进行比较讨论。

11. 考虑关税与国际贸易问题。第 3 章的 3.1.1 与 3.1.2 给出了两种不同形式的博弈模型,结合这两个模型可以分析关税下两国贸易的情况。考虑如下设定的两国贸易均衡:两国($i=1,2$)政府决定各自关税税率:T_i;两国各只有一代表性企业决定各自在国内外销售的产量:H_i、F_i,关税成本 $T_j F_i$ 由企业负担,企业 i 的生产成本函数为 $C_i = k(H_i + F_i)(k>0)$;各国价格 P_i 与市场产量 Q_i 的需求关系为 $P_i = a - Q_i$;博弈的顺序为:两国政府同时制定关税税率 T_1、T_2,两国企业在知道关税税率之后,同时决定在国内外市场的产量 (H_1, F_1) 和 (H_2, F_2)。企业 i 的收益为其利润总额:

$$\pi_i = [a-(H_i+F_j)]H_i + [a-(H_j+F_i)]F_i - k(H_i+F_i) - T_j F_i$$

政府 i 的收益为本国总福利,即消费者剩余 $\left(\frac{1}{2}Q_i^2\right)$、企业 i 的利润(π_i)和关税收入($T_i F_j$)之和。采用逆向归纳分析方法分析两国贸易均衡,先分析两国企业在给定两国关税的情况下,如何决定均衡产量;再分析两国政府在知道企业的反应后如何决定关税。请写出具体的优化模型,求出博弈均衡;并从两个国家的总福利最大化角度,讨论该均衡是否为社会最优选择。

第二部分

动态优化分析

本部分讨论动态最优化问题。在现代经济分析中，许多情况下必须考虑资源在不同时期的优化配置，即所谓跨期优化配置。此时，选择变量表现为时间的函数或时间的数列，如此的优化选择也就表现为动态优化问题。当选择变量表示为时间的函数时，分析动态最优化问题的主要方法有变分法、最优控制理论和动态规划方法。当选择变量为离散的时间序列变量时，主要利用动态规划和前述非线性规划方法。本部分主要探讨变分法、最优控制与动态规划的基本原理和方法，以及利用这些动态优化方法展开的经济学理论分析案例。

在数学上，变分法和最优控制理论主要讨论连续型变量，也就是函数空间的最优化问题，相关基本原理和方法也已在经济学研究中得到广泛应用。第 4 章和第 5 章主要探讨连续型的变分法和最优控制问题，其中，也将简要介绍可用非线性规划方法处理的离散时间系统的变分法和最优控制问题。第 6 章主要讨论动态规划方法，它可用于分析离散和连续两种类型的动态优化问题。特别是对连续型最优控制问题的分析，更能体现动态规划、变分法与最优控制三者间的一致性。本部分也将对此进行简要讨论。在经济学应用方面，上述各章也主要介绍最优性条件的直接应用，优化和均衡相结合的经济学理论模型分析将在第 7 章展开。同时，必须指出，本部分讨论的函数空间的最优化问题在经济学中也并非只是用于讨论关于时间的动态优化问题。经济学中也存在非时间函数的其他函数变量的最优选择问题，如第 3 章提到的连续型逆向选择问题，限于篇幅，本教材对此不详细展开。

第 4 章

变分法原理与应用

本章从只有端点约束的最简变分问题展开分析（4.1 节）；在此基础上将主要结论拓展至包含不同形式的泛函约束的变分问题（4.2 节）；并结合经济学应用，考虑离散形式的变分问题（4.3 节）；最后基于变分的分析方法，介绍经济学应用中常用的积分泛函形式的非线性规划问题（4.4 节）。

4.1 最简变分问题

变分的概念最早由 Euler 提出，其后 Lagrange 也做了重要贡献。古典变分法问题主要探讨积分泛函的极值问题。本节主要讨论绪论中提到的最简单的变分法问题，首先介绍变分的含义，在此基础上导出 Euler 方程等最优性条件，并介绍几个简单的应用例。

4.1.1 最简变分与 Euler 方程

4.1.1.1 泛函的一阶变分与二阶变分

如下固定端点的积分泛函极值问题通常也被称为最简变分问题。

(CVP-1) $$\min: J(x(\cdot)) = \int_{t_0}^{t_1} f(t, x(t), \dot{x}(t)) \mathrm{d}t$$

s.t.: $$x(t_0) = x_0, \quad x(t_1) = x_1$$

在此问题中，选择变量 $x: R \to R^n$ 为向量值函数，$x(t) = (x_1(t), \cdots, x_n(t))$，$\dot{x}_i(t) = \dfrac{\mathrm{d}x_i(t)}{\mathrm{d}t}(i=1,\cdots,n)$ 表示导函数。约束条件中的 x_0、x_1 为给定向量值，这里的约束条件实际上固定了可选择函数的两个端点（边界）。

目标泛函中的积分函数为多维函数 $f: R \times R^n \times R^n \to R$。我们设 f 为二阶连续可微函数，$x(\cdot)$ 为连续函数，$\dot{x}(\cdot)$ 为分段连续函数（如此的 x 也被称为分段光滑函数)。

在变分问题(CVP-1)中,满足端点条件的分段光滑函数称为可行或许可函数,可行函数中使目标积分泛函值最小(最优)的函数即为最优解。严格地说,这样的最优为全局最优,而在函数空间讨论局部最优比较烦琐,同时考虑到经济学应用中较少涉及局部最优,因此我们不详细讨论局部最优的定义。但以下关于最优解的必要性条件对局部最优也同样成立。

在变分法问题中,应用以下一阶变分与二阶变分的概念可以直观简洁地推导出变分法问题的相关最优性条件。

(1) 一阶变分

对可行曲线(函数) $x(\cdot)$ 和 $y(\cdot)$,考虑曲线族 $x(\cdot)+\varepsilon y(\cdot)$(随参数 $\varepsilon \in R$ 的变化而不同),如果 $x(\cdot)$ 和 $y(\cdot)$ 固定,可将泛函 $J(x(\cdot)+\varepsilon y(\cdot))$ 定义为参数 ε 的函数:

$$F(\varepsilon) := J(x(\cdot)+\varepsilon y(\cdot)) = \int_{t_0}^{t_1} f(t, x(t)+\varepsilon y(t), \dot{x}(t)+\varepsilon \dot{y}(t)) \mathrm{d}t$$

我们称 $F(\varepsilon)$ 在 $\varepsilon=0$ 的一阶微分系数:

$$F'(0) = \int_{t_0}^{t_1} (f_x(t,x,\dot{x}) \cdot y + f_{\dot{x}}(t,x,\dot{x}) \cdot \dot{y}) \mathrm{d}t$$

为泛函 J 沿曲线 x 的一阶变分。① 其中,f_x 表示 f 对第二变量的偏导数,$f_{\dot{x}}$ 为 f 对第三变量的偏导数。② 计算方法见注释。③

(2) 二阶变分

在以上定义下,称 $F(\varepsilon)$ 在 $\varepsilon=0$ 的二阶微分系数 $F''(0)$ 为泛函 J 沿曲线 x 的二阶变分。通过计算可知:

---

① 泛函变分的定义有更一般、更严格的形式,需要更深入的讨论,本书不涉及。本书力求用微积分的基础概念和方法讨论相关最优性条件,所以采用上述更易解、能利用微分概念展开分析的定义。

② 注意到这里 x 也是多维向量,所以这里的偏导数也是前述梯度的概念,为表述简便,此处采用一般的偏导函数的表示方式。另外,把 x 当成一维的变量也基本不影响理解。

③ 这里积分号下求导的计算如下:

$$F'(\varepsilon) = \int_{t_0}^{t_1} \frac{\mathrm{d}f(t, x+\varepsilon y, \dot{x}+\varepsilon \dot{y})}{\mathrm{d}\varepsilon} \mathrm{d}t$$

$$= \int_{t_0}^{t_1} [f_x(t, x+\varepsilon y, \dot{x}+\varepsilon \dot{y}) \cdot y + f_{\dot{x}}(t, x+\varepsilon y, \dot{x}+\varepsilon \dot{y}) \cdot \dot{y}] \mathrm{d}t$$

因此,

$$F'(0) = \int_{t_0}^{t_1} [f_x(t,x,\dot{x}) \cdot y + f_{\dot{x}}(t,x,\dot{x}) \cdot \dot{y}] \mathrm{d}t$$

$$F''(0) = \int_{t_0}^{t_1} \left[y^{\mathrm{T}} f_{xx}(t,x,\dot{x}) y + 2\sum_{i,j=1}^{n} f_{x\dot{x}}(t,x,\dot{x}) y_i \dot{y}_j + \dot{y}^{\mathrm{T}} f_{\dot{x}\dot{x}}(t,x,\dot{x}) \dot{y} \right] \mathrm{d}t$$

由 $F(\varepsilon)$ 的定义可知，如果 x 为上述变分法问题（CVP-1）的最优解，则对任意满足边界条件 $y(t_0)=y(t_1)=0$ 的许可函数 y，有：

$$F(0) = J(x) \leqslant J(x+\varepsilon y) = F(\varepsilon)$$

所以，$\varepsilon=0$ 为 $F(\varepsilon)$ 的最优点，因此，如果 x 为最优解，则由无约束最优化问题的最优性条件可知：

$$F'(0) = 0, \quad F''(0) \geqslant 0$$

以下将由此进一步推导最简变分问题的最优解的必要条件。

4.1.1.2 Euler 方程

Euler 方程是变分法中最著名，也最常用的最优性必要条件。为推导 Euler 方程，我们先引入以下变分法的基本引理（该引理也存在不同形式）。

【引理 4.1.1】（Bois-Reymond 引理）

在区间 $I=[t_0,t_1]$ 上的分段连续函数 $\phi(t)$，如果对满足 $y(t_0)=y(t_1)=0$ 的分段连续可微（光滑）的 y 都有下式成立：

$$\int_{t_0}^{t_1} \phi(t)^{\mathrm{T}} \dot{y}(t) \mathrm{d}t = 0 \tag{4.1.1}$$

则 $\phi(t)$ 为常数（常向量）。

证明 设

$$C = \frac{1}{t_1-t_0} \int_{t_0}^{t_1} \phi(t) \mathrm{d}t, \quad y(t) = \int_{t_0}^{t} [\phi(\tau) - C] \mathrm{d}\tau$$

则有 $\quad y(t_0) = 0, \quad y(t_1) = \int_{t_0}^{t_1} \phi(\tau) \mathrm{d}\tau - \int_{t_0}^{t_1} C \mathrm{d}\tau = 0,$

且 y 是分段光滑的。

把 y 代入（4.1.1）式，并由 $\int_{t_0}^{t_1} C^{\mathrm{T}} (\phi(\tau)-C) \mathrm{d}\tau = 0$ 可得：

$$\int_{t_0}^{t_1} \phi^{\mathrm{T}} \dot{y} \mathrm{d}t = \int_{t_0}^{t_1} \phi^{\mathrm{T}} (\phi-C) \mathrm{d}t = \int_{t_0}^{t_1} (\phi-C)^{\mathrm{T}} (\phi-C) \mathrm{d}t = 0$$

由于 $(\phi-C)^{\mathrm{T}}(\phi-C)$ 非负，因此 $\phi-C$ 必须为 0，即 ϕ 为常数。 □

利用该引理和上述（CVP-1）的目标泛函沿最优解的一阶变分为 0 的结论，可以推导出以下 Euler 定理：

【定理 4.1.2】（Euler 定理）

设 f 为二阶连续可微函数，x^* 为上述变分法问题（CVP-1）的最优解，则以下等式成立：

$$\frac{d}{dt} f_{\dot{x}}(t, x^*(t), \dot{x}^*(t)) = f_x(t, x^*(t), \dot{x}^*(t)) \qquad (4.1.2)$$

(4.1.2)称为 Euler 方程。[①]

证明 因为 $x^*(t)$ 为变分法问题（CVP-1）的最优解，所以上述一阶变分为 0，即对任意满足 $y(t_0) = y(t_1) = 0$ 的分段光滑的 y 有：

$$\int_{t_0}^{t_1} (f_x(t, x^*, \dot{x}^*) \cdot y + f_{\dot{x}}(t, x^*, \dot{x}^*) \cdot \dot{y}) dt = 0 \qquad (4.1.3)$$

对此式第一项进行分部积分，并利用端点条件可得：

$$\int_{t_0}^{t_1} f_x \cdot y \, dt = \left[\int_{t_0}^{t} f_x \, ds \cdot y \right]_{t_0}^{t_1} - \int_{t_0}^{t_1} \int_{t_0}^{t} f_x \, ds \cdot \dot{y} \, dt = -\int_{t_0}^{t_1} \int_{t_0}^{t} f_x \, ds \cdot \dot{y} \, dt$$

将其代入(4.1.3)式，可得：

$$\int_{t_0}^{t_1} \left[f_{\dot{x}}(t, x^*(t), \dot{x}^*(t)) - \int_{t_0}^{t} f_x(s, x^*(s), \dot{x}^*(s)) ds \right] \dot{y}(t) dt = 0$$

由引理 4.1.1 可知：

$$\frac{d}{dt} \left[f_{\dot{x}}(t, x^*(t), \dot{x}^*(t)) - \int_{t_0}^{t} f_x(s, x^*(s), \dot{x}^*(s)) ds \right] = 0$$

所以(4.1.2)式成立。□

[边界条件的说明]

上述问题中，端点为固定端点。如果端点时间 t_0、t_1 固定，而对端点值无约束，Euler 方程也仍然成立。因为此时最优解 $x^*(t)$ 显然同样是端点约束为 $x(t_0) = x^*(t_0)$，$x(t_1) = x^*(t_1)$ 的变分问题的最优解。

[欧拉方程的几种不同形式]

上述 Euler 方程(4.1.2)和以下方程是等价的：

（1）积分形式

$$f_{\dot{x}}(t, x^*(t), \dot{x}^*(t)) = \int_{t_0}^{t} f_x(t, x^*(t), \dot{x}^*(t)) dt + C$$

[①] Euler 方程由 Euler 在 1741 年左右给出，但其证明过程复杂，当时年仅 19 岁的 Lagrange 用十分简洁的方式改进了 Euler 的证明方法，所以 Euler 方程有时也被称为 Euler-Lagrange 方程。

(2) 二阶微分方程形式

$$f_{\dot{x}\dot{x}}(t,x^*,\dot{x}^*)\ddot{x}^* + f_{x\dot{x}}(t,x^*,\dot{x}^*)\dot{x}^* + f_{\dot{x}t}(t,x^*,\dot{x}^*) - f_x(t,x^*,\dot{x}^*) = 0$$

如果 $f_{\dot{x}\dot{x}} \neq 0$，则 Euler 方程为二阶微分方程，其解包含两个积分常数，由两个端点条件可以确定。此时，求可能的最优解即归结于求解含端点条件的 Euler 方程。

Euler 方程虽然简单，但有时却也是有效的求解方法。以下为常被引用的数学例：

例 4.1.1 求连接两点间长度最短的曲线

设曲线为 $y=y(x)$，两端固定为 $y(a)=m$，$y(b)=n$，求两点间线段长度最短的曲线。如图 4.1.1 所示。

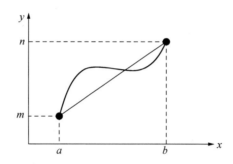

图 4.1.1 最短曲线问题

该问题可以公式化如下：

$$\min: \int_a^b \sqrt{1+\dot{y}(x)^2}\,dx$$

s.t.：
$$y(a)=m, \quad y(b)=n$$

其中，目标泛函的积分式即表示从点 (a,m) 到点 (b,n) 的曲线 $y=f(x)$ 的长度。由定理 4.1.2 的 Euler 方程可知，最短曲线必须满足

$$\frac{d}{dx}\left(\frac{\partial}{\partial \dot{y}}\sqrt{1+\dot{y}^2}\right) = \frac{\partial}{\partial y}(\sqrt{1+\dot{y}^2})$$

此方程右边为 0，左边展开后即得：

$$\frac{d}{dx}\left(\frac{\dot{y}(x)}{\sqrt{1+\dot{y}(x)^2}}\right) = 0$$

此式说明 $\dot{y}$ 为常数，所以 $y=kx+c$（k，c 为常数），即最短曲线为直线。此处若代入两个端点条件则可求出具体的直线方程。

4.1.1.3 最优性充要条件

以上作为最优解必要条件的 Euler 方程，对满足凸性的变分法问题，将是充分必要条件。

【定理 4.1.3】

设上述变分问题 (CVP-1) 的目标泛函中的 f 二阶连续可微且关于 $(x,\dot{x})$ 是凸的，则 x^* 为最优解的充分必要条件是下述 Euler 方程式成立：

$$\frac{\mathrm{d}}{\mathrm{d}t}f_{\dot{x}}(t,x^*(t),\dot{x}^*(t)) = f_x(t,x^*(t),\dot{x}^*(t)).$$

特别是如果 f 是 $(x,\dot{x})$ 的严格凸函数，则最优解是唯一的。

证明 由于必要条件即定理 4.1.2，以下证明充分条件。

设 x 为任意满足端点约束条件的光滑函数，比较 x 与 x^* 的目标值，有：

$$\int_{t_0}^{t_1} f(t,x(t),\dot{x}(t))\mathrm{d}t - \int_{t_0}^{t_1} f(t,x^*(t),\dot{x}^*(t))\mathrm{d}t$$

$$\geqslant \int_{t_0}^{t_1} (f_x(t,x^*,\dot{x}^*)^{\mathrm{T}}(x-x^*) + f_{\dot{x}}(t,x^*,\dot{x}^*)^{\mathrm{T}}(\dot{x}-\dot{x}^*))\mathrm{d}t$$

（由 f 的凸性可得）

$$= \int_{t_0}^{t_1} \left(f_x(t,x^*,\dot{x}^*)^{\mathrm{T}} - \frac{\mathrm{d}f_{\dot{x}}(t,x^*,\dot{x}^*)^{\mathrm{T}}}{\mathrm{d}t} \right)(x-x^*)\mathrm{d}t$$

$$+ [f_{\dot{x}}(t,x^*,\dot{x}^*)^{\mathrm{T}}(x-x^*)]_{t_0}^{t_1} \quad (\text{对前一式的第二项分部积分})$$

$$= [f_{\dot{x}}(t,x^*,\dot{x}^*)^{\mathrm{T}}(x-x^*)]_{t_0}^{t_1} \quad (\text{利用 Euler 条件})$$

$$= 0 \quad (x,x^* \text{ 均满足端点条件})$$

所以 x^* 为最小解。

显然，若 f 是 $(x,\dot{x})$ 的严格凸函数，则上述不等号为严格不等号，这意味着 x^* 为唯一解。□

4.1.2 Weierstrass 条件和 Legendre 条件

Euler 方程为变分法问题最优解的必要条件之一，除此之外，Weierstrass 用 Weierstrass 函数形式给出了不同形式的最优解必要条件。

一般地，我们称

$$E(x,\xi) := f(\xi) - f(x) - f'(x)(\xi - x)$$

为函数 $f(x)$ 的 Weierstrass 函数。该函数可用于判别函数的凸性（参阅附录 II A.3 的凸分析部分）。

对上述变分法问题，构造 Weierstrass 函数如下：

$$E(t,x,\dot{x},u) = f(t,x,u) - f(t,x,\dot{x}) - f_{\dot{x}}(t,x,\dot{x})^{\mathrm{T}}(u - \dot{x})$$

则有以下最优性必要条件成立。

【定理 4.1.4】 （Weierstrass 条件）

如果 x^* 为上述变分问题（CVP-1）的最优解，则对任何 u 下式都成立：

$$E(t,x^*,\dot{x}^*,u) \geqslant 0$$

直接证明该定理比较复杂，我们将在下一章用最大值原理来证明。

以下探讨二阶必要条件——Legendre 条件。Legendre 条件可从二阶变分推导而得，但用上述 Weierstrass 条件推导则更简单。

【定理 4.1.5】(Legendre 条件)

设 x^* 为上述变分问题（CVP-1）的最优解，则 $f_{\dot{x}\dot{x}}(t,x^*,\dot{x}^*)$ 非负定。

证明 设 $G(u) = E(t,x^*(t),\dot{x}^*(t),u)$，则

$$G_u(u) = f_u(t,x^*,u) - f_{\dot{x}}(t,x^*,\dot{x}^*)$$
$$G_{uu}(u) = f_{uu}(t,x^*,u)$$

根据 Weierstrass 条件可知，$G(u) \geqslant 0$，且此时有 $G(\dot{x}^*(t)) = 0$。即 $G(u)$ 在 $\dot{x}^*$ 处取最小值，所以在 $u = \dot{x}^*$ 时，G 的二阶导数非负定，即

$$G_{uu}(\dot{x}^*) = f_{uu}(t,x^*,\dot{x}^*) = f_{\dot{x}\dot{x}}(t,x^*,\dot{x}^*)$$

非负定。 □

在前面讨论有限空间的函数极值问题时，我们知道函数 Hesse 矩阵（二阶导数）的非负定性是极小值的必要条件，而正定性则可成为充分条件。对函数空间的以上泛函极值问题，Legendre 条件不存在类似结论。实际上，在 18 世纪末，Legendre 提出上述二阶条件 $f_{\dot{x}\dot{x}} \geqslant 0$ 为必要条件时，也曾猜想 $f_{\dot{x}\dot{x}} > 0$ 可能成为充分条件，但后来 Jacobi 指出必须加上其他条件才能成为充分条件，对这些条件的探讨本书从略。

4.1.3 经济学应用例

以下考虑一个简单的经济分析应用。在该例中，目标泛函为广义积分，积分区间为$[0,\infty)$，此类问题也称为无限时域问题。对积分存在的无限时域的变分法问题，上述最优性条件也成立。因为变分法问题可以作为最优控制问题的特例，关于无限时域问题更详细的探讨将在下一章进行。下例中，我们主要讨论 Euler 方程的应用。

例 4.1.2 最优投资问题

在第 1 章例 1.1.1 中，讨论了厂商最优选择的简化表述，其中，资本要素 k 的价格即为利率 r。类似的简化表述常用于探讨其他议题的理论模型中，如本书第 5 章和第 7 章分析经济长期增长的相关模型。而在更关注厂商投资问题的分析中，有时需要考虑投资品价格并非完全等同于资本利率，以及投资品价格本身的变动。以下即为厂商投资问题的简单一例。

假设企业家代表股东的利益，企业的目的是把企业价值最大化，最大化企业价值的现值总和表述如下：

$$\max: \int_0^\infty e^{-rt}[F(K,L) - wL - pI] dt$$

其中，F 为生产函数，K 为资本存量，L 为劳动投入，w 为实质工资，I 为投资，p 为投资品的相对价格（注意与资本利率的区别），r 为利率，e^{-rt} 表示贴现。假设在上式中，除利率 r 外，其余变量均为时间的函数。

投资与资本存量的变化关系如下：

$$\dot{K} = I - \delta K$$

其中，$\dot{K}$ 为 K 关于时间的导函数，表示资本的变化量（瞬间变化量），δ 为资本折旧率（在这里不讨论初始条件的影响）。

通过把约束条件代入目标函数，则企业的选择可表示为无约束的变分法问题：

$$\max: \int_0^\infty e^{-rt}[F(K,L) - wL - p(\dot{K} + \delta K)] dt$$

此处主要探讨最优的 K 的选择（对劳动投入最优选择的结论将与第 1 章例 1.1.1 相同）。

现在对应上述变分问题的目标函数，可设

$$f(t, K, \dot{K}) = e^{-rt}[F(K,L) - wL - p(\dot{K} + \delta K)]$$

根据变分法的最优性条件，在最优状态下，下述 Euler 方程必须成立：

$$\frac{\mathrm{d}}{\mathrm{d}t}f_{\dot{K}} = \frac{\mathrm{d}}{\mathrm{d}t}(-\mathrm{e}^{-rt}p) = f_K = \mathrm{e}^{-rt}(F_K - p\delta)$$

由此方程可推导出：

$$F_K = \left(r + \delta - \frac{\dot{p}}{p}\right)p \qquad (*1)$$

(*1)决定了最优资本存量，方程左边表示资本的边际收益，右边表示资本的实际成本，它等于用投资品价格衡量的利息和折旧与因资本价格变动带来的收益（购入后资本价格升值）之差。该条件表明，在最优状态下，资本的边际收益等于资本的实际成本。

该方程的直观经济学含义也很明显，如果考虑 t 时刻的厂商是继续使用资本还是出售资本，可知最优选择下二者必须无差异。显然继续保留资本用以生产有三部分的成本：首先，该资本如以价格 p 出售后用以储蓄可获得利息收入（利率为 r），因此一单位资本的该直接成本为 rp；其次，保留资本还会折旧，一单位资本的折旧成本为 δp；最后，如果资本价格下降，则单位资本的使用成本将上升（$-\dot{p}$），反之则下降。这三者之和即为(*1)右边所示的总成本，最优选择下等同于保留资本用以生产的收益 F_K。

在以上模型的基础上考虑投资的调整成本等因素，可以进一步拓展成投资的 q 理论模型等。在此不再展开，有兴趣的读者可参阅高级宏观经济学的相关书籍。

4.2 条件变分和可动边界变分

4.2.1 含积分方程约束的变分问题：等周问题

现在考虑除了上述端点（边界）约束外，还存在其他约束条件的变分法问题。考虑变分法中经典的等周问题，原始的等周问题为：求一条长度一定的闭曲线，使其所围成的面积最大。因在实际应用中许多含积分约束的变分问题和原始的等周问题在求解方法上一致，所以这类问题也被称为等周问题。以下为其一般的表示形式：

(CVP-2) $\quad \min: J(x(\cdot)) = \int_{t_0}^{t_1} f(t, x(t), \dot{x}(t))\mathrm{d}t$

s.t.： $\quad K(x(\cdot)) = \int_{t_0}^{t_1} g(t, x(t), \dot{x}(t)) = C$

$$x(t_0) = x_0, \quad x(t_1) = x_1$$

这里设 $g: R \times R^n \times R^n \to R^m$,为二阶连续可微,$C \in R^m$ 为常数向量,其他设定同前节。

等周问题(CVP-2)的最优解满足以下扩展的 Euler 方程。

【定理 4.2.1】(等周问题的 Euler 方程)

设 f, g 为二阶连续可微函数,x^* 为变分法问题(CVP-2)的最优解,且 g 在 x^* 处不满足 Euler 方程①,则存在 $\mu \in R^m$,使得以下 Lagrange 函数的 Euler 方程成立:

$$\frac{\mathrm{d}}{\mathrm{d}t} L_{\dot{x}}(t, x^*(t), \dot{x}^*(t)) = L_x(t, x^*(t), \dot{x}^*(t)) \tag{4.2.1}$$

此处 Lagrange 函数如下:

$$L(t, x, \dot{x}) = f(t, x, \dot{x}) + \mu^\mathrm{T} g(t, x, \dot{x})$$

证明 该问题可以用类似第 1 章 1.1 节中等式约束极值的 Lagrange 乘数法讨论。为表述方便,我们证明 $n=m=1$ 的情形,一般情形同理可得。

设 $x^*(\cdot)$ 为(CVP-2)的最优解,y, z 为满足两端点值为 0 的分段光滑函数。考虑 $x^*(\cdot)$ 微小变动下目标泛函和约束积分泛函的变化,设

$$F(\varepsilon, \eta) := J(x(\cdot) + \varepsilon y(\cdot) + \eta z(\cdot))$$
$$= \int_{t_0}^{t_1} f(t, x(t) + \varepsilon y(t) + \eta z(t), \dot{x}(t) + \varepsilon \dot{y}(t) + \eta \dot{z}(t)) \mathrm{d}t$$

$$G(\varepsilon, \eta) := K(x(\cdot) + \varepsilon y(\cdot) + \eta z(\cdot))$$
$$= \int_{t_0}^{t_1} g(t, x(t) + \varepsilon y(t) + \eta z(t), \dot{x}(t) + \varepsilon \dot{y}(t) + \eta \dot{z}(t)) \mathrm{d}t$$

其中,$\varepsilon \in R$,$\eta \in R$。② 显而易见,如果 $x^*(\cdot)$ 为(CVP-2)的最优解,则 $(\varepsilon, \eta) = (0, 0)$ 为以下有限空间问题的最优解:

$$\min: F(\varepsilon, \eta)$$
$$\text{s. t.}: \quad G(\varepsilon, \eta) = C$$

---

① 即 $\dfrac{\mathrm{d}}{\mathrm{d}t} g_{\dot{x}}(t, x^*(t), \dot{x}^*(t)) \neq g_x(t, x^*(t), \dot{x}^*(t))$。

② 此处要考虑等式约束的影响,所以需要设置两个变量,若只用一个变量,则等式约束可能就确定该变量的取值,无法讨论最优解的选择问题。

根据第一章等式约束极值的 Lagrange 乘数法可知，在等式约束 $G(\varepsilon,\eta)=C$ 满足隐函数定理的条件时，存在 Lagrange 乘子 μ，使得以下两式成立：

$$\frac{\partial}{\partial \varepsilon}[F(\varepsilon,\eta)+\mu(G(\varepsilon,\eta)-C)]_{(\varepsilon,\eta)=(0,0)} = 0$$
$$\frac{\partial}{\partial \eta}[F(\varepsilon,\eta)+\mu(G(\varepsilon,\eta)-C)]_{(\varepsilon,\eta)=(0,0)} = 0$$
(4.2.2)

把上述 F 和 G 的定义式代入(4.2.2)式，通过积分号下的求导分析，可得：

$$\int_{t_0}^{t_1}(L_x(t,x^*,\dot{x}^*)\cdot y+L_{\dot{x}}(t,x^*,\dot{x}^*)\cdot \dot{y})\mathrm{d}t = 0$$

$$\int_{t_0}^{t_1}(L_x(t,x^*,\dot{x}^*)\cdot z+L_{\dot{x}}(t,x^*,\dot{x}^*)\cdot \dot{z})\mathrm{d}t = 0$$

对此二式中任意一个进行与定理 4.1.2 的证明中同样的展开分析，并运用引理 4.1.1，都可得(4.2.1)式。这同时也表明 Lagrange 乘子 μ 不依赖于 y 和 z。

现在只要说明在定理 4.2.1 的设定下，$G(\varepsilon,\eta)=C$ 满足隐函数定理的条件，定理 4.2.1 即得到证明。

不难知道，此时相应的连续可微性成立，并且下式成立：

$$\frac{\partial}{\partial \varepsilon}[G(\varepsilon,\eta)-C]_{(\varepsilon,\eta)=(0,0)} \neq 0, \quad \frac{\partial}{\partial \eta}[G(\varepsilon,\eta)-C]_{(\varepsilon,\eta)=(0,0)} \neq 0$$

否则上述任意一个等式成立时，通过和以上相同的分析展开，可得：

$$\frac{\mathrm{d}}{\mathrm{d}t}g_{\dot{x}}(t,x^*(t),\dot{x}^*(t)) = g_x(t,x^*(t),\dot{x}^*(t))$$

即 g 在 x^* 处满足 Euler 方程，这和定理假设矛盾，所以隐函数定理的条件被满足。

综上，定理得证。 □

利用上述定理可以求解传统的等周问题。

例 4.2.1　等周问题

如图 4.2.1 所示，考虑连接两点 A、B 的长度为一定的，与线段 AB 围成的面积最大的曲线。

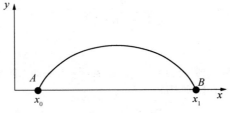

图 4.2.1　等周问题

设曲线为 $y=y(x)$，该问题的最优化问题可表述如下：

$$\max: \int_{x_0}^{x_1} y(x) dx$$

s. t. :

$$\int_{x_0}^{x_1} \sqrt{1+(\dot{y}(x))^2} dx = l$$

$$y(x_0) = 0, \quad y(x_1) = 0$$

利用上述定理 4.2.1 可以证明最优曲线为圆弧。①

证明 设 Lagrange 函数如下：

$$L(x, y, \dot{y}) = y + \mu(\sqrt{1+(\dot{y})^2})$$

以下采用上述二阶微分方程形式的 Euler 方程，证明更为简便，即：

$$L_{\dot{y}x} + L_{\dot{y}y}\dot{y} + L_{\dot{y}\dot{y}}\ddot{y} - L_y = 0$$

因为 L 中不含 x 项，所以 $L_{x\dot{y}} = 0$，可得：

$$L_{\dot{y}y}\dot{y} + L_{\dot{y}\dot{y}}\ddot{y} - L_y = 0 \tag{*1}$$

通过计算可知，方程(*1)两边同乘以 $\dot{y}$，左边即为 $\dfrac{d}{dx}(\dot{y}L_{\dot{y}} - L)$，② 如此方程(*1)意味着：

$$\frac{d}{dx}(\dot{y}L_{\dot{y}} - L) = 0$$

这意味着 $L - \dot{y}L_{\dot{y}}$ 为常数。利用 $L_{\dot{y}} = \mu \dfrac{\dot{y}}{\sqrt{1+(\dot{y})^2}}$，可得：

$$y + \mu\sqrt{1+(\dot{y})^2} - \mu\frac{(\dot{y})^2}{\sqrt{1+(\dot{y})^2}} = c_1$$

这里 c_1 为常数。该式化简后即为：

$$y = c_1 - \frac{\mu}{\sqrt{1+(\dot{y})^2}} \tag{*2}$$

此即变形后的 Euler 方程。现在令 $\dot{y}(x) = \tan\theta(x)$，则(*2)为：

$$y = c_1 - \frac{\mu}{\sqrt{1+(\tan\theta)^2}} = c_1 - \mu\cos\theta \tag{*3}$$

---

① 这里的 $\dot{y}$ 表示 y 对 x 的一阶导，以下 $\ddot{y}$ 表示 y 对 x 的二阶导。

② 因为 L 不包含 x 的直接项，所以，

$$\frac{d}{dx}(\dot{y}L_{\dot{y}} - L) = \ddot{y}L_{\dot{y}} + \dot{y}(L_{\dot{y}y}\dot{y} + L_{\dot{y}\dot{y}}\ddot{y}) - L_y\dot{y} - L_{\dot{y}}\ddot{y} = \dot{y}(L_{\dot{y}y}\dot{y} + L_{\dot{y}\dot{y}}\ddot{y} - L_y)$$

将($*3$)两边对 x 求导，则有 $\dot{y} = \mu\sin\theta \dfrac{\mathrm{d}\theta}{\mathrm{d}x}$，所以，$\mu\sin\theta\dfrac{\mathrm{d}\theta}{\mathrm{d}x} = \tan\theta$，即：

$$\frac{\mathrm{d}x}{\mathrm{d}\theta} = \mu\cos\theta$$

对该方程两边求积分可得：

$$x = \mu\sin\theta + c_2 \tag{$*4$}$$

此处 c_2 也为常数。将($*3$)与($*4$)代入 $(\sin\theta)^2 + (\cos\theta)^2 = 1$ 可得：

$$(x-c_2)^2 + (y-c_1)^2 = \mu^2$$

这里的常数 c_1、c_2 和 μ 由端点条件与积分约束共同决定。以上即证明此时的极值曲线是一段圆弧。 □

4.2.2 含微分方程约束的变分问题

对以下含微分方程约束的变分问题利用和上述类似的 Lagrange 乘数法，同样可以推导出在最优解处，相关的 Lagrange 函数满足 Euler 方程。

考虑以下等式约束问题：

(CVP-3) $\quad\min: J(x(\cdot)) = \displaystyle\int_{t_0}^{t_1} f(t, x(t), \dot{x}(t))\,\mathrm{d}t$

s.t.: $\quad g(t, x(t), \dot{x}(t)) = 0$

$\quad x(t_0) = x_0, \quad x(t_1) = x_1$

对该问题，以下最优性必要条件成立：

【定理 4.2.2】（微分方程约束下变分问题的 Euler 方程）

设 f, g 为二阶连续可微函数，x^* 为变分法问题（CVP-3）的最优解，且约束方程是独立的，① 则存在向量值函数 $\lambda(t)$，使得以下 Euler 方程成立：

$$\frac{\mathrm{d}}{\mathrm{d}t} L_{\dot{x}}(t, x^*(t), \dot{x}^*(t)) = L_x(t, x^*(t), \dot{x}^*(t)) \tag{4.2.3}$$

此处的 Lagrange 函数为：

$$L(t, x, \dot{x}) = f(t, x, \dot{x}) + \lambda^{\mathrm{T}} g(t, x, \dot{x})$$

对于该定理的 Euler 方程推导，本书不作介绍，请参阅相关变分法教材。

---

① 即存在一非零的 Jacobi 行列式，如 $\left|\dfrac{\partial(g_1, g_2, \cdots g_m)}{\partial(\dot{x}_1, \dot{x}_2, \cdots \dot{x}_m)}\right| \neq 0$。

4.2.3 可动边界与横截性条件

考虑以下终端时间可变的变分问题，其端点必须落在曲线 $x=\psi(t)$ 上，该问题表述如下：

(CVP-4) $\qquad \min: J(x(\cdot)) = \int_{t_0}^{t_1} f(t, x(t), \dot{x}(t)) \, dt$

s. t.： $\qquad x(t_0) = x_0, \quad x(t_1) = \psi(t_1)$

图 4.2.2 表示了若干可行曲线 $x=x(t)$ 和终端值约束曲线 $x=\psi(t)$。

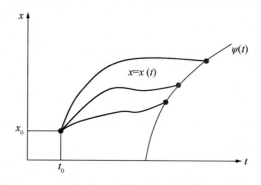

图 4.2.2 终端可变的变分问题

该问题的最优解除最优函数 x^* 外，还包括最优终端点 t_1^*。

【定理 4.2.3】（可动边界变分问题的 Euler 方程和横截性条件）

设 f、ψ 为二阶连续可微函数，x^*、t_1^* 为变分法问题（CVP-4）的最优解，则 Euler 方程 (4.1.2) 成立，且满足下述边界条件：

$$[f(t, x^*, \dot{x}^*) + (\dot{\psi} - \dot{x}^*) f_{\dot{x}}(t, x^*, \dot{x}^*)]_{t=t_1^*} = 0 \qquad (4.2.4)$$

上述关于终端的边界条件一般称为横截性条件，它将与初始端点条件共同确定 Euler 方程的解。从以上分析容易导出下述特殊情况的横截性条件：

(1) 若 t_1 可变，$x(t_1)$ 固定，即曲线 $x=\psi(t)$ 为一平行于横轴的直线，则 $\dot{\psi}(t_1)=0$，横截性条件 (4.2.4) 为：

$$[f(t, x^*, \dot{x}^*) - \dot{x}^* f_{\dot{x}}(t, x^*, \dot{x}^*)]_{t=t_1^*} = 0$$

(2) 若曲线 $x=\psi(t)$ 为一条垂直于横轴的直线，即 t_1 固定，$x(t_1)$ 自由，则此时横截性条件 (4.2.4) 为：

$$f_{\dot{x}}(t,x^*,\dot{x}^*)\mid_{t=t_1^*}=0$$

该定理的证明可以仿效固定边界问题的证明，考虑在 x^*、t_1^* 附近目标泛函的变化：

$$\bar{F}(\varepsilon):=\int_{t_0}^{t_1^*+\varepsilon\delta(t)}f(t,x^*(t)+\varepsilon y(t),\dot{x}^*(t)+\varepsilon\dot{y}(t))\mathrm{d}t$$

显然，x^*、t_1^* 为最优时，$\bar{F}'(0)=0$。据此可推导上述定理结论。详细证明从略。

4.3 离散时间的变分法问题与应用

前面已经提到，动态优化问题中的时间有时表述为离散的形式。比较相对应的连续形式和离散形式的最优化问题可以深化理解，同时利用计算机处理连续形式的最优化问题也需要离散化，而离散形式的最优化表述在应用中的现实含义有时更为直观。因此，理解离散形式的最优化问题也具有重要意义。

对应于上述连续型问题(CVP-1)的离散型变分法问题可表示如下：

(CVP-5) $$\min:\sum_{t=0}^{T-1}f(t,x_t,x_{t+1}-x_t)$$

s.t.： $$x_0=\bar{x}_0,\quad x_T=\bar{x}_T$$

其中，$\bar{x}_0$、$\bar{x}_T$ 为给定量，下标 t 表示时间序列，并设 f 为连续可微函数。

该最优化问题是寻找最优的时间序列变量 $\{x_1,x_2,\cdots,x_{T-1}\}$。显然，该问题也可视为无约束非线性规划问题，以下从非线性规划的最优性条件推导该离散型变分法问题的 Euler 方程。

根据一阶最优性条件，在最优解处满足

$$\frac{\partial\sum_{t=0}^{T-1}f(t,x_t,x_{t+1}-x_t)}{\partial x_t}=0,\quad t=1,\cdots,T-1$$

定义 $y_t:=x_{t+1}-x_t$，用 f_{x_t} 表示 f 对第二变量的偏导数，用 f_{y_t} 表示 f 对第三变量的偏导数。上述一阶条件可导出：

$$\frac{\partial f(t-1,x_{t-1},x_t-x_{t-1})}{\partial y_{t-1}}+\frac{\partial f(t,x_t,x_{t+1}-x_t)}{\partial x_t}-\frac{\partial f(t,x_t,x_{t+1}-x_t)}{\partial y_t}=0,$$

$$t=1,\cdots,T-1$$

移项即可得如下离散型 Euler 方程：

$$\frac{\partial f(t,x_t,x_{t+1}-x_t)}{\partial x_t}=\frac{\partial f(t,x_t,x_{t+1}-x_t)}{\partial y_t}-\frac{\partial f(t-1,x_{t-1},x_t-x_{t-1})}{\partial y_{t-1}},$$

$$t = 1, \cdots, T-1$$

这是二阶差分方程，辅以初期和终期条件可决定 x_t 的路径序列。

用 Δ_t 表示如下时间差分：

$$\Delta_t z_t := z_t - z_{t-1}$$

则 Euler 差分方程可表示如下：

$$\frac{\partial f(t, x_t, x_{t+1} - x_t)}{\partial x_t} = \Delta_t \left[\frac{\partial f(t, x_t, x_{t+1} - x_t)}{\partial y_t} \right] \tag{4.3.1}$$

此即上述离散变分法问题（CVP-5）的一阶最优性条件。以下观察利用该离散的变分法最优性条件展开分析的一个经济学应用例。

例 4.3.1　消费税的影响

以下模型建立在永久收入消费理论的基础上，即消费者的消费支出不是由现期收入，而是由其永久收入决定。消费者的选择模型化如下：

$$\max: \sum_{t=0}^{T} (1+\delta)^{-t} \log c_t$$

s.t.：
$$\sum_{t=0}^{T} (1+r)^{-t} [(1+\tau_t)c_t - (w + F_t)] = A_0 \tag{*1}$$

其中，δ 为主观贴现率，效用函数取对数函数形式；r 为利率；c_t 为 t 期的消费；A_0 为初期财产；w 为外生的收入所得；τ_t 为 t 期的消费税；F_t 为政府的消费税收入向消费者的转移支付，$F_t = \tau_t c_t$。对消费者来说，模型中的 A_0, w, F_t, τ_t 和 r 为给定量，消费者将选择最优的各时期消费量 c_t。

以下将上述问题转化成离散的变分法问题，然后利用 Euler 差分方程 (4.3.1) 展开讨论。

约束方程的左边为各期纯支出贴现值的总和。若定义 t 期以后的 t 期现值净支出为：

$$B_t := \sum_{i=t}^{T} (1+r)^{-(i-t)} [(1+\tau_i)c_i - w - F_i]$$

则可知，$B_t = [(1+\tau_t)c_t - w - F_t] + (1+r)^{-1} B_{t+1}$。所以，

$$c_t = \frac{1}{1+\tau_t} \left(B_t - \frac{1}{1+r} B_{t+1} + w + F_t \right)$$

显然，此式与 $B_0 = A_0$ 等价于约束条件（*1）。把此式代入目标函数，则上述消费者最优化问题可以改写如下：

$$\max: \sum_{t=0}^{T} (1+\delta)^{-t} \log \left[\frac{1}{1+\tau_t} \left(B_t - \frac{1}{1+r} B_{t+1} + w + F_t \right) \right]$$

此即离散型的变分法问题。目标函数可改写为：

$$(1+\delta)^{-t}\log\left[\frac{1}{1+\tau_t}\left(B_t - \frac{1}{1+r}B_{t+1} + w + F_t\right)\right]$$

$$= (1+\delta)^{-t}\log\left[\frac{1}{1+\tau_t}\left(\frac{r}{1+r}B_t - \frac{1}{1+r}(B_{t+1} - B_t) + w + F_t\right)\right]$$

$$=: f(t, B_t, B_{t+1} - B_t)$$

应用（4.3.1）式，容易得到该问题的 Euler 方程为：

$$(1+\delta)^{-t}\frac{1}{c_t}\frac{1}{1+\tau_t}\frac{r}{1+r}$$

$$= -(1+\delta)^{-t}\frac{1}{c_t}\frac{1}{1+\tau_t}\frac{1}{1+r} + (1+\delta)^{-(t-1)}\frac{1}{c_{t-1}}\frac{1}{1+\tau_{t-1}}\frac{1}{1+r}$$

整理后有：

$$c_t = \frac{1+r}{1+\delta}\frac{1+\tau_{t-1}}{1+\tau_t}c_{t-1}$$

根据此式可讨论消费税的影响。

当消费税率为不随时间变化的永久固定税率时，即 $\tau_t = \tau_{t-1} = \tau$，此时，从上式可知：

$$c_t = \frac{1+r}{1+\delta}c_{t-1}$$

此为决定消费路径的差分方程，显然它不受消费税的影响。

实际上此时，

$$c_t = \left(\frac{1+r}{1+\delta}\right)^t c_0$$

把此式代入约束式（*1），由于 $F_t = \tau c_t = \tau\left(\frac{1+r}{1+\delta}\right)^t c_0$，可得：

$$c_0 = \left[\sum_{t=0}^{T}(1+\delta)^{-t}\right]^{-1}\left[\left(\sum_{t=0}^{T}(1+r)^{-t}\right)w + A_0\right]$$

所以，

$$c_t = \left(\frac{1+r}{1+\delta}\right)^t\left[\sum_{t=0}^{T}(1+\delta)^{-t}\right]^{-1}\left[\left(\sum_{t=0}^{T}(1+r)^{-t}\right)w + A_0\right]$$

该式表明永久的固定消费税率不影响消费水平。

但当消费税率发生变化时，情况则不同。考虑一简单的情形，设 $t=0$ 时，消费税率为 0；$t \geq 1$ 时，$\tau_t = \tau > 0$。

显然，此时有：

$$c_1 = \frac{1+r}{1+\delta}\frac{1}{1+\tau}c_0, \quad c_t = \left(\frac{1+r}{1+\delta}\right)^{t-1}c_1, \quad t \geqslant 2$$

所以，各时期的消费量将受到变动的消费税率的影响。 □

这里要注意到，如上有限期的离散形式的动态最优化问题也可以直接用非线性规划的最优性条件展开分析。在应用中，采用变分法形式表述有时主要是为了更有利于直观表示经济学含义。另外，上述关于消费税影响的讨论也可以利用下一章连续型的最优增长模型展开分析，并可以得到同样的结论。

4.4 积分泛函最优化问题的 Lagrange 方法

利用变分思想，也可以利用非线性规划的 Lagrange 方法分析一些积分泛函的最优化问题。

考虑以下表示为积分目标函数和积分约束函数形式的最优化问题。

(NLP-8) $$\min_{x(\cdot)}: \int_{t_0}^{t_1} f(t, x(t)) \mathrm{d}t$$

s.t.： $$\int_{t_0}^{t_1} g(t, x(t)) \mathrm{d}t \leqslant 0$$

其中，$f: R \times R^n \to R$ 和 $g: R \times R^n \to R^m$ 一阶连续可微，x 是 $R \to R^n$ 的函数。

为论述简便，我们讨论 $m=1$ 的情况，一般情况同理可得。

设 x^* 是 (NLP-8) 的最优解函数。考虑该函数的如下可行变分：

$$\bar{x}(\cdot) = x^*(\cdot) + \alpha y(\cdot) + \beta z(\cdot)$$

其中，y 和 z 是 $R \to R^n$ 的任意函数。这里可以选取适当范围内的参数 $\alpha, \beta \in R$ 使得对给定的 y 和 z，$\bar{x}$ 满足上述不等式的约束条件。

现在考虑 (α, β) 的如下最优化问题：

(NLP-8*) $$\min_{\alpha, \beta}: F(\alpha, \beta) = \int_{t_0}^{t_1} f(t, x^*(t) + \alpha y(t) + \beta z(t)) \mathrm{d}t$$

s.t.： $$G(\alpha, \beta) = \int_{t_0}^{t_1} g(t, x^*(t) + \alpha y(t) + \beta z(t)) \mathrm{d}t \leqslant 0$$

显而易见，如果 $x^*(\cdot)$ 是 (NLP-8) 的最优解，则 $(\alpha, \beta) = 0$ 为 (NLP-8*) 的最优解。(NLP-8*) 是有限空间的一个非线性规划问题，在满足定理 1.2.4 的条件下，可知此时存在 Lagrange 乘数 $\mu \geqslant 0 (\in R)$，使得 Lagrange 函数

$$\mathcal{L}(\alpha, \beta, \mu) = F(\alpha, \beta) + \mu G(\alpha, \beta)$$

关于 α 和 β 的一阶导数为 0，即：

$$\frac{\partial}{\partial \alpha}[F(\alpha,\beta) + \mu G(\alpha,\beta)]_{(\alpha,\beta)=(0,0)} = 0$$
$$\frac{\partial}{\partial \beta}[F(\alpha,\beta) + \mu G(\alpha,\beta)]_{(\alpha,\beta)=(0,0)} = 0 \quad (4.4.1)$$

由(4.4.1)式，依据(NLP-8*)的 F 和 G 的定义式展开分析可知：

$$\int_{t_0}^{t_1} [f_x(t,x^*(t)) + \mu g_x(t,x^*(t))] y(t) \mathrm{d}t = 0$$

$$\int_{t_0}^{t_1} [f_x(t,x^*(t)) + \mu g_x(t,x^*(t))] z(t) \mathrm{d}t = 0$$

由于此处 y 和 z 的任意性，因此，对每一个 $t \in [t_0, t_1]$ 都有：

$$f_x(t,x^*(t)) + \mu g_x(t,x^*(t)) = 0$$

这也意味着对上述最优化问题，如果存在最优解 $x^*(t)$，则存在不依赖于 t 的 Lagrange 乘数 μ，使得由被积函数构成的如下 Lagrange 函数：

$$\mathcal{L}(t,x,\mu) = f(t,x) + \mu g(t,x)$$

对每一个 $t \in [t_0, t_1]$，以下一阶导数为 0：

$$\mathcal{L}_x(t,x^*(t),\mu) = f_x(t,x^*(t)) + \mu g_x(t,x^*(t)) = 0 \quad (4.4.2)$$

(4.4.2)式可理解为(NLP-8)的 Kuhn-Tucker 条件，但此时的互补松弛条件为：

$$\mu \int_{t_0}^{t_1} g(t,x^*(t)) = 0$$

以上讨论了 Kuhn-Tucker 的必要条件。而如定理 1.2.5，可证明，如果 f 和 g 都是关于 x 的凸函数，则上述 Kuhn-Tucker 条件和互补松弛条件也就是最优解的充分条件。详细推导留作习题。

以上表示为积分泛函的目标函数和约束函数形式的最优化问题在经济学应用中也不罕见，此时，积分求最优问题等价于逐点求最优问题。相关应用通常结合在其他形式的优化分析中，在此不再具体举例说明。

第 5 章
最优控制基础理论与应用

本章探讨最优控制理论的基本原理及其应用。前面提到，最优控制理论是在变分法的基础上发展而来的。在数学上，古典的变分法，一般只能讨论内点解，无法讨论边界解问题，并且对问题中所涉及的目标函数和约束函数以及变量函数有较高的可微性等要求。与变分法问题相比，最优控制理论导入了新的变量，该变量称为控制变量，对控制变量可加以包含边界的集合型约束，并且一般情况下不要求目标函数和约束函数对控制变量的可微性，从而拓展了在函数空间上可以处理的最优化问题的范围。

而在经济学运用上，虽然由于相关函数可微性等假设的强化，使得经济分析中的最优控制问题通常可以转化为变分法问题来处理，但对控制变量和状态变量的分开讨论，有时更方便于对经济学问题的描述，也可以得到更丰富的最优性条件，一定意义上更有利于利用最优性条件讨论相关经济学含义。因此，在经济学动态分析中，最优控制理论也得到了广泛应用。

本章主要分析连续型最优控制问题，5.1 节首先介绍有限时域（时间变化区间）上一般形式的最优控制问题及其最优性条件，在此基础上讨论经济学中通常使用的最优控制问题的表达形式与最优性条件；5.2 节拓展讨论可变端点和包含不等式约束的最优控制问题；5.3 节讨论无限时域问题；5.4 节简要讨论可用非线性规划方法处理的离散型最优控制问题。为加深读者对最大值原理的理解，本章也介绍了基于最大值原理的数学求解应用和在最优经济增长分析中的应用，但结合动态优化和均衡的经济学模型分析范例则在第 7 章集中讨论。

5.1 最优控制的基本原理

5.1.1 最优控制的最大值原理与充分性条件

5.1.1.1 一般形式的最优控制问题与最大值原理

一般形式的最优控制问题表示如下（Ioffe and Tihomirov, 1979）：

(OCP-1) $\quad \min: \Psi(x(\cdot), u(\cdot)) = \int_{t_0}^{t_1} f(t, x(t), u(t)) \mathrm{d}t \quad (5.1.1)$

s.t.:
$$\dot{x}(t) = \Phi(t, x(t), u(t)) \quad (5.1.2)$$
$$h_0(t_0, x(t_0)) = 0, \quad h_1(t_1, x(t_1)) = 0 \quad (5.1.3)$$
$$u(t) \in U \quad (5.1.4)$$

其中，$f: R \times R^n \times R^m \to R$，$\Phi: R \times R^n \times R^m \to R^n$，$h_i: R \times R^n \to R^{l_i}$，$i = 0, 1$，$U \subset R^m$；$u: [t_0, t_1] \to R^m$ 为控制变量，$x: [t_0, t_1] \to R^n$ 为状态变量；(5.1.2)式称为状态方程；(5.1.3)式为端点约束（边界条件）；(5.1.4)式为控制变量的集合约束。

对最优控制问题，以下首先就本书讨论的范围作简要说明：

其一，关于变量函数的讨论范围。一般而言，最优控制问题中的控制变量可以在比分段连续函数更弱的函数空间讨论，比如，在有界可测函数空间探讨，在此情形下，(5.1.2)式和(5.1.4)式是对几乎处处的 $t \in [t_0, t_1]$ 成立。[①] 在这样的函数空间讨论，需要相关的测度论和泛函分析等数学知识。考虑到一般经济学中应用的函数范围，本书所涉及的控制变量设为是分段连续的，对应的状态变量是连续且分段连续可微的。此时，(5.1.2)式和(5.1.4)式对任意的 $t \in [t_0, t_1]$ 都成立。另外，控制变量的集合约束 U 可以是开集，也可以是闭集，集合约束实际上也是最优控制问题与变分法的本质区别之一。进一步地，集合约束还可以随时间变化而变动，表示为 $U(t)$，但本书仅讨论不随时间变化的固定集合约束的问题。

其二，对于目标和约束中的函数设定。一般只假设目标泛函中的 f 和状态方程中的 Φ 关于所有的变量(t, x, u)是连续的，关于(t, x)是连续可微的，本书以下出现的目标函数和状态方程中的函数除特殊说明外，均如此设定。另外，设 h_0

[①] 几乎处处成立是一个数学概念，涉及数学中的测度问题。它是指不成立的点的集合的测度为 0。关于测度问题，本书不详细探讨，有兴趣的读者可参阅相关教材。

和 h_1 关于 x 是连续可微的。

其三，关于最优解的概念及其范围。最优控制问题主要集中在对控制变量的分析，通过选择满足控制变量约束(5.1.4)的控制变量 $u(\cdot)$，则由状态方程(5.1.2)及端点条件(5.1.3)决定了可选择的状态变量 $x(\cdot)$（根据端点条件，解不一定唯一）。如此满足所有制约条件的 (x,u) 称为可行（许可）控制过程，而后从所有可行的控制变量和状态变量的组合中，选择使目标泛函(5.1.1)最优（最小）的一组，这样的控制和状态变量的组合称为最优解，也称最优控制过程。显然，这样的最优解为全局的最优解。实际上，在讨论最优解的必要条件时，通常只要在局部最优即可。但最优控制问题局部最优解的严格描述比变分法问题更为复杂，同时，也考虑到在经济学的应用中大多数是讨论全局最优问题，故在此不详细讨论局部最优的概念。

其四，在最优控制问题中也可以对目标泛函的积分区间 $[t_0,t_1]$ 进行最优选择，即可以对端点时刻进行选择，但端点的可选择性不会影响关于最优性条件的主要结论。本书主要探讨固定区间的问题，对自由端点的问题，我们将在本章5.2节扩展性的讨论中作简要介绍。

现在观察目标泛函的形式。上述目标泛函表示为积分型，此类型称为 Lagrange 问题。有时，目标函数表示为末值型，称为 Mayer 问题：

$$\Psi(x(\cdot),u(\cdot)) = \phi(t_1,x(t_1))$$

有时表示为混合型，称为 Bolza 问题：

$$\Psi(x(\cdot),u(\cdot)) = \int_{t_0}^{t_1} f(t,x(t),u(t))\mathrm{d}t + \phi(t_1,x(t_1))$$

显然，三者是可以互相转换的。对积分型目标函数，引入新状态变量，

$$\dot{x}_{n+1} = f, \quad \text{且令} \quad x_{n+1}(t_0) = 0$$

则积分型可转换为末值型：

$$\int_{t_0}^{t_1} f(t,x(t),u(t))\mathrm{d}t = x_{n+1}(t_1)$$

反之，对末值型目标函数 $\phi(t_1,x(t_1))$，因为

$$\phi(t_1,x(t_1)) = \int_{t_0}^{t_1} \mathrm{d}\phi(t,x(t)) + \phi(t_0,x(t_0))$$

其中，初期值 $\phi(t_0,x(t_0))$ 是固定的，所以，最小（大）化 $\phi(t_1,x(t_1))$ 和最小（大）化 $\int_{t_0}^{t_1} \mathrm{d}\phi(t,x(t))$ 是一致的，即末值型可转换为积分型。

在最优控制理论中，最著名和最常用的是庞特里亚金（Л. С. ПОНТРЯГИН）

的最大值原理，它是最优解的必要条件。以下首先给出最大值原理的一般形式。在经济学应用中通常利用更简单的形式，我们将在以下定理的说明部分进一步解释。

【定理 5.1.1】（最大值原理）

设最优控制问题（OCP-1）的一个可行过程 (x^*,u^*) 为一最优解。则存在 $\lambda \geqslant 0 \in R$、向量值函数 $p(\cdot):[t_0,t_1] \to R^n$ 和向量 $k_0 \in R^{l_0}, k_1 \in R^{l_1}$，且 λ, k_0, k_1, p 不全为零，使得下式成立：

$$\dot{p}(t) = -H_x(t, x^*(t), u^*(t), p(t), \lambda) \tag{5.1.5}$$

$$H(t, x^*(t), u^*(t), p(t), \lambda) = \max_{u \in U} H(t, x^*(t), u, p(t), \lambda) \tag{5.1.6}$$

$$p(t_0) = k_0^T h_{0_x}(t_0, x^*(t_0)), \quad p(t_1) = k_1^T h_{1_x}(t_1, x^*(t_1)) \tag{5.1.7}$$

其中，H 称为 Hamilton 函数，定义如下：$H: R \times R^n \times R^m \times R^n \times R \to R$，

$$H(t, x, u, p, \lambda) = p^T \Phi(t, x, u) - \lambda f(t, x, u)$$

上述(5.1.5)式和(5.1.6)式表示方程对任意的 $t \in [t_0, t_1]$ 成立。以下对上述最优性条件作进一步说明。

(1) 关于最大值原理中所包含的必要条件，有的教材也列出以下方程：

$$\dot{x}^*(t) = H_p = \Phi(t, x^*(t), u^*(t))$$

此式表示最优解必须满足约束条件的状态方程。如前所述，在关于非线性规划问题的最优性条件的定理中，约束条件也常常被列入最优性条件。实际上，最优解的定义也已经隐含解必须满足所有的约束条件，因此许多最优控制的专业书籍在最优性条件中省略了该约束条件。为了简练，本书在相关定理的表述中也省略约束条件。

(2) 定理中的(5.1.6)式称为最大值条件或控制方程，该条件也是"最大值原理"名称的来源。当最优控制值落在约束集合 U 的内部或不存在集合约束，且 f 与 Φ 关于控制变量 u 也可微时，(5.1.6)式可归结为以下一阶条件：

$$H_u(t, x^*(t), u^*(t), p(t), \lambda) = 0$$

也就是，

$$p(t)^T \Phi_u(t, x^*(t), u^*(t)) - \lambda f_u(t, x^*(t), u^*(t)) = 0$$

在经济学应用中通常利用该最优性条件。①

(3) 对应于状态方程，(5.1.5)式称为伴随或协态方程，相对状态变量 x，p 称为协态变量或共轭变量，也称 Hamilton 乘子。协态方程与状态方程实际上构成了 Hamilton 系统（$\dot{x}=H_p$，$\dot{p}=-H_x$），在多数经济学的应用中，Hamilton 系统具有良好的稳定性。(5.1.5)式写成分量形式即为：

$$\dot{p}_i(t) = -\sum_{j=1}^{n} p_j(t) \frac{\partial \Phi_j}{\partial x_i}(t, x^*(t), u^*(t)) + \lambda \frac{\partial f}{\partial x_i}(t, x^*(t), u^*(t)),$$
$$i = 1, \cdots, n$$

在经济学应用中，协态变量通常有其特定的经济学意义，我们将在后面进行说明。

(4) (5.1.7)式是关于协态变量的端点条件，其中，终端条件有时也称为横截性条件。协态方程的端点条件可以协助将最优路径区别于其他许可路径。以下我们进一步考察几种经济学应用中常见的情形：

① 始点固定的情况，比如，当 $x(t_0)=0$ 时，(5.1.7)式并不是实质性的条件，此时关于 $p(t_0)$ 无条件。

② 终点自由的情况，即 $x(t_1)$ 无约束，此时，横截性条件为 $p(t_1)=0$（端点约束可理解为 $h_1(t_1,x(t_1))=0 \cdot x(t_1)=0$），因此，若(5.1.3)式变为：$x(t_0)=0$，$x(t_1)$ 自由，则(5.1.7)式变为：$p(t_0)$ 无条件，$p(t_1)=0$。

③ 当端点条件为不等式约束时，例如，$h_1(t_1,x(t_1))\leqslant 0$，此时除(5.1.7)式成立外，还有类似非线性规划问题中的互补松弛条件成立，$k_1^T h_1(t_1,x^*(t_1))=0$，$k_1 \geqslant 0$，即 $h_{1_i}(t_1,x^*(t_1))<0$ 时，$k_{1i}=0(i=1,\cdots,n)$。所以当终点约束为 $x(t_1)\leqslant 0$ 时，有 $p(t_1)x^*(t_1)=0$。

(5) 关于对应于目标函数的系数 λ（有时也称为 Lagrange 乘子）。显然，在实际应用中为探讨目标函数的特征，我们希望 $\lambda \neq 0$。但就如在非线性规划问题中，要保证目标函数的 Lagrange 乘子不为 0 需要设定相应的约束规范一样，在这里要保证 $\lambda \neq 0$ 也需要相应的附加条件。要分析这些附加条件比较麻烦，而在实际问题中，直接验证 $\lambda \neq 0$ 可能要简单得多。特别是在自由终端问题中，因为有 $p(t_1)=0$，此时若 $\lambda=0$，则(5.1.5)式变为：

$$\dot{p}(t) = -p(t)^T \Phi_x(t, x^*(t), u^*(t))$$

由常微分方程关于解的唯一性定理（参阅附录Ⅱ的 A.5）可知，此时，

---

① 这样的问题一般情况下也可以用变分法进行讨论。

$p(\cdot)=0$ 为唯一解。若起点固定，如 $x(t_0)=x_0$，则 $k_0=p(t_0)=0$。该结果与定理中的 λ、k_0、p 不同时为 0 相矛盾（此时不存在 k_1）。所以，$\lambda \neq 0$。即在 $x(t_0)$ 固定、$x(t_1)$ 自由的约束下，$\lambda \neq 0$，可设为 1。而在常见的经济学问题中，一般不难直接检验 $\lambda \neq 0$，因此在相关经济学动态分析的 Hamilton 函数中，通常直接设定为 $\lambda = 1$。

关于定理 5.1.1 的证明。当不存在控制变量的集合约束，且相关函数关于控制变量可微时，上述最优控制问题实质上等同于变分法问题。此时，可以构造控制变量的变分，并通过与前章讨论变分法的最优性条件时相类似的分析来推导最大值原理。但当存在集合约束时无法采用相同的变分分析方法，不过仍可以通过扩展某些思路与技巧来推导最大值原理。特别是对固定时间区域、终端无约束的最优控制问题，证明相对简单，并不要求高深的数学理论。为加深读者对最大值原理的理解，我们在本书附录 I 中对这一情况下的最大值原理进行了规范的证明。对于更一般的情形下的详细证明，可参阅最优控制理论的相关教材。同时，我们也可以把最优控制问题（及变分法问题）当作函数空间的非线性规划问题，用类似于第 1 章中非线性规划的 Lagrange 乘数法来推导最大值原理（详细可参阅：Ioffe and Tihomirov，1979）。另外，在本书第 6 章，我们也将利用 Bellman 方程讨论最优值函数连续可微情况下的最大值原理的推导。

5.1.1.2　最优解充分性条件

以上讨论了最优解的必要条件，与前面的静态最优化理论相似，在一般情况下，并不能保证这些必要条件也是充分条件，但如果动态最优化问题中的相关函数满足某些凸性，则最大值原理的必要条件可以成为最优解的充分条件。以下介绍的充分性条件是经济学家 Arrow 推导出的定理。

考虑简单的最优控制问题如下：

(OCP-2) $$\min: \int_{t_0}^{t_1} f(t, x(t), u(t)) \, dt$$

s. t.： $$\dot{x}(t) = \Phi(t, x(t), u(t)), \quad x(t_0) = x_0$$
$$u(t) \in U$$

此处相关符号的意义与前节相同。另，在这里没有给出关于 $x(t_1)$ 的约束，即表示 $x(t_1)$ 自由，以下同理。

根据前节的分析，此时，最大值原理的必要性条件如下：

$$H(t, x^*(t), u^*(t), p(t)) = \max_{u \in U} H(t, x^*(t), u, p(t)) \tag{5.1.8}$$

$$\dot{p}(t) = -H_x(t, x^*(t), u^*(t), p(t)) \tag{5.1.9}$$

$$p(t_1) = 0 \tag{5.1.10}$$

其中，Hamilton 函数为：

$$H(t, x, u, p) = p^T \Phi(t, x, u) - f(t, x, u)$$

上述必要性条件在加上以下定理的补充设定下也是最优解的充分条件。

【定理 5.1.2】（Arrow 充分性定理）

设 (x^*, u^*) 为上述最优控制问题（OCP-2）的可行控制过程，如果存在满足条件(5.1.8)(5.1.9)和(5.1.10)的向量值函数 $p(\cdot)$，且以下函数

$$\bar{H}(t, x, p(t)) = \max_{u \in U} H(t, x, u, p(t))$$

存在并关于 x 为（严格）凹，① 则 (x^*, u^*) 为问题（OCP-2）的（唯一）最优解。

证明 设 (x, u) 为任一可行控制过程，比较 (x, u) 与 (x^*, u^*) 的目标值，

$$\int_{t_0}^{t_1} f(t, x(t), u(t)) dt - \int_{t_0}^{t_1} f(t, x^*(t), u^*(t)) dt$$

$$= \int_{t_0}^{t_1} (H(t, x^*, u^*, p) - p^T \dot{x}^*) dt - \int_{t_0}^{t_1} (H(t, x, u, p) - p^T \dot{x}) dt$$

$$= \int_{t_0}^{t_1} (H(t, x^*, u^*, p) - H(t, x, u, p)) dt - \int_{t_0}^{t_1} (p^T \dot{x}^* - p^T \dot{x}) dt$$

由定义可知，$H(t, x^*, u^*, p) = \bar{H}(t, x^*, p)$，$H(t, x, u, p) \leqslant \bar{H}(t, x, p)$，同时，对上式第二项进行分部积分并利用端点条件和横截性条件可得：

上式

$$\geqslant \int_{t_0}^{t_1} (\bar{H}(t, x^*, p) - \bar{H}(t, x, p)) dt + \int_{t_0}^{t_1} (\dot{p}^T x^* - \dot{p}^T x) dt$$

$$\geqslant \int_{t_0}^{t_1} \alpha^T (x^* - x) dt + \int_{t_0}^{t_1} \dot{p}^T (x^* - x) dt := \Delta$$

其中，$\alpha \in \partial_x \bar{H}(t, x^*, p)$，$\partial_x \bar{H}$ 为 $\bar{H}$ 的亚微分（参阅附录Ⅱ的 A.3）。

注意到对任一固定的点 $t \in [t_0, t_1]$ 有以下成立：

$$g(x) := H(t, x^*, u^*, p) - H(t, x, u^*, p) - \alpha^T (x^* - x)$$

---

① 在上述问题中，若 U 为凸集合，H 关于 (x, u) 为凹，则 $\bar{H}$ 关于 x 是凹的。

$$\geqslant \bar{H}(t,x^*,p) - \bar{H}(t,x,p) - \alpha^T(x^* - x) \geqslant 0$$

即 $g(x)$ 在 x^* 处取得最小值，因为在定理条件中隐含 H 在 x^* 处是可微的，故 g 在 x^* 处也可微，所以，

$$g_x(x^*) = -H_x(t,x^*,u^*,p) + \alpha = 0$$

故，$\alpha = H_x = -\dot{p}$。由此得 $\Delta = 0$，则以上比较过程证明了 (x^*,u^*) 为最小解。此外，如果 $\bar{H}$ 为 x 的严格凹函数，则上述比较过程中最后的不等号为严格不等号，即表明 (x^*,u^*) 为唯一的最小解。□

与 Arrow 充分条件不同的还有 Mangasarian 充分条件等（在此不作介绍），但 Arrow 充分条件的要求比 Mangasarian 充分条件的要求更宽松一些。在 Mangasarian 充分条件中，要求相关函数对控制变量也是连续可微的。我们将在下一节讨论无限时域问题时介绍 Mangasarian 充分条件。

5.1.2 最大值原理的求解应用例

以上最大值原理给出了最优解必须满足的条件。一般情况下，根据最大值原理所包含的必要条件并不能保证可以求出最优解。但对部分简单的最优控制问题有时可以利用上述最大值原理进行求解。为使读者对上述最大值原理及其运用有进一步的直观认识，以下我们给出两个计算例。在这些例子中，首先根据最优解的必要条件求出可能的最优解，而后再利用充分条件进一步判断其是否为最优解。

例 5.1.1 求解以下（无控制变量集合约束）最优控制问题：

$$\max: \int_0^1 [x(t) + u(t)] dt$$

s.t.：
$$\dot{x}(t) = 1 - u^2(t), \quad x(0) = 1$$

解 依据上述定理 5.1.1，如果存在最优解，可设 Hamilton 函数如下：①

$$H = p(1 - u^2) + x + u$$

此时，满足以下最优性条件：

$$\dot{p} = -H_x = -1 \tag{*1}$$

$$H_u = 1 - 2pu = 0 \tag{*2}$$

---

① 该问题是求最大化问题，为直接利用前述定理，可化为求其目标函数值相反数的最小化问题。因此，对应最小化问题中的 Hamilton 函数为 $H = p^T \Phi(t,x,u) - \lambda f(t,x,u)$，最大化问题中的 Hamilton 函数一般设为 $H = p^T \Phi(t,x,u) + \lambda f(t,x,u)$。本书后述相关问题的处理同理。

$$p(1) = 0 \qquad (*3)$$

由（*1）和（*3）可推导出：

$$p(t) = 1 - t$$

将其代入（*2）可得，最优控制必须满足

$$u^*(t) = \frac{1}{2(1-t)} \qquad (*4)$$

由此，从约束条件的微分方程可知，最优状态变量满足

$$\dot{x} = 1 - \frac{1}{4(1-t)^2}$$

解此微分方程，再利用端点条件，$x(0)=1$，可得：

$$x^*(t) = t - \frac{1}{4(1-t)} + \frac{5}{4} \qquad (*5)$$

以上即根据最优解的必要条件解出唯一可能的最优解(x^*, u^*)。

进一步地，此时充分性定理中的$\bar{H}$函数如下：

$$\bar{H}(t, x, p(t)) = \max_u [p(t)(1-u^2) + u] + x$$

该函数关于x为线性，所以也是凹的，根据上述最优解充分条件的定理5.1.2，可判断（*4）和（*5）的(x^*, u^*)为最优解。 □

例 5.1.2 求解以下含集合约束的最优控制问题：

$$\min \int_0^2 [3u(t) - 2x(t)] \mathrm{d}t$$

s. t. ：

$$\dot{x}(t) = x(t) + u(t), \quad x(0) = 4$$

$$u(t) \in [0, 2]$$

解 根据定理5.1.1，如果有最优解，可设Hamilton函数如下：

$$H = p(x+u) - 3u + 2x = (2+p)x + (p-3)u$$

其中，协态变量p满足最优性条件的协态方程：

$$\dot{p} = -H_x = -(2+p)$$

由此可得：

$$p(t) = ce^{-t} - 2, \quad c \text{ 为常数}$$

再由最优性条件的横截性条件，$p(2)=0$，可知：

$$p(t) = 2e^{2-t} - 2 \qquad (*1)$$

现在观察最大值条件，可知其隐含

$$(p(t) - 3)u^*(t) \geqslant (p(t) - 3)v, \quad \forall v \in [0, 2]$$

所以，当$p(t) > 3$时，$u^*(t) = 2$；当$p(t) < 3$时，$u^*(t) = 0$。

对(*1)求导可知，$\dot{p}=-2e^{2-t}<0$，即为 t 的严格单调递减函数，且 $p(0)=2(e^2-1)>3$，$p(2)=0$，故存在 $t^*\in(0,2)$，使得 $p(t^*)=3$，即 $t^*=2-\ln2.5$，此时最优控制满足

$$u^*(t)=\begin{cases}2, & t\in[0,t^*]\\ 0, & t\in(t^*,2]\end{cases}$$

将此代入约束条件的微分方程，$\dot{x}=x+u$，可得：

$$\dot{x}(t)=\begin{cases}x(t)+2, & t\in[0,t^*]\\ x(t), & t\in(t^*,2]\end{cases}$$

由于 $x(0)=4$，可知，当 $t\in[0,t^*]$ 时，

$$x^*(t)=2(3e^t-1)$$

当 $t\in(t^*,2]$ 时，

$$x^*(t)=ce^t$$

这里的 c 与 $x(t)$ 的连续性相关，当 $t=t^*$ 时，$2(3e^{t^*}-1)=ce^{t^*}$。

所以，

$$c=2(3-e^{-t^*})=2(3-e^{\ln2.5-2})$$

以上从最优性必要条件解出了唯一可能的最优解 (x^*,u^*)。

同样，此时可得 $\bar{H}$ 函数如下：

$$\bar{H}(t,x,p)=\begin{cases}(2+p)x+2(p-3), & p\geqslant 3\\ (2+p)x, & p<3\end{cases}$$

关于 x 为凹，根据充分条件，可知上述 (x^*,u^*) 为最优解。 □

5.1.3 最大值原理与变分法的最优性条件

与古典的变分法相比，最优控制理论能处理更广泛的动态优化问题。实际上，古典的变分法问题是最优控制问题的一个特例。我们可以从最大值原理出发，来推导前章讨论的变分法的最优性条件。

前章变分法问题（CVP-1）可写成以下最优控制形式：

$$\min: \int_{t_0}^{t_1}f(t,x(t),u(t))dt$$

s.t.：
$$\dot{x}(t)=u(t)$$
$$x(t_0)=x_0,\quad x(t_1)=x_1$$

设 $x^*(t)$ 为（CVP-1）的最优解，则 $u^*(t)=\dot{x}^*(t)$。根据最大值原理可知，此

时相对于该最优解，存在相应的乘子$(\lambda, p) \neq 0$，使得下述 Hamilton 函数：
$$H(t, x, u, p, \lambda) = p^{\mathrm{T}} u - \lambda f(t, x, u)$$
满足
$$\dot{p}(t) = -H_x \mid_{(x^*(t), u^*(t))} = \lambda f_x(t, x^*(t), u^*(t)) \quad (5.1.11)$$
$$p(t)^{\mathrm{T}} u^*(t) - \lambda f(t, x^*(t), u^*(t)) = \max_{u \in R^m} \{p(t)^{\mathrm{T}} u - \lambda f(t, x^*(t), u)\}$$
$$(5.1.12)$$

由 f 的可微性可知，(5.1.12)隐含
$$H_u \mid_{(x^*(t), u^*(t))} = p(t) - \lambda f_u(t, x^*(t), u^*(t)) = 0 \quad (5.1.13)$$
由此式可知，λ 若为 0，则 p 也为 0，故 λ 不为 0，可设为 1。

现在，根据(5.1.11)式和(5.1.13)式可得：
$$\frac{\mathrm{d}}{\mathrm{d}t} f_u(t, x^*(t), u^*(t)) = f_x(t, x^*(t), u^*(t))$$

注意到 $u = \dot{x}$，代入即有：
$$\frac{\mathrm{d}}{\mathrm{d}t} f_u(t, x^*(t), \dot{x}^*(t)) = f_x(t, x^*(t), \dot{x}^*(t))$$

此式即前章的 Euler 方程。

同时，从(5.1.12)式可直接推导出：
$$p(t)^{\mathrm{T}} (u^*(t) - u) - f(t, x^*(t), u^*(t)) + f(t, x^*(t), u) \geqslant 0$$

再利用(5.1.13)式的结论，即有：
$$f(t, x^*(t), u) - f(t, x^*(t), u^*(t)) - f_u(t, x^*(t), u^*(t))^{\mathrm{T}} (u - u^*(t)) \geqslant 0$$

此式即 Weierstrass 条件。

另外，(5.1.12)式还隐含二阶最优性条件：
$$H_{uu} \mid_{(x^*(t), u^*(t))} = -f_{uu}(t, x^*(t), u^*(t)) \text{ 非正定}$$

此即为 Legendre 条件。

另一方面，当不存在控制变量的集合约束时，最优控制问题也可以作为变分问题来处理，可以用变分法的 Euler 方程推导最大值原理。

考虑以下最优控制问题，该最优控制问题也是经济学中常见的形式：
$$\min: \int_{t_0}^{t_1} f(t, x(t), u(t)) \mathrm{d}t$$
s.t.:
$$\dot{x}(t) = \Phi(t, x(t), u(t))$$
$$x(t_0) = x_0$$

其中，终端时刻固定，但终端值无约束。设该问题满足 4.2 节的含微分方程约束的变分问题定理 4.2.2 的设定。

由定理 4.2.2 可知，此时对应于最优解 (x^*,u^*) 存在向量值函数 $p(t)$，使得 Lagrange 函数：
$$L(t,x,u,\dot{x},p) = f(t,x,u) + p^T[\dot{x} - \Phi(t,x,u)]$$
满足 Euler 方程（4.2.3），即满足
$$L_x = f_x(t,x^*,u^*) - p^T\Phi_x(t,x^*,u^*) = \frac{d}{dt}L_{\dot{x}} = \dot{p}$$
$$L_u = f_u(t,x^*,u^*) - p^T\Phi_u(t,x^*,u^*) = \frac{d}{dt}L_{\dot{u}} = 0$$
设 Hamilton 函数为：
$$H(t,x,u,p) = p^T\Phi(t,x,u) - f(t,x,u)$$
即可得：
$$\dot{p} = -H_x(t,x^*,u^*,p)$$
$$H_u(t,x^*,u^*,p) = 0$$
此即定理 5.1.1 的（5.1.5）式和（5.1.6）式的变形。

此外，变分法定理 4.2.3 的横截性条件实际上对上述含约束条件变分问题的 Lagrange 函数也成立，即在 t_1 固定、$x(t_1)$ 自由的情况下，
$$L_{\dot{x}}(t,x^*,\dot{x}^*)|_{t=t_1} = 0$$
此式即为横截性条件 $p(t_1)=0$。

5.2 最大值原理的若干扩展

5.2.1 可变终端时刻的问题

现在简单讨论终端时刻也可以自由选择的问题。考虑 5.1 节的最优控制问题（OCP-2），此处假设终端时刻 t_1 也可以自由选择，则此时的最优解除了控制过程 (x^*,u^*) 之外，还要包含最优区间 $[t_0,t_1^*]$，对可变终端问题有以下关于最优性条件的定理。

【定理 5.2.1】（自由终端时刻的最大值原理）

设 $([t_0,t_1^*],(x^*,u^*))$ 为自由终端时刻的最优控制问题（OCP-2）的最优解，则存在向量值函数 $p(t)$ 使得（5.1.8）式、（5.1.9）式、（5.1.10）式和下式成立：
$$H(t_1^*,x^*(t_1^*),u^*(t_1^*),p(t_1^*)) = 0$$
此处，$H(t,x,u,p) = p^T\Phi(t,x,u) - f(t,x,u)$。

此定理的证明可以像定理 5.1.1 在附录 I 中的证明一样,利用变分的思想。在定理 5.1.1 的证明中,我们考虑了最优控制变量 u^* 的一个微小变分,在自由终端时刻问题中,如同前章的可动边界变分法问题,我们必须加上终端的变化,本书不展开详细的推导(详细可参阅:Ioffe and Tihomirov,1979;王朝珠、秦化淑,2003)。

5.2.2 带不等式约束的最优控制问题

以下介绍带其他约束条件的最优控制问题的最大值原理。我们也只给出主要结论,相关内容的详细探讨可进一步参阅 Hestenes(1966)、Takayama(1985)、Seierstad and Sydsaeter(1987) 等。

先考虑以下带一般函数形式的混合(状态和控制的混合)不等式约束的问题:

(OCP-3) $$\min : \int_{t_0}^{t_1} f(t, x(t), u(t)) \mathrm{d}t$$

s. t. :
$$\dot{x}(t) = \Phi(t, x(t), u(t)), \quad x(t_0) = x_0$$
$$g(t, x(t), u(t)) \leqslant 0$$

其中,$g: R \times R^n \times R^m \to R^r$,$f$ 与 Φ 等相关符号的意义与前述问题相同。必须注意的是,此处考虑的混合约束必须包含控制变量,不包含控制变量的约束称为纯状态约束,纯状态约束的情况更复杂,本书不涉及。

在一定的设定下,比如,设 f、Φ、g 关于其所有变量为连续可微,g 关于控制变量 u 为凸,可以将 5.1 节的最大值原理扩展如下:

【定理 5.2.2】

在上述函数设定下,如果 (x^*, u^*) 为最优控制问题(OCP-3)的最优解,则存在满足以下条件的向量值函数 $p(\cdot), q(\cdot)$:

$$\dot{p}(t) = -\mathcal{H}_x(t, x^*(t), u^*(t), p(t), q(t))$$
$$p(t_1) = 0$$
$$\mathcal{H}_u(t, x^*(t), u^*(t), p(t), q(t)) = 0$$
$$q(t)^{\mathrm{T}} g(t, x^*(t), u^*(t)) = 0, \quad q(t) \geqslant 0$$

此处扩展的 Hamilton 函数包含不等式约束,设为:

$$\mathcal{H}(t, x, u, p, q) = p^{\mathrm{T}} \Phi(t, x, u) - q^{\mathrm{T}} g(t, x, u) - f(t, x, u)$$

上述不等式约束中，函数"g 对 u 为凸"的设定相当于非线性规划问题中的关于不等式约束的约束规范。该条件也可以用其他条件替代，比如，在最优解处，有效的（binding）不等式约束中的函数关于 u 的梯度是线性独立的，即 $\nabla_u g_i(t, x^*, u^*), i \in \{i | g_i(t, x^*(t), u^*(t)) = 0\}$ 是线性独立的。

现在观察带积分不等式（泛函不等式）约束的最优控制问题：

(OCP-4) $\quad\quad\quad \min: \int_{t_0}^{t_1} f(t, x(t), u(t)) dt$

s.t.：$\quad\quad \dot{x}(t) = \Phi(t, x(t), u(t)), \quad x(t_0) = x_0$

$$\int_{t_0}^{t_1} h(t, x(t), u(t)) dt \leqslant 0 \tag{5.2.1}$$

其中，$h: R \times R^n \times R^m \to R^l$，$f, \Phi$ 的定义与同上。

一般情况下，积分约束较容易处理，该问题中的积分不等式约束实际上可以转换为状态方程及其端点条件。设

$$z(t) = \int_{t_0}^{t} h(\tau, x(\tau), u(\tau)) d\tau$$

则约束条件(5.2.1)可以替换为：

$$\dot{z}(t) = h(t, x(t), u(t)), \quad z(t_0) = 0, \quad z(t_1) \leqslant 0$$

如此，(OCP-4)即可转化为无不等式约束问题。在 f、Φ 和 h 的相关连续性和可微性的设定下，如在较强的 f、Φ、h 关于其所有变量为连续可微的假设下，利用定理 5.1.1 的最大值原理可推导出以下结论：

【定理 5.2.3】

在上述函数性质设定下，如果 (x^*, u^*) 为最优控制问题（OCP-4）的最优解，则存在向量 $(\mu_0, \mu) \in R \times R^l$ 和向量值函数 $p(\cdot)$，$(\mu_0, \mu, p) \neq 0$，使得：

$$\dot{p}(t) = -\mathcal{H}_x(t, x^*(t), u^*(t), p(t), \mu)$$

$$p(t_1) = 0$$

$$\mathcal{H}_u(t, x^*(t), u^*(t), p(t), \mu) = 0$$

$$\int_{t_0}^{t_1} \mu^T h(t, x^*(t), u^*(t)) dt = 0, \quad \mu \geqslant 0$$

此处 Hamilton 函数为：

$$\mathcal{H}(t, x, u, p, \mu_0, \mu) = p^T \Phi(t, x, u) - \mu^T h(t, x, u) - \mu_0 f(t, x, u)$$

5.3 无限时域的最优控制问题

5.3.1* 无限时域的最优控制问题①

5.3.1.1 无限时域最优控制问题最优解的讨论

以上论及的最优控制问题均是在有限时域上的问题。在经济学分析中,特别是考察长期的经济增长问题时,经常需要考虑无限时域(无限视野)(infinite horizon)的问题。本节讨论无限时域的最优控制问题。为了简便,我们着眼于经济学中常用的比较简单的形式:

(OCP-5) $$\min: \int_0^\infty f(t, x(t), u(t)) \mathrm{d}t$$

s.t.:
$$\dot{x}(t) = \Phi(t, x(t), u(t)) \tag{5.3.1}$$
$$x(0) = x_0$$
$$u(t) \in U \tag{5.3.2}$$

无限时域问题涉及广义积分,为使问题有意义,必须考虑目标泛函广义积分的存在性问题。在探讨经济学问题时,通常在目标泛函中加入贴现因素 $\mathrm{e}^{-\theta t}$,此时若 f 对可行控制过程是有界的,如设 $|f(t, x, u)| \leqslant K$,则

$$\int_0^\infty |f(t, x(t), u(t))| \mathrm{e}^{-\theta t} \mathrm{d}t \leqslant \int_0^\infty K \mathrm{e}^{-\theta t} \mathrm{d}t = \frac{K}{\theta}$$

它保证了目标泛函的广义积分存在。若对任何可行的控制过程,目标泛函均存在,则以上论及的最优性条件(除了横截性条件)也适用于无限时域问题。

但一般情况下无法要求目标泛函对所有可行控制过程都有意义。为此,本节主要介绍几种一般设定下的关于无限时域问题的最优解定义,并在这些最优解定义的基础上讨论最优性条件。

首先引入如下含时间参数 T 的泛函:

$$J^T(x(\cdot), u(\cdot)) := \int_0^T f(t, x(t), u(t)) \mathrm{d}t$$

【定义 5.3.1】(无限时域问题的最优解定义)

设 (x^*, u^*) 为(OCP-5)一可行控制过程。

---

① 本节的最优性定义涉及上、下极限问题,初学者可以略过,可简单了解最优解的相关条件,即定理 5.3.2 和定理 5.3.3。

① 如果
$$J^{\infty}(x^*(\cdot),u^*(\cdot)) = \lim_{T\to\infty}J^T(x^*(\cdot),u^*(\cdot)) < \infty$$
且对(OCP-5)的所有可行控制过程(x,u),
$$J^{\infty}(x^*(\cdot),u^*(\cdot)) \leqslant \varliminf_{T\to\infty}J^T(x(\cdot),u(\cdot)) \qquad (5.3.3)①$$
成立,则称(x^*,u^*)为(OCP-5)的强性最优(strongly optimal)。

② 如果(5.3.3)式未必成立,但下式:
$$\varlimsup_{T\to\infty}[J^T(x^*(\cdot),u^*(\cdot)) - J^T(x(\cdot),u(\cdot))] \leqslant 0 \qquad (5.3.4)$$
对(OCP-5)的所有可行控制过程(x,u)成立,则称(x^*,u^*)为(OCP-5)的超越性最优(overtaking optimal)。根据上极限定义,上述定义等价于:

"$\forall \varepsilon > 0, \exists T^* = T^*(\varepsilon,u(\cdot))$, s.t. (such that) $\forall T > T^*$
$\Rightarrow J^T(x^*(\cdot),u^*(\cdot)) < J^T(x(\cdot),u(\cdot)) + \varepsilon$"

③ 若②中的(5.3.4)式被换成下式:
$$\varliminf_{T\to\infty}[J^T(x^*(\cdot),u^*(\cdot)) - J^T(x(\cdot),u(\cdot))] \leqslant 0$$
对(OCP-5)的所有可行控制过程(x,u)成立,则称(x^*,u^*)为(OCP-5)的弱超越性最优(weakly overtaking optimal)。根据下极限定义,上述定义等价于:

"$\forall \varepsilon > 0, \forall T^*, \exists T = T(\varepsilon,T^*,u(\cdot)) > T^*$,
s.t. $J^T(x^*(\cdot),u^*(\cdot)) < J^T(x(\cdot),u(\cdot)) + \varepsilon$"

④ 若对任意的$T>0$,
$$J^T(x^*(\cdot),u^*(\cdot)) \leqslant J^T(x(\cdot),u(\cdot))$$
对所有在$[0,T]$上满足(OCP-5)控制约束(5.3.2)和状态方程(5.3.1)及端点条件$x(0)=x_0, x(T)=x^*(T)$的(x,u)成立,则称(x^*,u^*)为(OCP-5)的有限性最优(finitely optimal)。

定义 5.3.1 中的最优性由强到弱,即,①$\Rightarrow$②$\Rightarrow$③$\Rightarrow$④。其中①$\Rightarrow$②$\Rightarrow$③的推导如下(参阅附录Ⅱ的 A.2 中上下极限的性质):

由①的最优$\Rightarrow$
$$0 \geqslant \lim_{T\to\infty}J^T(x^*(\cdot),u^*(\cdot)) - \varliminf_{T\to\infty}J^T(x(\cdot),u(\cdot))$$
$$= \varlimsup_{T\to\infty}J^T(x^*(\cdot),u^*(\cdot)) + \varlimsup_{T\to\infty}[-J^T(x(\cdot),u(\cdot))]$$

---

① $\varliminf_{T\to\infty}\int_0^T f(t,x(t),u(t))\mathrm{d}t = \liminf_{T\to\infty}\left\{\int_0^S f(t,x(t),u(t))\mathrm{d}t \mid S \in [T,\infty)\right\}$。

$$\geqslant \overline{\lim_{T\to\infty}}[J^T(x^*(\cdot),u^*(\cdot))-J^T(x(\cdot),u(\cdot))] \quad \text{(ii) 的最优}$$

$$\geqslant \lim_{T\to\infty}[J^T(x^*(\cdot),u^*(\cdot))-J^T(x(\cdot),u(\cdot))] \quad \text{(iii) 的最优}$$

③⇒④从以下引理的证明可得。

【引理 5.3.1】 最优性原理

如果(OCP-5)的可行过程(x^*,u^*)是上述定义(i)—(iii)中任一意义上的最优解，则对任意的$T>0$，在$[0,T]$上对所有满足控制约束(5.3.2)、状态方程(5.3.1)和端点条件$x(t_0)=x_0$，$x(T)=x^*(T)$的(x,u)下式成立：

$$J^T(x^*(\cdot),u^*(\cdot))\leqslant J^T(x(\cdot),u(\cdot))$$

即，(x^*,u^*)是有限性最优。

证明 假设该引理的结论对某个$\tilde{T}>0$不成立，即存在$(\tilde{x},\tilde{u})$满足上述引理中的约束，但

$$\int_0^{\tilde{T}} f(t,\tilde{x},\tilde{u})\mathrm{d}t < \int_0^{\tilde{T}} f(t,x^*,u^*)\mathrm{d}t$$

故存在$\varepsilon_0>0$，使得：

$$\int_0^{\tilde{T}} f(t,\tilde{x},\tilde{u})\mathrm{d}t + \varepsilon_0 < \int_0^{\tilde{T}} f(t,x^*,u^*)\mathrm{d}t$$

设（注意到这里$\tilde{x}(\tilde{T})=x^*(\tilde{T})$）

$$(\bar{x}(t),\bar{u}(t)) = \begin{cases} (\tilde{x}(t),\tilde{u}(t)) & t\in[0,\tilde{T}) \\ (x^*(t),u^*(t)) & t\in[\tilde{T},\infty) \end{cases}$$

则有，对任意的$T\geqslant \tilde{T}$，

$$\int_0^{\tilde{T}} f(t,\bar{x},\bar{u})\mathrm{d}t + \varepsilon_0 + \int_{\tilde{T}}^T f(t,\bar{x},\bar{u})\mathrm{d}t < \int_0^{\tilde{T}} f(t,x^*,u^*)\mathrm{d}t + \int_{\tilde{T}}^T f(t,x^*,u^*)\mathrm{d}t$$

即：

$$\int_0^T f(t,\bar{x},\bar{u})\mathrm{d}t + \varepsilon_0 < \int_0^T f(t,x^*,u^*)\mathrm{d}t$$

成立。此与(x^*,u^*)为定义①—③中的任一意义上的最优性矛盾。所以，引理5.3.1成立。 □

5.3.1.2 无限时域最优控制问题的最优性条件

在上述引理的基础上，可以推导出无限时域最优控制问题的最大值原理。它是有限区间最大值原理的扩展。

第 5 章 最优控制基础理论与应用

【定理 5.3.2】（无限时域的最大值原理）

设（OCP-5）的一可行过程(x^*,u^*)为定义 5.3.1 中任一意义上的最优解，则存在$\lambda\geqslant 0\in R$和向量值函数$p(\cdot):[0,\infty)\to R^n$，且$\lambda$、$p$不同时为零，使得以下成立：

$$\dot{p}(t)=-H_x(t,x^*(t),u^*(t),p(t),\lambda) \tag{5.3.5}$$

$$H(t,x^*(t),u^*(t),p(t),\lambda)=\max_{u\in U}H(t,x^*(t),u,p(t),\lambda) \tag{5.3.6}$$

其中，H为 Hamilton 函数，$H(t,x,u,p,\lambda)=p^T\Phi(t,x,u)-\lambda f(t,x,u)$。

证明 在$[0,\infty)$上作严格递增数列$\{a_k\}$，当$k\to\infty$时，$a_k\to\infty$。则在$[0,a_k]$上，(x^*,u^*)在满足$x(a_k)=x^*(a_k)$的可行控制过程的范围内最优。根据有限区间的最大值原理（定理 5.1.1），存在不同时为 0 的$\lambda^k\geqslant 0$和$p^k(\cdot):[0,a_k]\to R^n$，使得在$[0,a_k]$上，

$$\dot{p}^k(t)=-H_x(t,x^*(t),u^*(t),p^k(t),\lambda^k) \tag{5.3.7}$$

$$H(t,x^*(t),u^*(t),p^k(t),\lambda^k)=\max_{u\in U}H(t,x^*(t),u,p^k(t),\lambda^k) \tag{5.3.8}$$

此问题中的$(\lambda^k,p^k)\neq 0$等价于$(\lambda^k,p^k(0))\neq 0$[①]。单位化后，可设$\|(\lambda^k,p^k(0))\|=1$，这样就可以在有界的数列$\{\lambda^k\}$和$\{p^k(0)\}$中找出收敛子列，使得$\lim\limits_{j\to\infty}\lambda^j=\lambda$，$\lim\limits_{j\to\infty}p^j(0)=p_0$且$\|(\lambda,p_0)\|=1$

设$p(\cdot)$为区间$[0,\infty)$上，

$$\dot{p}(t)=-H_x(t,x^*(t),u^*(t),p(t),\lambda)$$

$$p(0)=\lim_{j\to\infty}p^j(0)=p_0$$

的解。由微分方程理论可知，该解存在且唯一，且从H的连续性和可微性知$p(\cdot)$是连续分段可微的。即存在p，λ满足(5.3.5)式。

因为 Hamilton 函数关于λ^k，p^k是线性的，初期点$p^k(0)$和λ^k分别收敛于p_0和λ，根据微分方程的解对初期值和参数的连续依赖性，可知对任一的$t\in[0,\infty)$，有$\lim\limits_{j\to\infty}p^j(t)=p(t)$，所以从(5.3.8)式可以推导出对任一的$t\in[0,\infty)$，等式(5.3.6)成立。定理得证。 □

在上述无限时域最优控制问题中，自由终端问题也并不能像前述有限区间自

[①] 若$(\lambda^k,p^k(0))=0$，由(5.3.7)可推导出$p^k(\cdot)=0$，所以$(\lambda^k,p^k(\cdot))\neq 0\Rightarrow(\lambda^k,p^k(0))\neq 0$。显然反向成立，所以$(\lambda^k,p^k(\cdot))\neq 0$与$(\lambda^k,p^k(0))\neq 0$等价。

由终端最优控制问题一样，可推导出 $\lambda \neq 0$ 和横截性条件 $\lim\limits_{t\to\infty} p(t) = 0$。特别是关于横截性条件，Halkin（1974）等给出了不成立的反例，蒋中一（1999）也讨论了横截性条件的反例问题。一般而言，为使目标函数的 Hamilton 系数不为零且横截性条件成立需要其他补充设定。Benveniste 和 Scheinkman（1982）等讨论了满足相关凸性设定下的横截性条件。

而在经济学的理论模型中，通常可从最优性条件直接判断出 $\lambda \neq 0$，由此也通常省略对 $\lambda \neq 0$ 的讨论。同时，经济学相关理论分析的主要结论主要利用一阶最优性条件与约束条件，横截性条件等端点条件主要用于保证最优化问题解的存在性与唯一性等更严格的讨论，限于篇幅和本书的主要目的，在此对横截性不展开更深入的探讨。由于在多数经济学应用范例中通常考虑了时间贴现因素并满足相关凸性和其他设定，因此可以保证相关横截性条件是成立的，如在后续的经济学增长模型范例中，协态变量与状态变量乘积形式的横截性条件通常是成立的，即 $\lim\limits_{t\to\infty} p(t)x(t) = 0$ 成立。关于经济学应用中横截性条件的进一步讨论（包括以上文献），可参阅更有针对性的经济增长分析相关专业书籍，如 Barro 和 Sala-I-Martin（2004）和 Acemoglu（2009）的数学附录或预备知识部分。

进一步，与有限区间的问题相似，上述无限区间问题在加上相关的凸性假设之后，也可以导出最优性充分条件，此时，相关横截性条件的假设是必需的。以下只介绍 Mangasarian 型充分条件，Arrow 型充分性条件也可从前述有限区间最优控制问题的 Arrow 充分条件扩张而得。

【定理 5.3.3】（最优性充分条件）

在（OCP-5）原有的关于函数设定的基础上，设 f 与 Φ 关于 u 也是连续可微的，U 为凸集。设 (x^*, u^*) 为一可行过程，若存在 $\lambda = 1$，以及向量值函数 $p(\cdot): [0, \infty) \to R^n$，使得定理 5.3.2 的 Hamilton 函数满足（5.3.5）式和（5.3.6）式，并且 $H(t, x, u, p, \lambda)$ 关于 (x, u) 是凹的，对任一可行的 $x(\cdot)$ 有：
$$\varlimsup_{t\to\infty} p(t)(x^*(t) - x(t)) \leqslant 0$$
则 (x^*, u^*) 为（OCP-5）的超越最优解。特别是若 $H(t, x, u, p, \lambda)$ 关于 (x, u) 的凹性是严格的，则最优解唯一。

证明 设 (x, u) 为任意的可行过程，对任意 $T \in [0, \infty)$，

$$D(T) := \int_0^T (f(t,x^*(t),u^*(t)) - f(t,x(t),u(t))) \mathrm{d}t$$

$$= \int_0^T (H(t,x,u,p) - H(t,x^*,u^*,p) - (p^T\dot{x} - p^T\dot{x}^*)) \mathrm{d}t$$

$$\leqslant \int_0^T (H_x(t,x^*,u^*,p)^T(x-x^*) + H_u(t,x^*,u^*,p)^T(u-u^*)) \mathrm{d}t$$

$$- \int_0^T (p^T\dot{x} - p^T\dot{x}^*) \mathrm{d}t \quad (由 H 的凹性可得)$$

$$= \int_0^T (-\dot{p}^T(x-x^*) + H_u(t,x^*,u^*,p)^T(u-u^*)) \mathrm{d}t - \int_0^T p^T(\dot{x}-\dot{x}^*) \mathrm{d}t$$

$$=: \Delta$$

此处无法保证 $H_u(t,x^*,u^*,p) = 0$,因为无法保证 u^* 为 U 的内点。但 (5.3.6)式保证 $H_u(t,x^*,u^*,p)^T(u-u^*) \leqslant 0$。于是有:

$$\Delta \leqslant \int_0^T -\dot{p}^T(x-x^*) \mathrm{d}t - \int_0^T p^T(\dot{x}-\dot{x}^*) \mathrm{d}t = p(T)(x^*(T)-x(T))$$

(对第一项进行分部积分,并利用状态的初期条件)

所以由 $\varlimsup_{T\to\infty} p(t)(x^*(T)-x(T)) \leqslant 0$,可以保证 $\varlimsup_{T\to\infty} D(T) \leqslant 0$,即 (x^*,u^*) 为 (OCP-5) 的超越最优解。 □

此外,以上无限时域最优控制问题加上 5.2 节讨论的不等式约束后,除了横截性条件外,5.2 节的相关结论也成立。

5.3.2 最优经济增长分析中的应用例

例 5.3.1 Ramsey 增长模型的最优增长路径分析

绪论中已经提到,古典的最优经济增长模型应是最大值原理在经济学中最著名的应用。最优增长模型也被称为 Ramsey 增长模型或 Ramsey-Cass-Koopmans 模型。它的原型是 Ramsey(1928)[①] 的动态资源最优配置模型,然而由于 Ramsey 的动态分析思想及其数学处理方法过于超前,其模型当时并未受到重视和应用。直到 20 世纪 60 年代经济增长研究兴起,才由 Koopmans 和 Cass 等人把 Ramsey 的原模型发展为最优经济增长模型,该模型也可以用来表述竞争市场的动态一般均衡,由此也成为现代宏观经济动态分析的基准框架。显然,该模型的广泛推广

---

① 包括该文献在内,本书中所谈到的关于经济增长的文献均在经济增长的代表性论著 Aghion 和 Howitt(2009) 中有所讨论,本书参考文献中仅列举部分关联文献,其他文献恕不一一列出。

也离不开相关动态最优化数学理论，特别是最大值原理等理论的快速发展与普及。关于增长模型中动态优化与均衡的结合，我们将在第 7 章展开详细论述。这里主要利用上述最大值原理，分析表述为最优控制问题的最优解的计划最优增长路径的特征。①

以下首先对生产函数的设定进行说明。设宏观生产函数为：

$$Y(t) = F(K(t), N(t))$$

其中，K 为资本存量，N 为劳动投入（在宏观设定下也可理解为人口量）。如果考虑人均资本存量 $k(t) := K(t)/N(t)$，则在生产函数是线性齐次（规模收益不变）的设定下，可得人均量的生产函数如下：

$$\frac{Y}{N} = \frac{1}{N}F(K, N) = F\left(\frac{K}{N}, 1\right) =: f(k)$$

在产出的分配为 $\dot{K} = Y - C$ 的设定下，其中 $\dot{K}$ 为资本存量的瞬间变化量，C 为消费，可知人均量的资源配置为：

$$\dot{k} = \frac{\dot{K}N - \dot{N}K}{N^2} = \frac{\dot{K}}{N} - \frac{\dot{N}}{N} \cdot \frac{K}{N} = \frac{Y}{N} - \frac{C}{N} - \frac{\dot{N}}{N} \cdot \frac{K}{N} = f(k) - c - nk$$

其中，$n := \dot{N}/N$ 表示人口增长率，以下设为常数；$c := C/N$ 表示人均消费量；同时，不考虑资本的损耗；并假设生产函数满足如下稻田条件：

$$f'(k) > 0, \quad f''(k) < 0, \quad f'(0) = \infty, \quad f'(\infty) = 0。$$

在上述设定下，以下讨论绪论中提到的理想的跨期资源最优配置计划，即最优增长路径的性质。

如绪论中例 0.3 所讨论的，设经济由众多同样的家庭（也可以理解为个人）组成。设想由一全能的计划者在上述资源约束下选择最优的消费与资本增长路径以最大化个人的跨期消费总效用。如此最优选择问题可以表示为如下最优控制模型：

$$\max_{(c,k)} \int_0^\infty U(c(t)) e^{-\theta t} dt \qquad (*1)②$$

s.t.：
$$\dot{k}(t) = f(k(t)) - c(t) - nk(t) \qquad (*2)$$

---

① 古典的 Ramsey 模型也可以作为变分法问题处理，但在这里我们将利用目前应用更普遍的最大值原理展开讨论。

② 关于目标函数的设定，也有加入人口增长因素，考虑人口总效用的情况，如将目标函数设定为：$U(c(t))N(t)e^{-\theta t}$，标准化初期人口为 1 时，则 $N(t) = e^{nt}$，如此目标函数可设定为：$U(c(t))e^{-(\theta-n)t}$。但如此设定差异并不影响最优增长路径的基本特征。

$$k(0) = k_0 \qquad (*3)$$

这里通常设(*1)中的效用函数 $U(\cdot)$ 满足 $U'(c)>0$，$U''(c)<0$，即边际效用为正，但递减。θ 表示时间偏好率或主观贴现率，为正的常数。(*1)为消费效用的现值总和。(*2)即上述资源配置约束，同时，生产函数的设定也体现了技术的约束。(*3)为初期的资本存量限制。在此问题中，c 为控制变量，k 为状态变量，该问题的最优解也称为最优增长路径，与绪论中所述的不同之处仅在于多考虑了人口的自然增长。以下通过分析最优性条件来考察最优经济增长路径的特征。

根据前面讨论的最大值原理，如存在最优解，则存在对应的 Hamilton 乘子，$\lambda \geqslant 0$，$p(\cdot)$，且 λ、p 不同时为 0，使得 Hamilton 函数[①]

$$H(t,c,k,p) = \lambda U(c)e^{-\theta t} + p(f(k) - c - nk)$$

满足以下一阶最优性条件：

$$-\dot{p}(t) = H_k(t,k(t),c(t),p(t)) = p(t)(f_k(k(t)) - n) \qquad (*4)$$

$$H_c = \lambda U_c(c(t))e^{-\theta t} - p(t) = 0 \qquad (*5)$$

(*5)意味着 $\lambda \neq 0$，否则违反 λ、p 不同时为 0。因此，可设 $\lambda=1$。

综合(*4)和(*5)容易导出：

$$\frac{-\dot{p}(t)}{p(t)} = \frac{(-U_c(c(t))e^{-\theta t})'}{U_c(c(t))e^{-\theta t}} = f_k(k(t)) - n$$

进一步由此可得最优的消费增长率如下：

$$\frac{\dot{c}}{c} = -\frac{U_c}{U_{cc}c}(f_k(k) - n - \theta) \qquad (*6)[②]$$

此外，对该最优控制问题还有下述横截性条件也成立：

$$\lim_{t \to \infty} p(t)k(t) = \lim_{t \to \infty} U_c e^{-\theta t} k(t) = 0 \qquad (*7)$$

如此，消费和资本的最优增长路径 (c,k) 将由以上动态方程(*2)(*6)及其边界条件(*3)(*7)所决定。

现在观察这些数学表达式的经济学含义。上述 Hamilton 函数可理解为人均消费的效用和用效用单位测量的人均投资（资本增量）的归属价值之和，也就是用效用单位测量的人均国民生产值。一般称 p 为 k 的影子价格（p 隐含现值贴现），

[①] 同样地，这里的最优目标是最大化，而前面公式中是最小化，因此，Hamilton 函数中目标函数前的符号与公式中的相反。

[②] 这里为表述简便，省略了时间变量 t，在本书后续范例中，也将时间变量 t 省略。

它也代表 k 的边际贡献度（参阅第 6 章 6.1 节对 Hamilton 乘子的说明）。上述最优性条件 ($U_c e^{-\theta t} = p$) 表明：最优时，消费的边际效用应与资本的边际贡献相等。若消费的边际效用大于资本的边际贡献，则应减少投资，增加消费，反之则相反。

（*6）也称为 Keynes-Ramsey 规则，它解释了决定消费增长率的诸因素。从效用函数的特征可知，$\sigma(c) := -U_c/(U_{cc} c) > 0$。因此 (*6) 表明，当资本的边际收益较高时（反映为资本存量降低），经济增长较快，而人口增长率和主观贴现率对人均增长是负向影响。① 此外，$\sigma(c)$ 为边际效用关于消费的弹性的倒数，也表示消费的跨时替代弹性，② 当替代弹性较大时，表示容易为增加将来的消费而牺牲现在的消费。

关于横截性条件（*7），如前所述，虽然一般而言不是最优控制问题的最优解必要条件，但对上述最优增长问题而言，横截性条件是成立的。实际上，这里也可以从经济学含义来理解横截性条件，对（*2）两边乘以 p 并求积分，再利用 $-\dot{p} = p(f_k(k) - n)$ 可得：

$$\int_0^\infty p(t)c(t)\mathrm{d}t = p(0)k_0 + \int_0^\infty p(f(k) - kf_k(k))\mathrm{d}t - \lim_{t\to\infty} p(t)k(t)$$

该方程左边表示现值总消费，右边第一项表示同一价值标准的初期财富，第二项

---

① 如果目标函数考虑的是家庭人口总效用，则意味着家庭人口越多，效用越大，因此这种情况下将不会出现人口增长率的负向影响。

② 展开 $\sigma(c)$ 容易理解其直观经济学含义：

$$\sigma(c) := -\frac{U_c}{U_{cc}c} = \left(-\frac{U_{cc}c}{U_c}\right)^{-1} = \left(-\frac{\frac{\mathrm{d}U_c}{\mathrm{d}c} \cdot c}{U_c}\right)^{-1} = \left(-\frac{\frac{\mathrm{d}U_c}{U_c}}{\frac{\mathrm{d}c}{c}}\right)^{-1}$$

而异时点消费的替代弹性可理解为：

$$\sigma_{st}(c) = -\frac{\mathrm{d}(c_s/c_t)/(c_s/c_t)}{\mathrm{d}(p_s/p_t)/(p_s/p_t)}$$

其中，p_s 为 c_s 的价格，p_t 为 c_t 的价格。由于 $U'(c_s)/U'(c_t) = p_s/p_t$，所以，

$$\sigma_{st}(c) = -\frac{\mathrm{d}(c_s/c_t)/(c_s/c_t)}{\mathrm{d}(U'(c_s)/U'(c_t))/U'(c_s)/U'(c_t))}$$

设 $c_s = xc_t$，则有：

$$\sigma_{st}(c) = -\frac{\mathrm{d}x/x}{\mathrm{d}(U_c(xc_t)/U_c(c_t))/(U_c(xc_t)/U_c(c_t))} = -\frac{U_c(xc_t)/x}{U_{cc}(xc_t)c_t}$$

所以，当 $s \to t$ 时 $x \to 1$，

$$\lim_{s\to t}\sigma_{st}(c) = \lim_{x\to 1}\left(-\frac{U_c(xc_t)/x}{U_{cc}(xc_t)c_t}\right) = -\frac{U_c(c_t)}{U_{cc}(c_t)c_t}$$

即上述 $\sigma(c)$ 为消费的瞬间替代弹性。

表示劳动创造的现值总财富（总产出扣除资本收益，此时考虑初期财富用于消费，则生产必须借入资本）。最优时，现值总消费应等于现值的总财富，所以有 $\lim_{t \to \infty} p(t)k(t) = 0$。另，横截性条件也隐含到末期资本剩余的现值必须为0。

以下进一步分析最优增长路径（最优解）的特征。在稳定状态，即当 $\dot{c}=0$, $\dot{k}=0$ 时的 (c, k) 满足以上最优性条件。因此可以知道，最优增长路径将趋向这一稳定状态。稳定增长状态是分析长期经济增长的重点所在，以下主要围绕稳定状态展开分析。经济学中，通常利用如下 c 和 k 的动态位相图展开讨论（如此分析更为直观与简便）。

考虑稳定状态，即当 $\dot{c}=0$ 和 $\dot{k}=0$ 时所描述的曲线。消费的动态方程（*6）意味着 $\dot{c}=0$ 等价于 $f_k(k)=n+\theta$，由于曲线 $f(k)$ 是凹的，该曲线上斜率为 $n+\theta$ 的一点决定了 k 的唯一稳态值（常数）k^*。在图 5.3.1 中，$\dot{c}=0$ 表示为一条垂直线，它具有水平截距 k^*。资本的动态方程（*2）表明 $\dot{k}=0$ 等价于 $c=f(k)-nk$，在图 5.3.1 中，$c=f(k)-nk$ 表示为一向上凸的曲线。如此在动态图中，$\dot{c}=0$ 和 $\dot{k}=0$ 两条曲线的交点决定了 k 和 c 的稳态值 k^* 和 c^*。在此，由 $f_k(k^*)=n+\theta$ 决定的 k^* 也被称为修正的黄金规则，即修正了不考虑时间贴现率的 Solow 增长模型的黄金规则，$f_k(k)=n$，所决定的资本存量。

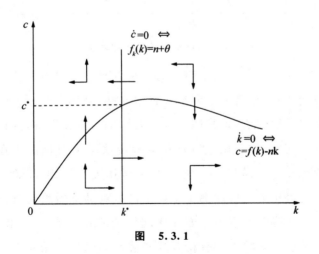

图 5.3.1

下面根据动态图来分析最优增长路径的动态特征。

直线 $\dot{c}=0$ 决定了 k 的稳态值 k^*，在该直线的左边 $k<k^*$，由 k 的边际收益递减可知 $f_k(k)>n+\theta$，此时（*6）意味着 $\dot{c}>0$，即消费将递增。同理可知，在直线 $\dot{c}=0$ 的右边有 $\dot{c}<0$，消费将递减。而在曲线 $\dot{k}=0$ 的上方，$c>f(k)-nk$，

由(*2)可知 $\dot{k}<0$，即资本存量递减。同理可得，在该曲线下方，$\dot{k}>0$，即资本存量递增。如此，直线 $\dot{c}=0$ 与曲线 $\dot{k}=0$ 把空间分为四部分，c 和 k 在各位置的变动方向如图5.3.1中的箭头方向所示。

设 $\dot{c}=0$ 与 $\dot{k}=0$ 的交点为 A。根据以上分析，最优经济增长路径如下图5.3.2所示，最优路径将必须是从某一始点 Q 出发趋向 A，而后停留在 A。其他路径或将趋向零消费，或趋向零资本存量状态，都不可能是最优路径。图5.3.2还表明，当初期资本存量小于最优稳态量时，初期消费也必须小于稳态的消费量，此时应节约消费，增加投资。相反，当初期资本量大于稳态量时，初期消费将高于稳态消费量，高消费将导致低投资，使资本存量降至最优的稳态量。

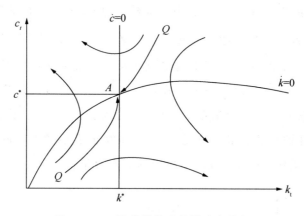

图5.3.2　最优增长路径的动态特征

以上分析结论的经济学含义是明显的，在生产技术没有发生变化时（体现为生产函数 f 没有变化），经济的长期增长将趋向稳定状态（人均产出、人均消费、和人均资本存量均为固定值），长期而言，人均量的增长率将趋向0。从以上分析的核心增长方程(*6)可知，出现零增长的稳定状态主要是由于在缺乏技术进步的情况下资本的边际产出递减，当资本增加到其边际产出 $f_k(k)$ 等于 $(n+\theta)$ 时，经济不再增长。这也从另一方面揭示了技术进步对经济增长的核心作用。　　□

上例也说明，经济学模型中对最优化问题的应用不在于求出具体的最优解，而主要在于依据对最优解特征的分析解释经济学问题。在第7章，我们将进一步解释以上最优增长路径与市场竞争机制下的均衡增长路径的一致性。显然，反映市场机制的均衡增长路径才是对经济增长更有现实意义的解释。

作为最大值原理的应用范例，以下再给出一个描述经济存在两个生产部门的最优增长的分析案例。

例 5.3.2　包含人力资本的两部门最优增长路径分析

在经济学意义上，上述新古典增长模型设定的资本边际产出递减将导致经济长期趋向零增长的稳定状态，因此无法解释现实中存在持续增长的经济现象，新增长理论因此提出了不同的理论解释。其中，Lucas（1988）等研究表明，如果考虑人力资本的作用，能够解释经济持续增长的现象。以下则主要根据 Rebelo（1990）模型展开讨论，这里同前例一样，只讨论被描述为单一最优控制问题的计划最优的增长模型，其最优解即为理想的最优增长路径。表述市场机制下的均衡增长路径将在第 7 章讨论。

此例中的经济生产体系分为两个生产部门：物质生产部门和人力资本生产部门。二者的生产均需投入物质资本与效率劳动（表示为人力资本水平与劳动时间的乘积）。

物质生产部门的生产函数设定为 $Y=A(vK)^\alpha(uH)^{1-\alpha}$，$A>0$，$0<\alpha<1$，均为常数，这是 Cobb-Douglas 型生产函数。① 其中，K 表示物质资本，v 为投入的比例。H 表示人力资本水平，u 为投入的时间（总量时间单位化为 1），uH 表示效率劳动。物质生产部门的产品将用于消费（表示为 C）和投资（转化为资本的增加量 $\dot{K}$）。

人力资本部门的生产函数为 $B[(1-v)K]^\beta[(1-u)H]^{1-\beta}$，其产出用以提升人力资本。这里也同样采用 Cobb-Douglas 生产函数形式，其中，$B>0$，$0<\beta<1$，均为常数。

如此，理想的最优增长路径（计划最优）可表述如下：

$$\max_{(C,u,v,K,H)}: \int_0^\infty \frac{C^{1-\sigma}-1}{1-\sigma} e^{-\theta t} dt$$

s.t.：

$$\dot{K} = A(vK)^\alpha(uH)^{1-\alpha} - C \qquad (*1)$$

$$\dot{H} = B[(1-v)K]^\beta[(1-u)H]^{1-\beta} \qquad (*2)$$

$$K(0) = K_0, \quad H(0) = H_0$$

为简化分析，这里的效用函数使用了不变跨期替代弹性（CIES）的效用函数形式，其替代弹性为 $1/\sigma$。② 另外，该模型也不考虑人口增长与资本折旧等因素。该最优控制问题中控制变量为 (C,u,v)，状态变量为 (K,H)。

---

① 为表述简便，本模型各函数变量均省略了时间自变量。

② 简单计算后可知，$-\dfrac{U_c}{U_{cc}c} = \dfrac{1}{\sigma}$。

同样地，基于经济学分析的目的，这里主要讨论如何利用最优性条件推导最优状态下经济中各变量的增长率。

设 Hamilton 函数如下：①

$$\mathcal{H} = \frac{C^{1-\sigma}-1}{1-\sigma}e^{-\theta t} + p[A(vK)^{\alpha}(uH)^{1-\alpha} - C] + qB[(1-v)K]^{\beta}[(1-u)H]^{1-\beta}$$

其中，p 和 q 分别为对应 K 和 H 的 Hamilton 乘子。根据最大值原理可知：

$$\mathcal{H}_C = C^{-\sigma}e^{-\theta t} - p = 0 \tag{*3}$$

$$\mathcal{H}_v = p\alpha A v^{\alpha-1}K^{\alpha}(uH)^{1-\alpha} - q\beta B(1-v)^{\beta-1}K^{\beta}[(1-u)H]^{1-\beta}$$
$$= 0 \tag{*4}$$

$$\mathcal{H}_u = p(1-\alpha)A(vK)^{\alpha}u^{-\alpha}H^{1-\alpha}$$
$$- q(1-\beta)B[(1-v)K]^{\beta}(1-u)^{-\beta}H^{1-\beta} = 0 \tag{*5}$$

$$\mathcal{H}_K = p\alpha A v^{\alpha}K^{\alpha-1}(uH)^{1-\alpha} + q\beta B(1-v)^{\beta}K^{\beta-1}[(1-u)H]^{1-\beta}$$
$$= -\dot{p} \tag{*6}$$

$$\mathcal{H}_H = p(1-\alpha)A(vK)^{\alpha}u^{1-\alpha}H^{-\alpha}$$
$$+ q(1-\beta)B[(1-v)K]^{\beta}(1-u)^{1-\beta}H^{-\beta}$$
$$= -\dot{q} \tag{*7}$$

此外，横截性条件成立，即：

$$\lim_{t\to\infty}p(t)K(t) = \lim_{t\to\infty}q(t)H(t) = 0$$

以上约束条件、最优性条件以及横截性条件共同决定了该经济的最优增长路径 $C(t)$、$K(t)$、$H(t)$、$v(t)$、$u(t)$ 以及影子价格 $p(t)$、$q(t)$。

这里主要讨论多数增长研究关注的平衡增长路径（balanced growth path），其主要指相关内生变量以固定速率增长（有时也被称为稳定增长状态），② 在包含如本例的多部门时，稳定增长状态还包含部门间的配置平衡，本例中，资源在两部门的配置比例 u 和 v 也是固定的。

联合（*4）和（*6）可得：

$$-\dot{p} = p\alpha A(vK)^{\alpha-1}(uH)^{1-\alpha} \tag{*8}$$

同理，利用（*5）和（*7）可得：

---

① 这里直接设定对应目标函数的 Hamilton 系数 λ 为 1，因为如前例容易判断 λ 不能为 0。后面的模型分析中，均直接如此设定。

② 这里的平衡增长路径满足约束条件和最优性条件，因此是该问题的最优解。而要讨论最优解的唯一性，以及从初始状态向稳定状态的转移过程等则需要更复杂和深入的分析，这里不涉及。本例主要关注利用最优性条件推导平衡增长路径的增长率。

$$-\dot{q} = q(1-\beta)B[(1-v)K]^{\beta}[(1-u)H]^{-\beta} \qquad (*9)$$

利用(*3)和(*8)可得：

$$\frac{\dot{C}}{C} = \frac{1}{\sigma}[\alpha A(vK)^{\alpha-1}(uH)^{1-\alpha} - \theta] \qquad (*10)$$

不难看出，其中 $\alpha A(vK)^{\alpha-1}(uH)^{1-\alpha}$ 实际上是物质生产部门的资本边际产出，在稳定增长状态下，将为常数。这里从(*2)可以得出稳定状态下 K/H 为常数，即人力资本将同物质资本同步增长，因此不再如前例中的资本边际产出存在递减的情况，如此经济将可能出现持续增长状态。进一步可以推导出此时的经济增长率。

最优性条件(*4)与(*5)都隐含稳定状态下 p 与 q 成比例，如此则有 $\dot{p}/p = \dot{q}/q$，由此从(*8)和(*9)可得：

$$\alpha A\left(\frac{v}{u}\right)^{\alpha-1}\left(\frac{K}{H}\right)^{\alpha-1} = (1-\beta)B\left(\frac{1-v}{1-u}\right)^{\beta}\left(\frac{K}{H}\right)^{\beta} \qquad (*11)$$

同时，将(*5)除以(*4)，变形后可得：

$$\frac{1-v}{1-u} = \frac{(1-\alpha)\beta}{\alpha(1-\beta)}\frac{v}{u} \qquad (*12)$$

从以上可知，此时最优增长路径 $C(t)$，$K(t)$，$H(t)$，$v(t)$，$u(t)$ 将由动态方程(*1)(*2)(*10)及其相应的端点条件与平衡配置条件(*11)(*12)所决定。将(*12)代入(*11)可得：

$$\left(\frac{vK}{uH}\right)^{\beta-\alpha+1} = \frac{\alpha A}{(1-\beta)B}\left[\frac{\alpha(1-\beta)}{(1-\alpha)\beta}\right]^{\beta}$$

再将其代入(*10)的表达式，可得：

$$\frac{\dot{C}}{C} = \frac{A^{\gamma}B^{1-\gamma}D^{\gamma} - \theta}{\sigma} := g$$

其中，

$$\gamma = \beta/(1+\beta-\alpha), \quad D = \alpha^{\alpha}(1-\alpha)^{1-\alpha}\beta^{1-\alpha}(1-\beta)^{(1-\alpha)(1-\beta)/\beta}$$

进一步地，在稳定增长状态，即 $\dot{K}/K$ 也以常数增长时，由(*1)不难判断，C/K 为常数，再由生产函数的结构，可知稳定增长状态时，

$$\frac{\dot{C}}{C} = \frac{\dot{K}}{K} = \frac{\dot{H}}{H} = \frac{\dot{Y}}{Y} = g \qquad (*13)$$

以上模型解释了当考虑人力资本的如上作用时，经济将存在可持续的稳定增长状态（参数需要满足 $A^{\gamma}B^{1-\gamma}D^{\gamma} > \theta$）。

5.4 离散时间的最优控制问题

本节讨论离散形式的最优控制问题。前一章的 4.3 节用非线性规划方法讨论了离散时间的变分法问题的 Euler 方程，本节将同样从非线性规划原理出发，探讨离散形式最优控制问题的最大值原理。

考虑以下离散时间系统的最优控制问题：

(OCP-6) $$\min: \sum_{t=0}^{T-1} f(t,x_t,u_t) + \phi(T,x_T)$$

s. t.：
$$x_{t+1} - x_t = \varphi(t,x_t,u_t), \quad t=0,1,\cdots,T-1$$
$$g(t,x_t,u_t) \leqslant 0, \quad t=0,1,\cdots,T-1$$
$$x_0 = \bar{x}_0, \quad \bar{x}_0 \text{ 为给定值}$$

该问题对应 5.3 节的连续型最优控制问题(OCP-3)，包含控制和状态的混合约束。显然，该问题可以当作含等式与不等式约束的非线性规划问题来处理，此时要寻求最优的变量 $\{u_0^*,\cdots,u_{T-1}^*,x_1^*,\cdots,x_T^*\}$。

设(OCP-6)的目标函数可微，不等式约束和等式约束在 $\{u_0^*,\cdots,u_{T-1}^*,x_1^*,\cdots,x_T^*\}$ 处满足 1.3 节的约束规范。根据 1.3 节的定理 1.3.4，存在 Lagrange 乘数 $\mu_t \geqslant 0, \lambda_t(t=0,1,\cdots,T-1)$，使得下述 Lagrange 函数：

$$L = \sum_{t=0}^{T-1} \{f(t,x_t,u_t) + \phi(T,x_T) + \lambda_t[x_{t+1} - x_t - \varphi(t,x_t,u_t)] + \mu_t g(t,x_t,u_t)\}$$

满足
$$L_{x_t} = f_x(t,x_t^*,u_t^*) - \lambda_t \varphi_x(t,x_t^*,u_t^*) + \mu_t g_x(t,x_t^*,u_t^*)$$
$$- \lambda_t + \lambda_{t-1} = 0, \quad (t=1,\cdots,T-1)$$
$$L_{x_T} = \phi_x(T,x_T) + \lambda_{T-1} = 0$$
$$L_{u_t} = f_u(t,x_t^*,u_t^*) - \lambda_t \varphi_u(t,x_t^*,u_t^*) + \mu_t g_u(t,x_t^*,u_t^*)$$
$$= 0, \quad (t=0,\cdots,T-1)$$
$$\mu_t g(t,x_t^*,u_t^*) = 0, \quad (t=0,\cdots,T-1)$$

设此时 Hamilton 函数如下：
$$H(t,x,u,\lambda,\mu) = \lambda \varphi(t,x,u) - \mu g(t,x,u) - f(t,x,u)$$

即可导出离散时间最优控制的最大值原理：

$$-H_x(t,x_t^*,u_t^*,\lambda_t,\mu_t) = \lambda_t - \lambda_{t-1}$$
$$H_u(t,x_t^*,u_t^*,\lambda_t,\mu_t) = 0$$
$$\mu_t g(t,x_t^*,u_t^*) = 0$$
$$\lambda_{T-1} = \phi_x(T,x_T)$$

以下利用该离散时间的最大值原理考察以下简单的例子，当然该例作为非线性规划问题也可以直接利用 Kuhn-Tucker 最优性条件求解。

例 5.4.1 Cake-eating——有限资源的最优利用问题

Cake-eating 是考虑有限资源最优配置问题的一个例子，该模型实际上也是相关环境资源问题研究的一个简单例子。对该问题，可以通过上述最优性条件解出最优解。

设某人有蛋糕一盒，总量为 k，她要在 T 日内吃完，设其消费蛋糕 c 的效用为 $\ln c$，考虑最优的消费计划。

她的最优选择问题可描述如下：

$$\max: \sum_{t=0}^{T}\beta^t \ln c_t = \sum_{t=0}^{T-1}\beta^t \ln c_t + \beta^T \ln x_T$$

s.t.：
$$x_{t+1} - x_t = -c_t, \quad t = 0,1,\cdots,T-1$$
$$x_0 = k$$

此处，x_t 表示第 t 日的蛋糕存量，c_t 表示第 t 日的蛋糕消费量，β 为贴现率，考虑到 $T+1$ 日再余下蛋糕显然不是最优的，所以可设 $x_{T+1}=0$，因此 $x_T=c_T$。此外，可以设想最优的 $c_t>0$, $x_t>0$，因此，约束 $c_t \geqslant 0$, $x_t \geqslant 0$ 不是束紧的（即为松弛约束），可以省略。

此时，设 Hamilton 函数为 $H=\beta^t \ln c_t + \mu_t(-c_t)$，根据上述最大值原理可知在最优解 $\{c_t^*, x_t^*\}$ 处，以下成立：

$$H_c = \beta^t \frac{1}{c_t^*} - \mu_t = 0, \quad t=0,1,\cdots,T-1 \quad (*1)$$

$$-H_x = 0 = \mu_t - \mu_{t-1}, \quad t=1,\cdots,T-1 \quad (*2)$$

$$\mu_{T-1} = \beta^T \frac{1}{x_T^*} \quad (*3)$$

同时有约束条件

$$x_{t+1}^* - x_t^* = -c_t^* \quad (*4)$$

和端点条件 $x_0^* = k$ 成立。

由 (*2) 可知，μ_t 为常数，设其为 σ。将其代入 (*1) 得：

$$c_t^* = \frac{1}{\sigma}\beta^t, \quad t = 0, 1, \cdots, T-1$$

把此式代入(*4)有：

$$x_t^* = x_0^* - \sum_{i=1}^{t} \frac{1}{\sigma}\beta^{i-1} = k - \frac{1-\beta^t}{\sigma(1-\beta)}, \quad t = 1, \cdots, T$$

把 $x_T^* = k - \dfrac{1-\beta^T}{\sigma(1-\beta)}$ 代入(*3)，即得，$\sigma = \dfrac{1-\beta^{T+1}}{k(1-\beta)}$，所以最优解为：

$$c_t^* = \frac{(1-\beta)\beta^t}{1-\beta^{T+1}}k, \quad t = 0, 1, \cdots, T$$

$$x_t^* = \frac{\beta^t - \beta^{T+1}}{1-\beta^{T+1}}k, \quad t = 1, \cdots, T \qquad \square$$

本节和第 4 章 4.3 节讨论的都是有限期离散时间最优化问题，有限期情况下的离散变分法与最优控制问题其实就是非线性规划问题的特殊表现形式，此时选择变量依然是有限维空间向量。因此，也可以直接利用非线性规划方法展开分析。而当考虑无限期离散时间最优化问题时，选择变量就并非有限维向量，此时通常需要利用下一章的动态规划方法展开讨论。

第 6 章
动态规划原理与应用

本章探讨前面已多次提到的动态规划的基本思想和方法。动态规划是由 Bellman 等人在 20 世纪 50 年代研究离散系统的多阶段决策问题时提出的,以后发展到连续系统,用于分析最优控制等问题。动态规划没有固定的模型,它更像是一种思考方法而非具体算法。动态规划的核心是具有直观含义的 Bellman 最优性原理,简略而言就是,对可分阶段处理的动态最优化问题,"全局(全程)最优必须是阶段最优"。

Bellman 最优性原理可以描述如下:

> 【**Bellman 最优性原理**】
> 　　对可分阶段处理的动态最优化问题,一个最优策略具有这样的性质,不论前面的状态和决策如何,对前面的决策所形成的状态而言,余下的决策必须构成最优策略。
> 　　换言之,如用最优路径表示,最优化原理为:从最优路径的任何一点出发,对于以该点为初始点的相应问题而言,余下的路径也必须是最优路径。

动态规划方法主要就是依据该原理提炼出的关于最优目标值函数的 Bellman 方程展开分析。本章将分为连续型和离散型两种不同形式的最优化问题展开讨论。其中,对连续型动态最优化问题,动态规划的 Bellman 方程实际上隐含了前面的最优控制的最大值原理和变分法的 Euler 方程。因此,Bellman 方程也揭示了三种动态最优化理论之间的关联性。

以下将首先利用上一章的连续型最优控制模型介绍动态规划的基本原理和方法,讨论其与最优控制和变分法的关联;而后探讨离散型动态最优化问题中的动态规划分析方法。

6.1 连续系统的动态规划分析

6.1.1 Bellman 最优性原理与最优控制问题的 HJB 方程

6.1.1.1 动态规划的 Bellman 最优性原理

这里利用第 5 章的最优控制问题进一步考察上述 Bellman 最优性原理。

考虑 5.1 节提到的最优控制问题(OCP-2)。对该动态最优问题,最优性原理可具体表述如下:如果 $u^*(t)$ 为全区间 $[t_0, t_1]$ 上的最优控制,记为 $u^*_{[t_0,t_1]}$,相应的最优状态为 $x^*(t)$,则对任意的 $\tau \in [t_0, t_1]$,以 τ 为始点把 $u^*(t)$ 分为两段,在区间 $t \in [t_0, \tau]$ 上记为 $u^*_{[t_0,\tau]}(t)$,在区间 $[\tau, t_1]$ 上记为 $u^*_{[\tau,t_1]}(t)$,则 $u^*_{[\tau,t_1]}(t)$ 为区间 $[\tau, t_1]$ 上以 $x(\tau) = x^*(\tau)$ 为初始条件的最优控制。

用反证法即可简单得到证明。设 $u^*_{[\tau,t_1]}(t)$ 不是区间 $[\tau, t_1]$ 上以 $x(\tau) = x^*(\tau)$ 为初始条件的最优控制,则存在 $\tilde{u}_{[\tau,t_1]}(t)$ 及相应的 $\tilde{x}_{[\tau,t_1]}(t)$ 满足初始条件 $\tilde{x}(\tau) = x^*(\tau)$,并使得:

$$\int_\tau^{t_1} f(t, \tilde{x}_{[\tau,t_1]}, \tilde{u}_{[\tau,t_1]}) dt - \int_\tau^{t_1} f(t, x^*_{[\tau,t_1]}, u^*_{[\tau,t_1]}) dt < 0$$

令

$$\bar{u}_{[t_0,t_1]}(t) = \begin{cases} u^*_{[t_0,\tau]}(t) & t \in [t_0, \tau] \\ \tilde{u}_{[\tau,t_1]}(t) & t \in [\tau, t_1] \end{cases}$$

$$\bar{x}_{[t_0,t_1]}(t) = \begin{cases} x^*_{[t_0,\tau]}(t) & t \in [t_0, \tau] \\ \tilde{x}_{[\tau,t_1]}(t) & t \in [\tau, t_1] \end{cases}$$

显然,$\bar{u}_{[t_0,t_1]}(t)$ 及 $\bar{x}_{[t_0,t_1]}(t)$ 也为(OCP-2)的一个可行控制过程,且

$$\int_{t_0}^{t_1} f(t, \bar{x}, \bar{u}) dt - \int_{t_0}^{t_1} f(t, x^*, u^*) dt$$
$$= \int_\tau^{t_1} f(t, \tilde{x}_{[\tau,t_1]}, \tilde{u}_{[\tau,t_1]}) dt - \int_\tau^{t_1} f(t, x^*_{[\tau,t_1]}, u^*_{[\tau,t_1]}) dt < 0$$

这与 $u^*(t)$ 为 $[t_0, t_1]$ 上的最优控制相矛盾,所以最优性原理成立。

动态规划最优性原理所揭示的最优解的特征有时也被称为"时间的一致性",在时间上"全程最优"必须是"阶段最优"。时间的一致性隐含了最优性原理在一般情况下成立的条件:动态最优化问题关于时间(阶段)是可分的,粗略地

说，即问题可以分阶段处理。如上述最优控制的例子，本章涉及的动态优化例子均具有这种关于时间的可分性。

6.1.1.2 最优控制问题的 HJB 方程

从第 4 章和第 5 章可知，在讨论前述连续型的动态最优化问题中，古典的变分法着重分析最优状态的路径，即 CVP-1 等变分法问题中的变量 x；最优控制理论着重分析最优控制的路径，即 OCP-1 等问题中的控制变量 u，此时控制变量决定了相应的状态 x。动态规划则把注意力集中在目标泛函的最优值上，也就是关注值函数 V（以下将给出定义）。动态规划的最优性条件一般表述为 Bellman 方程，Bellman 方程是根据 Bellman 最优性原理导出的、关于目标最优值函数的泛函方程，它通常表现为一种递推关系，但方程的表现形式不是唯一的。数学上，Bellman 方程期待通过对值函数的分析提供寻求最优解的途径。

以下从最优性基本原理出发，推导上述最优控制问题（OCP-2）的 Bellman 方程。本节以下部分的推导分析比较复杂，初学者可以跳过，直接进入下一节关于离散时间系统的分析。但本节内容有助于理解动态规划的思想，并能加深对最优控制的最大值原理的理解，实际上，以下分析也提供了一种对简单情形的最大值原理的证明。

在前面最优化问题（OCP-2）中，显然，最优解依赖于初始时刻 t_0 和初始状态 x_0，若 t_0 和 x_0 变动，则最优目标值也随之改变。所以最优目标值可理解为是 (t_0, x_0) 的函数，最优目标值函数一般表示如下：[①]

$$V(t_0, x_0) := \inf_{(u,x)} \left\{ \int_{t_0}^{t_1} f(t, x(t), u(t)) \mathrm{d}t \left| \begin{array}{l} \dot{x}(t) = \Phi(t, x(t), u(t)) \\ x(t_0) = x_0 \\ u(t) \in U \end{array} \right. \right\}$$

如果设 (u^*, x^*) 为相对 (t_0, x_0) 的（OCP-2）的最优解，显然

$$V(t_0, x_0) = \int_{t_0}^{t_1} f(t, x^*(t), u^*(t)) \mathrm{d}t$$

在这里，设最优值函数 V 关于其变量是连续可微的（关于该值函数可微的具体条件，可参阅 Seierstad and Sydsaeter(1987) 等专业书籍），此时，该问题的最优性原理表示如下：

---

① 数学上，最小（大）化问题值函数的定义一般用下确界 inf（上确界 sup）表示，因为在经济学应用例中通常只考虑存在最小（大）值的情况，所以值函数也常用最小化 min（最大 max）表示。

【最优控制问题（OCP-2）的最优性原理】

设 (x^*, u^*) 为（OCP-2）的最优解，则

$$V(t_0, x_0) = \int_{t_0}^{\tau} f(t, x^*, u^*) dt + V(\tau, x^*(\tau)), \quad \forall \tau \in [t_0, t_1]$$

(6.1.1)

在一般情况下，以上的方程并不能直接求解值函数 V，为此，以下将从方程 (6.1.1) 推导出可用以求解值函数 V 的偏微分方程形式的最优控制问题的 Bellman 方程。

首先，对方程 (6.1.1) 的两边求 τ 的导数，可得（其中利用到，$\dot{x}^*(\tau) = \Phi(\tau, x^*(\tau), u^*(\tau))$)，

$$\frac{\partial V(\tau, x^*(\tau))}{\partial \tau} + \frac{\partial V(\tau, x^*(\tau))}{\partial x} \Phi(\tau, x^*(\tau), u^*(\tau)) + f(\tau, x^*(\tau), u^*(\tau))$$
$$= 0$$

(6.1.2)

显然，方程 (6.1.2) 也是最优解的必要条件，但该方程在一般情况下还无法作为 V 的偏微分方程展开求解分析，为此进一步变形如下：

设定一可行控制，

$$\bar{u}(t) = \begin{cases} u^*(t) & t \in [t_0, \tau) \\ v & t \in [\tau, \tau + \Delta\tau) \\ \bar{u}^*(t) & t \in [\tau + \Delta\tau, t_1] \end{cases}$$

其中，$v \in U$ 为常数，$\Delta\tau$ 充分小，而 $\bar{u}^*(t)$ 为 $[\tau + \Delta\tau, t_1]$ 中以前期状态在 $\tau + \Delta\tau$ 处的取值（即以下的 $x^*(\tau) + \Delta x(\tau)$）为起点的最优控制。设对应于控制变量 $\bar{u}(t)$ 的状态变量为 $\bar{x}(t)$（即满足状态方程和初期条件），则在 $[t_0, \tau)$ 上 $\bar{x}(t)$ 等于 $x^*(t)$，在 $[\tau, \tau + \Delta\tau)$ 上 $\bar{x}(t)$ 为以下方程的解：

$$x(t) = x^*(\tau) + \int_{\tau}^{t} \Phi(t, x(t), v) dt$$

记为 $\bar{x}(t) = \hat{x}(t)$。在 $t = \tau + \Delta\tau$ 处（根据 $\bar{x}(\cdot)$ 连续性），

$$\bar{x}(\tau + \Delta\tau) = x^*(\tau) + \int_{\tau}^{\tau + \Delta\tau} \Phi(t, \hat{x}, v) dt$$

令 $\Delta x(\tau) := \int_{\tau}^{\tau + \Delta\tau} \Phi(t, \hat{x}, v) dt$，则 $\bar{x}(\tau + \Delta\tau) = x^*(\tau) + \Delta x(\tau)$。根据 V 的定义可知：

第 6 章 动态规划原理与应用

$$\int_{t_0}^{t_1} f(t,\bar{x},\bar{u})\mathrm{d}t$$

$$= \int_{t_0}^{\tau} f(t,x^*,u^*)\mathrm{d}t + \int_{\tau}^{\tau+\Delta\tau} f(t,\hat{x},v)\mathrm{d}t + \int_{\tau+\Delta\tau}^{t_1} f(t,\bar{x},\bar{u})\mathrm{d}t$$

$$= \int_{t_0}^{\tau} f(t,x^*,u^*)\mathrm{d}t + \int_{\tau}^{\tau+\Delta\tau} f(t,\hat{x},v)\mathrm{d}t + V(\tau+\Delta\tau, x^*(\tau)+\Delta x(\tau))$$

$$\geqslant \int_{t_0}^{t_1} f(t,x^*,u^*)\mathrm{d}t \quad (=V(t_0,x_0))$$

$$= \int_{t_0}^{\tau} f(t,x^*,u^*)\mathrm{d}t + V(\tau,x^*(\tau))$$

所以,

$$V(\tau+\Delta\tau, x^*(\tau)+\Delta x(\tau)) - V(\tau, x^*(\tau)) + \int_{\tau}^{\tau+\Delta\tau} f(t,\hat{x},v)\mathrm{d}t \geqslant 0 \quad (6.1.3)$$

当 $\Delta\tau$ 充分小时,并注意到,$\hat{x}(\tau)=x^*(\tau)$,根据一阶 Taylor 展开有:

$$V(\tau+\Delta\tau, x^*(\tau)+\Delta x(\tau)) - V(\tau, x^*(\tau))$$

$$= \frac{\partial V(\tau,x^*(\tau))}{\partial t}\Delta\tau + \frac{\partial V(\tau,x^*(\tau))}{\partial x}\Delta x(\tau) + \max\{o(\|\Delta\tau\|), o\|\Delta x(\tau)\|\}$$

$$\int_{\tau}^{\tau+\Delta\tau} f(t,\hat{x},v)\mathrm{d}t = f(\tau,x^*(\tau),v)\Delta\tau + o(\|\Delta\tau\|)$$

$$\Delta x(\tau) = \int_{\tau}^{\tau+\Delta\tau} \Phi(t,\hat{x},v)\mathrm{d}t = \Phi(\tau,x^*(\tau),v)\Delta\tau + o(\|\Delta\tau\|) = O(\|\Delta\tau\|)$$

所以对(6.1.3)的左边进行一阶 Taylor 展开可得:

$$V(\tau+\Delta\tau, x^*(\tau)+\Delta x(\tau)) - V(\tau, x^*(\tau)) + \int_{\tau}^{\tau+\Delta\tau} f(t,\hat{x},v)\mathrm{d}t$$

$$= \frac{\partial V(\tau,x^*(\tau))}{\partial t}\Delta\tau + \frac{\partial V(\tau,x^*(\tau))}{\partial x}\Phi(\tau,x^*(\tau),v)\Delta\tau + f(\tau,x^*(\tau),v)\Delta\tau$$

$$+ o(\|\Delta\tau\|)$$

$$\geqslant 0$$

由此可知:

$$\frac{\partial V(\tau,x^*(\tau))}{\partial t} + \frac{\partial V(\tau,x^*(\tau))}{\partial x}\Phi(\tau,x^*(\tau),v) + f(\tau,x^*(\tau),v) + \frac{o(\|\Delta\tau\|)}{\Delta\tau} \geqslant 0$$

让 $\Delta\tau \to 0$,求此式的极限,并用 t 代替 τ,可知对任一 $t \in [t_0,t_1]$,

$$\frac{\partial V(t,x^*(t))}{\partial t} + \frac{\partial V(t,x^*(t))}{\partial x}\Phi(t,x^*(t),v) + f(t,x^*(t),v) \geqslant 0$$

从(6.1.2)式可知,该不等式左边在 $v=u^*(t)$ 时取 0 值,所以对任意的 $t \in$

$[t_0, t_1]$，下式成立：

$$\min_{v \in U}\left\{\frac{\partial V(t, x^*(t))}{\partial t} + \frac{\partial V(t, x^*(t))}{\partial x}\Phi(t, x^*(t), v) + f(t, x^*(t), v)\right\}$$

$$= \frac{\partial V(t, x^*(t))}{\partial t} + \frac{\partial V(t, x^*(t))}{\partial x}\Phi(t, x^*(t), u^*(t)) + f(t, x^*(t), u^*(t))$$

$$= 0 \tag{6.1.4}$$

(6.1.4)式即为(OCP-2)的 Bellman 方程，它是关于值函数 $V(t, x(t))$ 的偏微分方程，而其边界条件从(6.1.1)式可得，即 $V(t_1, x^*(t_1)) = 0$。

以上分析表明，该 Bellman 方程是最优控制问题(OCP-2)的最优解的必要条件。由于(6.1.4)最小化括号中的第一项与 v 无关，因此通常进一步改写为如下(6.1.5)式。

【最优控制问题（OCP-2）的 Hamilton-Jacobi-Bellman 方程】

设 (x^*, u^*) 为(OCP-2)的最优解，$V(t, x)$ 是连续可微的，则 V 满足

$$-\frac{\partial V(t, x^*(t))}{\partial t} = \min_{v \in U}\left\{\frac{\partial V(t, x^*(t))}{\partial x}\Phi(t, x^*(t), v) + f(t, x^*(t), v)\right\}$$

$$\tag{6.1.5}$$

$$V(t_1, x^*(t_1)) = 0 \tag{6.1.6}$$

以上最优控制问题的 Bellman 方程(6.1.5)，一般被称为 Hamilton-Jacobi-Bellman（HJB）方程[①]。在一些特殊的情况下，如线性二次型最优控制问题，从(6.1.5)式及其初期条件可以求出该偏微分方程的解 V，由此可进一步求出最优控制 u，此时，控制 u 将表述为状态 x 的函数，如此的控制也称为（状态）反馈控制。

一般而言，对以上偏微分方程求解非常困难，所以在连续问题中，动态规划方法的应用相对受限。[②] 而求解偏微分方程也超出了本书的数学要求，在此不再举例说明。然而以上 Bellman 方程可以简便推导出前述最优控制的最大值原理，以及变分法的 Euler 方程，此外也可用于探讨最优控制的存在性等问题，进一步

[①] 该方程是 Bellman 在变分法中的 Hamilton-Jacobi 理论的基础上发展而来，变分法中的 Hamilton-Jacobi 理论探讨的也是关于最优值函数的偏微分方程，但在本书的变分法中没有涉及。

[②] 在数学研究中，HJB 方程的黏性解理论以及数值解研究的发展提高了动态规划方法在求解最优控制问题中的应用价值，但这些超出了本书范围，此处不进行进一步讨论。

揭示动态规划与变分法、最优控制理论的关联，所以 Bellman 方程作为理论研究方法，在连续问题领域有其重要价值。

6.1.1.3 无限时域定常控制问题的 HJB 方程

在经济学应用中，考虑贴现的无限时域最优控制问题较为多见，其中，当目标积分泛函的被积函数和状态微分方程不含时间变量时，即前述 f 函数和 Φ 函数不直接含 t 变量时，称为定常控制问题。

考虑如下无限时域定常最优控制问题：

(OCP-7) $\qquad \min: \int_0^\infty f(x(t), u(t)) e^{-\rho t} dt$

s.t.：
$$\dot{x}(t) = \Phi(x(t), u(t))$$
$$x(0) = x_0$$
$$u(t) \in U$$

该最优控制问题的值函数定义如下，它只与初期值 x_0 有关：①

$$W(x_0) := \inf_{(u,x)} \left\{ \int_0^\infty f(x(t), u(t)) e^{-\rho t} dt \,\middle|\, \begin{aligned} &\dot{x}(t) = \Phi(x(t), u(t)) \\ &x(0) = x_0 \\ &u(t) \in U \end{aligned} \right\}$$

容易知道，问题(OCP-7)的 Bellman 最优性原理可表示为：

【最优控制问题(OCP-7)的最优性原理】

设 (x^*, u^*) 为(OCP-7)的最优解，则

$$W(x_0) = \int_0^\tau f(x^*(t), u^*(t)) e^{-\rho t} dt + e^{-\rho \tau} W(x^*(\tau)), \quad \forall \tau \geqslant 0$$

$$\tag{6.1.7}$$

对(6.1.7)式的两边求 τ 的导数（代入状态方程），可得：

$$-\rho W(x^*(\tau)) + \frac{\partial W(x^*(\tau))}{\partial x} \Phi(x^*(\tau), u^*(\tau)) + f(x^*(\tau), u^*(\tau)) = 0$$

$$\tag{6.1.8}$$

---

① 以上目标值贴现到 0 时点，在经济学中，有时考虑贴现到某一非 0 时点 s，此时的目标函数表示为 $\int_s^\infty f(x(t), u(t)) e^{-\rho(t-s)} dt$，初期值表示为 $x(s) = x_s$。这类问题实际上是等价的。显然，在如此贴现的无限时域的定常最优控制问题中，函数只依赖于初期状态值，而与初始点时间无关。

对 (6.1.8) 式进行与 (6.1.2) 式同样的分析,可得最优控制问题 (OCP-7) 的如下 HJB 方程:

【最优控制问题 (OCP-7) 的 Hamilton-Jacobi-Bellman 方程】

设 (x^*, u^*) 为 (OCP-7) 的最优解,$W(x)$ 是连续可微的,则 W 满足:

$$\rho W(x^*(t)) = \min_{v \in U}\{W_x(x^*(t))\Phi(x^*(t), v) + f(x^*(t), v)\} \quad (6.1.9)$$

此时的 Bellman 方程相对简单,且在经济学理论分析中,分析的目的不是为了求出显式解,所以上述 HJB 方程在经济理论研究中也时有运用。

6.1.2　HJB 方程与最大值原理和 Euler 方程

以下首先将从上述 HJB 方程推导出最大值原理。实际上,在关于值函数 $V(t, x)$ 充分连续可微性的设定下(如设二次连续可微),从以上分析的基础上推导出最大值原理中的条件并不困难。

令

$$p_i(t) = -\frac{\partial V(t, x^*(t))}{\partial x_i}, \quad i = 1, \cdots, n \quad (6.1.10)$$

(6.1.10) 式两边对 t 求导,变形后可得:

$$\dot{p}_i(t) = -\sum_{j=1}^{n} \frac{\partial^2 V(t, x^*(t))}{\partial x_i \partial x_j} \frac{\mathrm{d} x_j^*(t)}{\mathrm{d} t} - \frac{\partial}{\partial x_i} \frac{\partial V(t, x^*(t))}{\partial t}$$

将状态方程和上述 Bellman 方程 (6.1.4) 式代入此式可得:

$$\dot{p}_i(t) = -\sum_{j=1}^{n} \frac{\partial^2 V(t, x^*)}{\partial x_i \partial x_j} \Phi_j(t, x^*, u^*)$$

$$+ \frac{\partial}{\partial x_i}\left(\sum_{j=1}^{n} \frac{\partial V(t, x^*)}{\partial x_j}\Phi_j(t, x^*, u^*) + f(t, x^*, u^*)\right)$$

$$= \sum_{j=1}^{n} \frac{\partial V(t, x^*)}{\partial x_j} \frac{\partial \Phi_j(t, x^*, u^*)}{\partial x_i} + \frac{\partial f(t, x^*, u^*)}{\partial x_i}$$

$$= -\sum_{j=1}^{n} p_j \frac{\partial \Phi_j(t, x^*, u^*)}{\partial x_i} + \frac{\partial f(t, x^*, u^*)}{\partial x_i}$$

设 Hamilton 函数为 $H(t, x, u, p) = p\Phi(t, x, u) - f(t, x, u)$,上式即为最优控制 (OCP-2) 的协态方程,即:

$$\dot{p}(t) = -H_x(t, x^*(t), u^*(t), p(t))$$

同时,从 (6.1.10) 式和 HJB 方程的端点条件 (6.1.6) 式可知,$p(t_1) = 0$,即

(OCP-2)的横截性条件成立。

另一方面，Bellman 方程(6.1.4)隐含了

$$\frac{\partial V(t,x^*(t))}{\partial t} = p(t)\Phi(t,x^*(t),u^*(t)) - f(t,x^*(t),u^*(t))$$
$$= H(t,x^*(t),u^*(t),p(t)) \tag{6.1.11}$$

将(6.1.11)式代入(6.1.5)式即可导出(OCP-2)的控制方程：

$$H(t,x^*(t),u^*(t),p(t)) = \max_{u \in U} H(t,x^*(t),u,p(t))$$

综上，在 $V(t,x)$ 充分可微的情况下，HJB 方程隐含了最大值原理。

以下论证，HJB 方程也隐含了变分法的 Euler 方程。实际上，如第 5 章 5.1.3 节所述，只要通过设 $\dot{x}(t)=u(t)$，变分法问题(CVP-1)就可转换为最优控制问题。

用 x^* 表示问题(CVP-1)的最优解，而 $u^*:=\dot{x}^*$。此时 $\Phi=u$，所以 HJB 方程(6.1.5)式隐含①

$$\frac{\partial V(t,x^*(t))}{\partial x} + \frac{\partial f(t,x^*(t),u^*(t))}{\partial u} = 0 \tag{6.1.12}$$

对(6.1.12)式的 V_x 求 t 的导数，并利用 HJB 方程 (6.1.4) 可知，对任一 i，

$$\frac{\mathrm{d}}{\mathrm{d}t}\frac{\partial V(t,x^*(t))}{\partial x_i} = \frac{\partial}{\partial x_i}\frac{\partial V(t,x^*(t))}{\partial t} + \sum_{j=1}^{n}\frac{\partial^2 V(t,x^*(t))}{\partial x_i \partial x_j}\frac{\mathrm{d}x_j^*(t)}{\mathrm{d}t}$$
$$= -\frac{\partial}{\partial x_i}\left(\sum_{j=1}^{n}\frac{\partial V(t,x^*)}{\partial x_j}\dot{x}_j^* + f(t,x^*,u^*)\right) + \sum_{j=1}^{n}\frac{\partial^2 V(t,x^*)}{\partial x_i \partial x_j}\dot{x}_j^*$$
$$= -\frac{\partial f(t,x^*(t),u^*(t))}{\partial x_i}$$

结合该结论与(6.1.12)式即得：

$$\frac{\mathrm{d}}{\mathrm{d}t}f_u(t,x^*(t),u^*(t)) = f_x(t,x^*(t),u^*(t))$$

此即问题(CVP-1)的 Euler 方程。

进一步，(6.1.10)式和(6.1.11)式实际上也给出了参数对最优值影响的基本结论，这在经济学的比较静态分析中具有重要意义。实际上，(6.1.10)式赋予 Hamilton 乘子明确的经济学意义，它表示状态变量 x 对目标最优值的边际贡献度。例如，在考虑污染最小化的最优控制问题中，状态变量 x 为某种资源存量，x 的增加可以降低污染程度，所以 p 表示以目标价值度量的 x 的边际贡献，也称

---

① (6.1.5)式的右边关于控制变量取最小值隐含其一阶导数为 0 的条件。

影子价格。而在最大化问题中，可知，$p=\frac{\partial V}{\partial x}$。如在第 5 章的最优经济增长分析中，$p$ 表示资本对效用的边际贡献，也表示资本的影子价格。

6.2 离散系统的动态规划方法与应用

6.2.1 有限期动态规划的逆向递归分析

如上节所述，动态规划方法主要体现为 Bellman 最优性原理，它表明最优路径的任何最后一段都是最优的，该原理的基本思想隐含逆向递归求解的方法。对许多可表现为离散形式的有限期最优化问题，动态规划的逆向递归方法是有效而简洁的。以下用一个简单的能借助图形表示的例子来说明逆向递归求解的基本思路。

例 6.2.1 最优路径问题

图 6.2.1 表示从 A 到 O 的交通网络。显然，从 A 到 O 可以选择不同路径，两地点连线边的数字表示该路线的交通费用。这里的最优化问题是：选择一条从 A 到 O 的花费交通费用最少的路径。

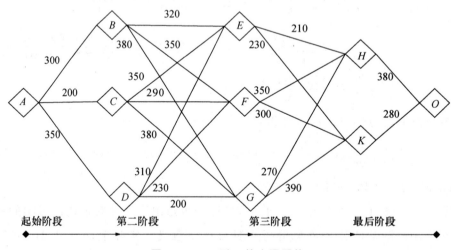

图 6.2.1　A 到 O 的交通网络

解　如图 6.2.1 所示，该问题可以理解为几个不同阶段的选择。

根据最优性原理，最优选择应该满足以下条件：不论前一阶段状态及选择如何，相对前一阶段选择产生的状态而言，余下的选择必须是最优的。为此，我们从最后阶段的最优选择开始考察。

最后阶段，在 H 点和 K 点各自的选择是唯一的。

第三阶段，以 E 为始点的可选择路径有：$E—K—O$ 费用为 510，$E—H—O$ 费用为 590，所以最优选择为 $E—K—O$，最优值为 510；同理可得，以 F 为始点的最优选择为 $F—K—O$，最优值为 580；以 G 为始点的最优选择为 $G—H—O$，最优值为 650。为便于后续分析，我们把各点的最优值标在该点的旁边，如图 6.2.2 所示。

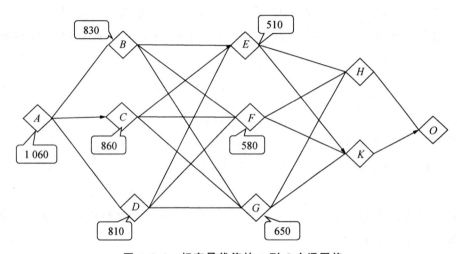

图 6.2.2 标有最优值的 A 到 O 交通网络 □

第二阶段，以 B 为始点时，因从 E、F、G 开始的各自最优选择已知，所以只要在 E、F、G 各自最优值的基础上选择 $B—E$、$B—F$、$B—G$ 中的最优路径即可，故最优选择为 $B—E$，最优值为 830；同理可得，以 C 为始点的最优选择为 $C—E$，最优值为 860；以 D 为始点的最优选择为 $D—F$，最优值为 810。同样在各点标上最优值。

起始阶段，在 A 点，因从 B、C、D 开始的各自最优选择已知，所以问题为在 B、C、D 各自最优值的基础上，从 $A—B$、$A—C$、$A—D$ 中选择最优路径，显然，最优选择为 $A—C$，最优值为 1060。如此，最优路径将是 $A—C—E—K—O$，在该最优路径上，从每一地点开始的路径均为从该点开始的最优路径。 □

现在讨论用逆向递归方法求解以下形式的离散动态最优化问题：

考虑

(DP-1) $\quad\quad\quad\quad \min: \sum_{t=0}^{T-1} f(t, x_t, u_t) + \phi(T, x_T) \quad\quad (6.2.1)$

s.t.： $\quad\quad\quad\quad x_{t+1} = \Phi(t, x_t, u_t), \quad t = 0, 1, \cdots, T-1 \quad\quad (6.2.2)$

$$x_0 = \bar{x}_0, \quad \bar{x}_0 \text{ 为给定值}$$

此问题也是离散型的最优控制问题,其中,$u_t(t=0,1,\cdots,T-1)$ 为控制变量,$x_t(t=0,1,\cdots,T)$ 为状态变量。在任意一期 j,对应给定的初始状态量 x_j,通过(6.2.2)式由控制 u_j 决定状态 x_{j+1}。在此最优化问题中,求解即寻找使(6.2.1)式的目标函数值最小化的最优控制序列 $\{u_0, u_1, \cdots, u_{T-1}\}$。

以下根据 Bellman 最优性原理,考察一般性的逆向递归求解方法。

首先考虑终期 ($T-1$) 期的最优选择,设 ($T-1$) 期的初始状态 x_{T-1} 为给定的,依最优性原理,构成最优控制列的末期控制 u_{T-1} 必须是以下问题的最优解:

$$\min_{u_{T-1}} f(T-1, x_{T-1}, u_{T-1}) + \phi(T, x_T)$$

s.t.:
$$x_T = \Phi(T-1, x_{T-1}, u_{T-1})$$

根据非线性规划的最优性条件,可得:

$$f_u(T-1, x_{T-1}, u_{T-1}) + \phi_x(T, \Phi(T-1, x_{T-1}, u_{T-1}))\Phi_u(T-1, x_{T-1}, u_{T-1})$$
$$= 0$$

由此式可求出最优解,$u_{T-1} = h_{T-1}(x_{T-1})$[①],并可求出最优值,显然,其也为初期状态值的函数:

$$V_{T-1}(x_{T-1}) = f(T-1, x_{T-1}, h_{T-1}(x_{T-1}))$$
$$+ \phi(T, \Phi(T-1, x_{T-1}, h_{T-1}(x_{T-1})))$$

其次,在已知值函数 $V_{T-1}(x_{T-1})$ 的情形下,考虑 ($T-2$) 期的最优选择问题,此时设当期初期状态 x_{T-2} 为给定值,则最优控制列中的 u_{T-2} 必须为以下问题的最优解:

$$\min_{u_{T-2}} f(T-2, x_{T-2}, u_{T-2}) + V_{T-1}(x_{T-1})$$

s.t.:
$$x_{T-1} = \Phi(T-2, x_{T-2}, u_{T-2})$$

同样地,根据非线性规划的最优性条件可求出最优解 $u_{T-2} = h_{T-2}(x_{T-2})$,及其对应的最优值函数 $V_{T-2}(x_{T-2})$。

再次,在已知最优值函数 $V_{T-2}(x_{T-2})$ 的情形下,对给定的 x_{T-3} 可以求 ($T-3$) 期的最优解 $u_{T-3} = h_{T-3}(x_{T-3})$ 及相应的最优值函数 $V_{T-3}(x_{T-3})$。如此递推,可求出第 1 期的 $V_1(x_1)$,在此最优值函数及给定的初始值 $x_0 = \bar{x}_0$ 之下,可以求得

[①] 严格来说,要保证求出最优解还需要其他相关设定,此处主要想说明逆向递归求解的一般性方法,故省略有关的设定。

初期（第 0 期）的最优解：
$$\min_{u_0}: f(0,x_0,u_0) + V_1(x_1)$$
s.t.：
$$x_1 = \Phi(0,x_0,u_0), \quad x_0 = \bar{x}_0,$$
对此问题，可求出最优解 $u_0 = h_0(\bar{x}_0)$ 与最优值 $V_0(\bar{x}_0)$。

显然，$V_0(\bar{x}_0)$ 为动态最优化问题（DP-1）全过程的最优值，它是初始值 $\bar{x}_0$ 的函数。同时，以上分析给出了各时期的最优解与当期初始状态的关系，$u_i = h_i(x_i)(i=0,1,\cdots,T-1)$，如前面提到的反馈含义，这也称为最优反馈规则。

以上分析表明，随时间变化的离散最优化问题，可以当作一系列静态的最优化问题来处理。观察以下计算例：

例 6.2.2 逆向递推求解计算例

利用逆向递推，求解以下离散最优化问题。
$$\min: \alpha x_T^2 + \sum_{t=0}^{T-1} u_t^2$$
s.t.：
$$x_{t+1} = x_t + u_t, \quad t=0,\cdots,T-1$$
$$x_0 = \bar{x}_0$$

该问题中，u_t 为控制变量，x_t 为状态变量。

为了简便，求 $T=3$ 的情况。

根据逆向递推，首先分析第 2 期（终期）的最优选择，此时，x_2 作为给定的初期值，
$$\min: \alpha x_3^2 + u_2^2$$
s.t.：
$$x_3 = x_2 + u_2$$

根据非线性规划原理的一阶最优性条件，可求得此时最优解和最优目标值（依赖于初期值 x_2）分别为：
$$u_2 = -\frac{\alpha x_2}{1+\alpha}, \quad x_3 = \frac{x_2}{1+\alpha}, \quad V_2(x_2) = \frac{\alpha x_2^2}{1+\alpha}$$

其次，在以上最优解的基础上考虑第 1 期的选择，此时，x_1 作为给定的初期值，
$$\min: V_2(x_2) + u_1^2 = \frac{\alpha x_2^2}{1+\alpha} + u_1^2$$
s.t.：
$$x_2 = x_1 + u_1$$

可推导出此时的最优解和最优目标值（依赖于初期值 x_1）分别为：
$$u_1 = -\frac{\alpha x_1}{1+2\alpha}, \quad x_2 = \frac{(1+\alpha)x_1}{1+2\alpha}, \quad V_1(x_1) = \frac{\alpha x_1^2}{1+2\alpha}$$

最后，在以上基础上，分析第 0 期的最优选择，

$$\min: V_1(x_1) + u_0^2 = \frac{\alpha x_1^2}{1+2\alpha} + u_0^2$$

s. t. ：
$$x_1 = x_0 + u_0 = \bar{x}_0 + u_0$$

此时的最优解和最优目标值（依赖于初期值 x_0）分别为：

$$u_0 = -\frac{\alpha \bar{x}_0}{1+3\alpha}, \quad x_1 = \frac{(1+2\alpha)\bar{x}_0}{1+3\alpha}, \quad V_0(\bar{x}_0) = \frac{\alpha \bar{x}_0^2}{1+3\alpha}$$

综上，最优控制和最优状态为：

$$u_0 = -\frac{\alpha \bar{x}_0}{1+3\alpha}, \quad u_1 = -\frac{\alpha \bar{x}_0}{1+3\alpha}, \quad u_2 = -\frac{\alpha \bar{x}_0}{1+3\alpha}$$

$$x_1 = \frac{(1+2\alpha)\bar{x}_0}{1+3\alpha}, \quad x_2 = \frac{(1+\alpha)\bar{x}_0}{1+3\alpha}, \quad x_3 = \frac{\bar{x}_0}{1+3\alpha}$$

最优值为：

$$V_0(\bar{x}_0) = \frac{\alpha \bar{x}_0^2}{1+3\alpha}$$
□

显而易见，上述离散动态最优化问题也可直接作为非线性规划问题求解，在此不再展开。

6.2.2 无限期最优控制的 Bellman 方程与应用

6.2.2.1 无限期最优控制的 Bellman 方程与最大值原理

以上逆向递归方法适用于有限期的离散动态规划问题。对于无限期问题，一般无法如上利用逆向递归求解，但可根据 Bellman 最优性原理来分析最优解的特征。以下观察一个简单的无限期离散最优控制问题的最大值原理。

考虑以下问题：

(DP-2) $\quad\min: \sum_{t=0}^{\infty} f(t, x_t, u_t)$

s. t. ：
$$x_{t+1} - x_t = \Phi(t, x_t, u_t), \quad t = 0, 1, 2, \cdots \qquad (6.2.3)$$
$$x_0 = \bar{x}_0 \quad (\bar{x}_0 \text{ 为给定值})$$

考虑第 s 期为初期，初始状态值为 $x_s = \bar{x}$ 的值函数：

$$V(s, \bar{x}) = \min_{u_s, u_{s+1}, \cdots} \left\{ \sum_{t=s}^{\infty} f(t, x_t, u_t) \ \middle| \ \begin{aligned} &x_{t+1} - x_t = \Phi(t, x_t, u_t), \ t = s, s+1, \cdots \\ &x_s = \bar{x} \end{aligned} \right\}$$

则最优性原理表现为：

$$V(s,\bar{x}) = \min_{u_s,u_{s+1},\cdots}\left\{f(s,\bar{x},u_s)\right.$$
$$\left. + \min_{u_{s+1},\cdots}\left\{\sum_{t=s+1}^{\infty}f(t,x_t,u_t)\,\middle|\,\begin{array}{l}x_{t+1}-x_t=\Phi(t,x_t,u_t),\,t=s+1,\cdots\\x_{s+1}=\Phi(s,\bar{x},u_s)+\bar{x}\end{array}\right\}\right\}$$
$$=\min_{u_s}\{f(s,\bar{x},u_s)+V(s+1,\Phi(s,\bar{x},u_s)+\bar{x})\}$$

更一般地,上式可表示为,
$$V(s,\bar{x}) = \min_{u}\{f(s,\bar{x},u)+V(s+1,\Phi(s,\bar{x},u)+\bar{x})\} \tag{6.2.4}$$

(6.2.4)式是离散最优化问题(DP-2)的 Bellman 方程的一种形式。在一些特殊的情形下,(6.2.4)式可以作为值函数的方程来求解。在这里,主要讨论如何从(6.2.4)式导出最大值原理。以下分析与前节连续型问题的讨论有共通之处,但此处不考虑对控制变量的集合约束,所以可以简化分析。

假设对任意给定的初始值 $\bar{x}$,$V(s,\bar{x})$ 是收敛的,$V(s,\bar{x})$ 关于其变量是可微的。并记 $\{u_t^*\}$ 及相对应的 $\{x_t^*\}$ 为问题(DP-2)的最优解。显然,此时在最优解处,(6.2.4)式右边的括号内对 u 求导应为 0,即:

$$\frac{\partial f(s,x_s^*,u_s^*)}{\partial u}+\frac{\partial V(s+1,\Phi(s,x_s^*,u_s^*)+x_s^*)}{\partial\bar{x}}\frac{\partial\Phi(s,x_s^*,u_s^*)}{\partial u}$$
$$=\frac{\partial f(s,x_s^*,u_s^*)}{\partial u}+\frac{\partial V(s+1,x_{s+1}^*)}{\partial\bar{x}}\frac{\partial\Phi(s,x_s^*,u_s^*)}{\partial u}$$
$$=0 \tag{6.2.5}$$

同时,考虑方程(6.2.4)两边在最优解处对 $\bar{x}$ 求导,这里的最优解 u^* 依赖于 $\bar{x}$,为 $\bar{x}$ 的函数,并设 $u^*(\bar{x})$ 是可微的,则

$$\frac{\partial V(s,x_s^*)}{\partial\bar{x}}$$
$$=\frac{\partial f(s,x_s^*,u_s^*)}{\partial x}+\frac{\partial V(s+1,\Phi(s,x_s^*,u_s^*)+x_s^*)}{\partial\bar{x}}\left[\frac{\partial\Phi(s,x_s^*,u_s^*)}{\partial x}+E\right]$$
$$+\left[\frac{\partial f(s,x_s^*,u_s^*)}{\partial u}+\frac{\partial V(s+1,\Phi(s,x_s^*,u_s^*)+x_s^*)}{\partial\bar{x}}\frac{\partial\Phi(s,x_s^*,u_s^*)}{\partial u}\right]\frac{\mathrm{d}u_s^*(x_s^*)}{\mathrm{d}\bar{x}}$$

其中,E 为单位矩阵,是 $\bar{x}$ 对自身的导数。将(6.2.5)式的结论代入此式即得:
$$\frac{\partial V(s,x_s^*)}{\partial\bar{x}}=\frac{\partial f(s,x_s^*,u_s^*)}{\partial x}+\frac{\partial V(s+1,x_{s+1}^*)}{\partial\bar{x}}\left[\frac{\partial\Phi(s,x_s^*,u_s^*)}{\partial x}+E\right]$$
$$\tag{6.2.6}$$

设
$$p_s:=-\frac{\partial V(s+1,x_{s+1}^*)}{\partial\bar{x}},\quad s=0,1,\cdots$$

则(6.2.5)式和(6.2.6)式分别可写为：

$$\frac{\partial f(s,x_s^*,u_s^*)}{\partial u} - p_s \frac{\partial \Phi(s,x_s^*,u_s^*)}{\partial u} = 0, \quad s = 0,1,\cdots$$

$$p_s - p_{s-1} = \frac{\partial f(s,x_s^*,u_s^*)}{\partial x} - p_s \frac{\partial \Phi(s,x_s^*,u_s^*)}{\partial x}, \quad s = 1,2,\cdots$$

此二式即为离散型最优控制问题的最大值原理，若设 Hamilton 函数为：

$$H(t,x,u,p) = p^T \Phi(t,x,u) - f(t,x,u)$$

最大值原理即表示为对任意的 s，有：

$$H_u(s,x_s^*,u_s^*,p_s) = 0$$

$$-p_s + p_{s-1} = H_x(s,x_s^*,u_s^*,p_s)$$

这与连续型最优控制问题结论相同。

6.2.2.2 离散型 Ramsey 最优增长模型

上一节讨论了连续型 Ramsey 最优增长模型，它表述为连续型的最优控制问题。如绪论中所述，Ramsey 模型也可以用离散的动态模型来表示。以下用动态规划方法分析离散型 Ramsey 最优增长模型，其经济学结论是一致的。

重述例 0.4 的离散型 Ramsey 增长模型如下：

$$\max: \sum_{t=0}^{\infty} \frac{1}{(1+\theta)^t} U(c_t)$$

s.t.：
$$k_{t+1} - k_t = f(k_t) - c_t, \quad t = 0,1,\cdots \quad (*1)$$

$$k_0 = \bar{k}_0$$

其中，各符号所表示的意义参见例 0.4。对该模型可直接应用上述离散型最优控制问题的最大值原理，但为熟悉动态规划的方法，这里重新应用 Bellman 方程进行推导。

设值函数为：

$$V(s,\bar{k}) := \max_{c_s,c_{s+1},\cdots} \left\{ \sum_{t=s}^{\infty} \frac{1}{(1+\theta)^t} U(c_t) \; \middle| \; \begin{aligned} &k_{t+1} - k_t = f(k_t) - c_t, \\ &t = s, s+1, \cdots, k_s = \bar{k} \end{aligned} \right\}$$

则 Bellman 方程为：

$$V(s,\bar{k}) = \max_c \left\{ \frac{1}{(1+\theta)^s} U(c) + V(s+1, f(\bar{k}) + \bar{k} - c) \right\} \quad (*2)$$

设 $\{c_t^*\}$ 及相对应的 $\{k_t^*\}$ 为最优增长路径，则在最优解处方程 (*2) 的右边括号内对 c 求导为 0，即：

$$\frac{1}{(1+\theta)^s} U_c(c_s^*) - \frac{\partial V(s+1, f(k_s^*) + k_s^* - c_s^*)}{\partial \bar{k}}$$

$$= \frac{1}{(1+\theta)^s}U_c(c_s^*) - \frac{\partial V(s+1,k_{s+1}^*)}{\partial \bar{k}} = 0 \qquad (*3)$$

同时，方程（*2）两边对 $\bar{k}$ 求导，并利用（*3）的结论有：

$$\frac{\partial V(s,k_s^*)}{\partial \bar{k}} = \frac{\partial V(s+1,f(k_s^*)+k_s^*-c_s^*)}{\partial \bar{k}}[f_k(k_s^*)+1]$$

$$= \frac{\partial V(s+1,k_{s+1}^*)}{\partial \bar{k}}[f_k(k_s^*)+1] \qquad (*4)$$

由（*3）和（*4）可得：

$$U_c(c_{s-1}^*) = U_c(c_s^*)\frac{f_k(k_s^*)+1}{1+\theta} \qquad (*5)$$

（*5）为对应于连续性 Ramsey 模型的 Keynes-Ramsey 方程。该方程表示了直观的经济学含义：$f_k(k_s^*)$ 表示资本的边际收益，若节约 1 单位 $(s-1)$ 期的消费品用于投资则可生产 s 期 $[1+f_k(k_s^*)]$ 单位消费品，方程左边表示 $(s-1)$ 期 1 单位消费品的边际效用，方程右边表示贴现为 $(s-1)$ 期价值的 $[1+f_k(k_s^*)]$ 单位 s 期消费品的边际效用。最优时，二者必须相等。

（*5）与约束条件（*1）决定了最优增长路径。此时，稳定状态表示为 $c_{s-1}^* = c_s^*$，$k_{s+1}^* = k_s^*$，则稳定状态的资本量由 $f_k(k_s^*) = \theta$ 决定，稳定状态的消费量为 $c_s^* = f(k_s^*)$。由（*1）和（*5），可以描绘与连续型 Ramsey 模型结论一致的动态位相图，以解释最优增长路径的特征。详细此处从略。

6.3 不确定性离散系统的动态规划

6.3.1 不确定性问题的最优化原理

经济学中，用动态规划方法分析含不确定性的动态优化问题更为简便有效。本节将在上节离散动态模型（DP-2）的基础上加入不确定性，讨论随机动态优化问题。

在 6.2 节的确定性动态模型中，t 期的状态 x_t 和控制 u_t 决定了 $(t+1)$ 期的状态 x_{t+1}。当存在不确定性因素时，设 t 期的状态和控制 x_t,u_t 只是决定 $(t+1)$ 期 x_{t+1} 的概率分布，即 $\Psi(x_{t+1};x_t,u_t)$，其中，

$$\Psi(y;x_t,u_t) = P(x_{t+1} \leqslant y \mid x_t,u_t)$$

$P(\cdot)$ 表示概率。

存在不确定性情况下的目标通常表述为期望值最优，如

$$\min: E\left\{\sum_{t=0}^{\infty} f(t, x_t, u_t)\right\}$$

式中，E 表示数学期望。

为了简便，此处省略去一些数学上的精确假设和描述，但不失其在经济学应用分析中的本质特征，简略介绍如下：

记 t 期开始的最优值（值函数）为 $V(t, x_t)$。在 t 期，$(t+1)$ 期的最优值 $V(t+1, x_{t+1})$ 是不确定的，它的期望值为：

$$E[V(t+1, x_{t+1})] = \int V(t+1, x_{t+1}) \mathrm{d}\Psi(x_{t+1}; x_t, u_t)$$

这里的积分区间为 x_{t+1} 的分布区间。如此，在 t 期选择的最优控制变量 u_t 必须使得当前目标值 $f(t, x_t, u_t)$ 与下期的最优目标值的期望值之和最优。此时的最优性原理表现为如下 Bellman 方程：

$$V(t, x_t) = \min_{u_t}\{f(t, x_t, u_t) + E[V(t+1, x_{t+1})]\}$$

$$= \min_{u_t}\left\{f(t, x_t, u_t) + \int V(t+1, x_{t+1}) \mathrm{d}\Psi(x_{t+1}; x_t, u_t)\right\}$$

在一般性的设定下，对该式作进一步最优性特征分析是比较复杂和困难的，本书从略。以下主要通过在数学和经济学上都相对简单的经济学范例来说明随机动态优化原理的运用。如下例所示，在应用中，随机动态的 Bellman 方程如何表述当期的目标值和下期往后的预期值是分析的关键所在。

6.3.2 工作搜寻模型

例 6.3.1 工作搜寻的基础模型

工作搜寻模型是随机动态优化理论的一个简单但有代表性的应用。搜寻模型最早于上一世纪 60 年代初由 Stigler 和 McCall 先后分别提出。它也为宏观经济学提供了一个具有微观基础的探讨失业问题的理论分析框架。在以下搜寻模型中，控制变量只有两个选择：对一个取或者弃的提议（或称报价）（a take-it-or-leave-it offer）选择接受或者拒绝，而状态变量分布（工资）不随时间变化，不受控制变量或其他时期的状态变量影响。

（1）模型的基本设定

本模型主要描述劳动者的最优选择问题。设劳动者为风险中立型，未来收入具有不确定性，他追求贴现收入期望值最大化，即：

$$\max: E\left\{\sum_{t=0}^{\infty}\frac{1}{(1+\rho)^t}y_t\right\}$$

其中，ρ 为贴现率，y_t 为 t 期的收入，它包括就业时的工资 w 或失业时来自政府的失业补助 b。

设该经济存在许多不同的工作，其工资 w 不同，失业者每期收到工资报价（offer），也即得到就业机会。失业者收到的报价工资 w 是由分布函数 $F(W)=P(w\leqslant W)$ 描述的非负随机变量。所有工作均具有长期性。遇到报价工资 w（就业机会）的劳动者可以进行选择：一是接受工资为 w 的工作、停止工作搜寻（这里假设工作不能重新调整）；二是拒绝报价工资继续等待以寻找更好的工作机会。

劳动者将通过选择拒绝或接受每次可能遇到的报价工资，寻找一个可以接受的工资，使得其期望收入最大化。

（2）最优性条件 Bellman 方程的推导。

设 $V(w)$ 为工人收到报价工资 w 时所期望的最优选择的收益值（即最优目标值函数），他要么接受 w，要么拒绝 w。

① 接受 w 时，其收益贴现值总和为：

$$V(w)\big|_{\text{accept}}=\sum_{t=0}^{\infty}\frac{1}{(1+\rho)^t}w_t=\left(1+\frac{1}{\rho}\right)w$$

② 拒绝当期报价工资 w，继续等待的期望收益为：本期可得到的失业补贴 b 与下期收到报价工资为 w' 时的最优收益 $V(w')$ 的期望值的贴现值之和，即拒绝 w 的期望收益为：

$$V(w)\big|_{\text{refuse}}=b+\frac{1}{1+\rho}E[V(w')]=b+\frac{1}{1+\rho}\int_0^{\infty}V(w')\mathrm{d}F(w')$$

显然，$V(w)$ 应是上述二者间的最大值，即：

$$V(w)=\max\{V(w)\big|_{\text{accept}},V(w)\big|_{\text{refuse}}\}$$
$$=\max\left\{\left(1+\frac{1}{\rho}\right)w,b+\frac{1}{1+\rho}\int_0^{\infty}V(w')\mathrm{d}F(w')\right\} \qquad (*1)$$

此为该随机动态优化问题的 Bellman 方程。

③ 基于 Bellman 方程的分析。

以下通过进一步展开分析该 Bellman 方程的特征，探讨其经济学含义。由于 $(*1)$ 第一项为 w 的增函数，第二项为不依赖于 w 的常数，所以，如图 6.3.1 所示，此时存在区分拒绝或接受报价工资的临界点 w^*，一般称 w^* 为保留工资（reservation wage）。

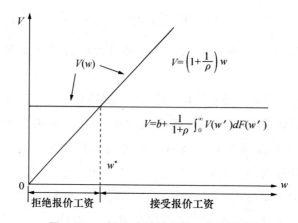

图 6.3.1 拒绝或接受报价工资临界点

利用保留工资，可以如下分段表示 $V(w)$：

$$V(w) = \begin{cases} b + \dfrac{1}{1+\rho}\displaystyle\int_0^\infty V(w')\mathrm{d}F(w') = \left(1+\dfrac{1}{\rho}\right)w^*, & w \leqslant w^* \\ \left(1+\dfrac{1}{\rho}\right)w, & w \geqslant w^* \end{cases} \quad (*2)$$

由（*2）式可知：

$$V(w^*) = \left(1+\dfrac{1}{\rho}\right)w^* = b + \dfrac{1}{1+\rho}\int_0^\infty V(w')\mathrm{d}F(w')$$

对右边积分式分段积分，并对其中 $V(w')$ 再次利用（*2）的结论可得：

$$\left(1+\dfrac{1}{\rho}\right)w^* = b + \dfrac{1}{1+\rho}\int_0^{w^*}\left(1+\dfrac{1}{\rho}\right)w^*\,\mathrm{d}F(w')$$

$$+ \dfrac{1}{1+\rho}\int_{w^*}^\infty\left(1+\dfrac{1}{\rho}\right)w'\,\mathrm{d}F(w')$$

$$= b + \dfrac{1}{\rho}\int_0^{w^*} w^*\,\mathrm{d}F(w') + \dfrac{1}{\rho}\int_{w^*}^\infty w'\,\mathrm{d}F(w')$$

根据分布函数的特征，可知：

$$w^* = w^*\int_0^\infty \mathrm{d}F(w') = w^*\int_0^{w^*}\mathrm{d}F(w') + w^*\int_{w^*}^\infty \mathrm{d}F(w')$$

将此式代入前式左边即得：

$$w^* - b = \dfrac{1}{\rho}\int_{w^*}^\infty (w - w^*)\mathrm{d}F(w), \quad \left(\dfrac{1}{\rho} = \sum_{t=1}^\infty \dfrac{1}{(1+\rho)^t}\right) \quad (*3)$$

（*3）式左边可以理解为拒绝当期报价工资的机会成本，右边为继续寻找时可期望增加的收入的现值。同时，（*3）式还表明，保留工资为模型中其他参数的函数。利用隐函数定理，可以得到各参数对保留工资的影响。

设
$$H(w^*,b,\rho) := w^* - b - \frac{1}{\rho}\int_{w^*}^{\infty}(w-w^*)\mathrm{d}F(w)$$

(*3)即为 $H(w^*,b,\rho)=0$，可求得：

$$H_{w^*} = 1 + \frac{1}{\rho}\int_{w^*}^{\infty}\mathrm{d}F(w) = 1 + \frac{1}{\rho}[1-F(w^*)] > 0$$

$$H_b = -1 < 0$$

$$H_\rho = \frac{1}{\rho^2}\int_{w^*}^{\infty}(w-w^*)\mathrm{d}F(w) > 0$$

所以，

$$\frac{\partial w^*}{\partial b} = -\frac{H_b}{H_{w^*}} > 0, \quad \frac{\partial w^*}{\partial \rho} = -\frac{H_\rho}{H_{w^*}} < 0$$

以上表明：其一，提高失业补助 b 将会提高保留工资 w^*，因为此时降低了待业的机会成本，从而提高了待业继续寻找更好工作的收入期望值；其二，贴现率 ρ 的上升将使得保留工资 w^* 下降，因为贴现率的上升降低了待业的未来收入期望值的贴现值。

另一方面，也可以利用递归思想分析平均待业时间，以进一步讨论失业补贴对待业时间的影响。这里的待业时间用次数表示，如第一次就得到可接受的工资报价，则等待时间为 1，如第一次拒绝，第二次接受，则等待时间为 2，如此，前($N-1$)次拒绝，第 N 次接受，则等待时间为 N。

从以上分析可知，在考虑稳定的经济环境下（每个人在每期所面临的就业概率相同），$\mu = \int_0^{w^*}\mathrm{d}F(w)$ 为每期拒绝报价工资继续等待的概率，而($1-\mu$)为接受报价工资摆脱失业的概率。如此，设工人的平均（期望）待业次数为 T，则每一期有($1-\mu$)的概率得到工作而只等待 1 次，有 μ 的概率得不到工作，从而进入下一期重新面临平均待业次数 T，也就是在本期有 μ 的概率等待($1+T$)次，所以平均待业次数满足如下递归方程：

$$T = (1-\mu)\cdot 1 + \mu(T+1)$$

由此可知，该模型的平均待业时间为 $T=1/(1-\mu)$。

因此，当失业补贴 b 升高时，由于保留工资 w^* 上升，将导致失业概率 μ 的上升，进而导致平均待业时间 $1/(1-\mu)$ 增加。

上述模型虽然实际上仍然是在古典学派的理论基础上展开，探讨的是自愿失业率和自然失业率，而没有涉及非自愿失业问题，但该模型为后续多方位的涉及失业的研究提供了一个可借鉴的分析框架。

例 6.3.2　存在解雇的工作搜寻模型

以下在前例的基础上，考虑存在解雇的情况。

（1）模型设定修改。

设在接受工作后的每一期都存在被解雇的可能，概率为 λ，并假设被解雇的概率与工作时间长短无关。从接受某一工资开始，劳动者将在各期获得同样的工资直到被解雇。其他设定与前例相同。

（2）Bellman 方程的导出。

和以上分析类似，设 $V(w)$ 为失业工人收到报价工资 w 时所期望的最优选择的收益值。则存在以下情况：

① 拒绝当期报价工资 w，继续待业的期望收益为：本期可得到的失业补贴 b 与次期收到报价工资为 w' 时的最优期望收益的贴现值之和，即拒绝 w 的期望收益为（与前例相同）：

$$V(w)\mid_{\text{refuse}} = b + \frac{1}{1+\rho}E[V(w')] = b + \frac{1}{1+\rho}\int_0^\infty V(w')\mathrm{d}F(w')$$

② 接受 w 时，在本期得到 w。在下一期存在 λ 的概率被解雇，被解雇时必须重新对是否接受报价工资进行选择，此时期望收益的贴现值为：

$$\frac{1}{1+\rho}E[V(w')] = \frac{1}{1+\rho}\int_0^\infty V(w')\mathrm{d}F(w') \text{①}$$

没有被解雇的概率为 $(1-\lambda)$，此时收益的贴现值为 $\frac{1}{1+\rho}V(w)$，所以接受当期报价工资的期望收益为：

$$V(w)\mid_{\text{accept}} = w + (1-\lambda)\frac{1}{1+\rho}V(w) + \lambda\frac{1}{1+\rho}\int_0^\infty V(w')\mathrm{d}F(w')$$

综上，此时的 Bellman 方程为：

$$\begin{aligned}V(w) &= \max\{V(w)\mid_{\text{accept}}, V(w)\mid_{\text{refuse}}\}\\ &= \max\Big\{w + (1-\lambda)\frac{1}{1ївй+\rho}V(w) + \lambda\frac{1}{1+\rho}\int_0^\infty V(w')\mathrm{d}F(w'),\\ &\qquad b + \frac{1}{1+\rho}\int_0^\infty V(w')\mathrm{d}F(w')\Big\}\end{aligned}$$

---

① 此时收到的报价工资可能为 w''，但显然在积分式中自变量不影响积分值。

(3) 基于 Bellman 方程的分析。

从以上 Bellman 方程可知,括号中的第一项为 w 的增函数,而第二项与 w 值无关,为常数。如上例,此时也存在保留工资 w^*,并可求得保留工资如下:

$$w^* = \frac{\rho+\lambda}{1+\rho}b + \frac{\rho(1-\lambda)}{(1+\rho)^2}\int_0^\infty V(w')\mathrm{d}F(w')$$

利用以上方程可以进一步展开讨论,探讨相关经济学含义,该部分留作习题。

第 7 章

动态优化与均衡：经济增长分析范例

本章以经济增长分析为例，观察相关理论模型如何通过对优化与均衡的刻画解释经济增长机制。关于经济增长，第 5 章例 5.3.1 与例 5.3.2 应用最大值原理分析了理想状态下的最优增长路径的特征。但如前所述，这些例子中未涉及市场结构和均衡的讨论。显然，对现实经济增长的解释必须反映出市场的作用机制。简略而言，要分析经济增长，就需要讨论在市场中消费者、厂商等经济主体的分散决策下所形成的产出、消费、资本或各类投资的市场动态均衡路径的特征。前述最优增长路径必须能与市场中均衡增长路径进行比较才有现实意义。而增长模型中的均衡通常需要表现为各个市场相互作用下的一般均衡，Ramsey 增长模型之所以成为现代宏观动态分析的基准模型，也主要在于其以简练的方式提供了动态一般均衡的分析框架。

本章第 1 节和第 2 节分别讨论例 5.3.1 和例 5.3.2 的最优增长路径所对应的分散决策下的市场均衡增长路径。在此基础上，第 3 节和第 4 节进一步介绍相关模型如何刻画基于创新的内生增长机制。

7.1 分散决策的 Ramsey 增长模型

如前所述，例 5.3.1 的模型反映的是理想的计划最优模型，并非对现实经济的直接刻画，该模型之所以能够用以解释经济增长，是因为它与完全竞争市场的均衡增长路径是一致的。

7.1.1 完全竞争市场的均衡增长路径

以下着重描述完全竞争市场中消费者和厂商如何进行最优选择以及如何形成均衡共同决定了消费和资本积累路径。为更直观理解此时的市场结构，并与后续模型进行比较，此处首先给出简单的市场结构图，如图 7.1.1 所示。

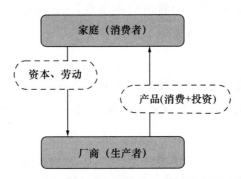

图 7.1.1 只考虑一个家庭与一个厂商的经济结构图

这里简化设定经济由众多同质（无差异）的消费者（或以家庭为单位，称家庭或居户）和厂商（生产者）组成，家庭（消费者）向厂商提供资本和劳动，厂商向家庭提供产品用于消费和投资，其中的供求交易分别在资本市场、劳动市场和产品市场进行。

1. 消费者（家庭）选择

家庭面临的最优选择问题为：如何将劳动和资产收入分配于消费和储蓄（也就是投资），以最大化自己的跨期消费效用的现值总和。现在用 r 表示资本市场收益率，w 表示劳动市场工资率，k 表示资产（不考虑其他形式的资产，因此也将等于厂商生产的资本），并设劳动供给为固定量，设为 1。其他设定，如效用函数、生产函数、人口出生率等与例 5.3.1 的设定相同。在以上设定下，消费者的最优控制问题如下：

$$\max_{(c,k)} \int_0^\infty U(c(t)) e^{-\theta t} dt \qquad (*1)$$

s.t.：
$$\dot{k}(t) = r(t)k(t) + w(t) - c(t) - nk(t) \qquad (*2)$$

$$k(0) = k_0 \qquad (*3)$$

其中，c 为控制变量，k 为状态变量，w、r 和人口出生率 n 等均为外生变量。$(*2)$反映了家庭收支平衡约束，即工资与资产收益将用于消费、投资与分配给新人口的平均资产。同例 5.3.1，利用最大值原理容易求得最优状态下的消费增长率为：

$$\frac{\dot{c}}{c} = -\frac{U_c}{U_{cc}c}(r - n - \theta) \qquad (*4)[1]$$

---

[1] 这里为表述方便，省去时间变量 t，以下同理。

此外，例 5.3.1 的横截性条件也同样成立。

如此，家庭的最优选择 (c,k) 将由约束条件（＊2）和最优性条件（＊4）以及端点条件（＊3）与横截性条件①所决定。

2. 厂商的选择

该模型中，厂商的最优选择比较简单。依据第 4 章 4.4 节的最优性原理可知，厂商求跨期利润最优和各时点利润最优将是一致的。因此可以把厂商最优选择简化为：

$$\max: F(K,L) - rK - wL$$

在生产函数规模收益不变②与完全竞争市场的设定下，等价于

$$\max: f(k) - rk$$

此时的一阶条件即：

$$r = f_k(k) \tag{＊5}$$

由于规模收益不变意味着 $f(k) = w + rk$。所以，

$$w = f(k) - kf_k(k) \tag{＊6}$$

3. 市场均衡

在完全竞争的市场均衡状态，厂商面临的价格体系 w 和 r 与消费者面临的价格体系 w 和 r 一致。将（＊5）和（＊6）代入上述（＊2）和（＊4），即可得：

$$\dot{k} = f(k) - c - nk \tag{＊7}$$

$$\frac{\dot{c}}{c} = -\frac{U_c}{U_{cc}c}(f_k(k) - n - \theta) \tag{＊8}$$

此二式也就是例 5.3.1 的计划最优增长路径的动态方程式，此外，此时的横截性条件和端点条件也是一致的。所以，竞争市场的均衡增长路径 (c,k) 将与例 5.3.1 的计划最优增长路径一致。这也意味着，在竞争市场中可以实现资源的动态最优配置。关于模型所解释的经济增长的含义参见例 5.3.1 中的讨论，此处不再重复。

7.1.2 经济增长中财政政策的影响

在以上反映市场机制的分散决策模型的基础上，可以进一步讨论财政政策对经济增长的影响。在以上模型设定下，财政政策最终将只会影响消费者的选择，

---

① 这里为简化，省略对横截性条件的重复表述与讨论。
② 规模收益不变意味着：$F(K,L) = K \cdot F_K + L \cdot F_L$

而不会涉及厂商，因为对厂商的影响将转移给消费者。所以以下分析主要讨论财政政策如何通过对消费者选择的影响进而作用于均衡增长路径。

1. 一笔征税支付的公共支出的影响

考虑由一笔征税 τ 来支付政府的公共支出 g 的情况，此时，消费者的收支预算约束修改为：

$$\dot{k} = rk + w - \tau - c - nk, \quad (\tau = g) \qquad (*9)$$

用（*9）替代（*2），重新分析上述消费者的最优选择问题，可得到与之前相同的最优性条件（*4），此时，厂商的最优性条件依然为（*5）和（*6）。结合（*4）（*5）（*6）和（*9）可得均衡路径将由上述动态方程（*8）和以下资源配置方程：

$$\dot{k} = f(k) - c - g - nk \qquad (*10)$$

以及与上述相同的端点条件所决定。

比较（*7）与（*10）可知，当政府支出稳定且较小时，经济的动态影响如图 7.1.2 所示，稳定状态的资本存量不变，但消费将减少，即长期而言（到达稳定状态），政府支出仅对上述均衡增长路径的消费产生挤出效应。

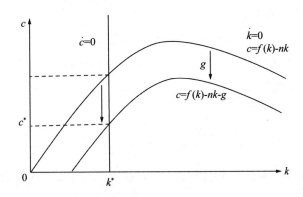

图 7.1.2　财政支出的挤出效应

2. 发行国债的影响

假设政府支出的超支部分将靠发行国债 b 来调整，则政府的财政预算表示为：

$$\dot{b} = rb + g - \tau - nb \qquad (*11)$$

为简便，设初期国债为零，另外加上国债最终需要偿还的限制，该限制体现为下式的 Non-Ponzi-Game 条件：

$$b(0)=0, \quad \lim_{t\to\infty} b(t)\mathrm{e}^{-\int_0^t (r-n)\mathrm{d}t}=0$$

此时，消费者的资产 a 包含厂商资本和政府国债，$a=k+b$，均衡时的国债和资本收益率相同，此时消费者的预算约束表示为：

$$\dot{a}=ra+w-\tau-c-na \qquad (*12)$$

以($*12$)替代($*2$)，再次分析消费者的最优性条件，同样可得($*4$)，这里的财政政策对厂商选择也无影响，($*5$)和($*6$)依然成立，综合($*4$)($*5$)($*6$)($*11$)和($*12$)，可得此时均衡增长路径将同样由($*8$)和($*10$)以及相同的端点条件所决定(此处关于 k 的横截性条件可以从 a 的横截性条件以及上述关于 b 的边界条件导出)。这意味着发行国债下的均衡增长路径与上述只依靠一笔征税的均衡增长路径是一致的。换句话说，政府支出的调剂方法——由国债或由一笔征税来支付，并不影响经济的均衡增长路径。

3. 所得税的影响

以下考虑政府支出由资产收益税和劳动收入税支付的情况，以观察不同征税形式的影响。设二者税率分别为 τ^r、τ^w。此时，政府预算式修改为：

$$\dot{b}=rb+g-(\tau^r ra+\tau^w w)-nb \qquad (*13)$$

消费者的预算约束为：

$$\dot{a}=(1-\tau^r)ra+(1-\tau^w)w-c-na \qquad (*14)$$

同理，在($*14$)的约束下，最优化目标($*1$)可以得到此时消费的增长率，再结合上述厂商的最优性条件($*5$)和($*6$)，不难得出此时的消费增长率方程如下：

$$\frac{\dot{c}}{c}=-\frac{U_c}{U_{cc}c}((1-\tau^r)f_k(k)-n-\theta) \qquad (*15)$$

另一方面，联合($*5$)($*6$)和($*13$)与($*14$)可知，均衡时，($*10$)依然成立，所以均衡增长路径将由($*10$)和($*15$)以及相应的端点条件所决定。

由($*15$)可知，资产收益税将影响长期的资本配置。此时稳定状态下的资本存量由下式决定：

$$f_k(k^*)=\frac{n+\theta}{1-\tau^r}$$

从此式可知，资产收益税将降低稳定状态资本的存量水平，从而也将降低稳态产出，资产收益税对资本存量的影响如图7.1.3所示。

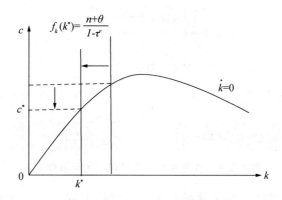

图 7.1.3 资本收益税的影响

(*15)也显示，劳动收入税对经济的长期资本存量和产出不存在影响。实际上，因为模型中的劳动要素投入为固定值，所以劳动收入税不会影响劳动要素的投入，因此对经济的生产没有影响，其影响和一笔征税支付的公共支出的影响相同，主要影响稳定状态下的家庭消费水平。

进一步地，如果考虑消费税，通过同样的展开分析不难知道，固定税率的消费税将类似于一笔征税的作用，也不会影响稳定状态的资本存量，但变动的消费税率则存在影响，该结论与第 4 章例 4.3.1 相同，详细分析留作习题。

7.2 分散决策的含人力资本增长模型

以下讨论第 5 章例 5.3.2 所对应的市场分散决策模型。

1. 基本设定

现在经济存在两类生产部门，为表述不同厂商的分散决策，这里对生产函数的投入要素重新使用不同的变量符号，设物质资本生产部门的生产函数为，$Y = A(K^M)^\alpha (H^M)^{1-\alpha}$，其中，$K^M$ 表示投入的物质资本存量，H^M 表示投入的效率劳动。人力资本部门的生产函数为 $E = B(K^E)^\beta (H^E)^{1-\beta}$，其中，$K^E$ 为投入的物质资本，H^E 为投入的效率劳动。其他设定与例 5.3.2 相同。

以下主要讨论市场机制下，家庭和厂商分散决策的均衡增长路径是如何确定的。为便于直观理解与比较，这里也给出市场结构图，如图 7.2.1 所示。

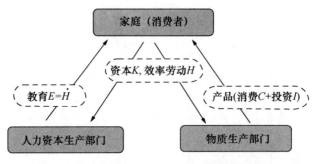

图 7.2.1 消费者与两生产部门的经济结构图

在该模型中，经济结构简化抽象为：家庭将把资产（也就是物质资本）和效率劳动无差异提供给两部门厂商，物质生产部门为家庭提供物质产品用于消费和投资，人力资本生产部门则提供教育给家庭用于提升人力资本。

2. 家庭（消费者）的选择

代表性家庭将在其资源约束（收支预算约束）之下最大化跨期消费效用的现值总和。以下先给出家庭的优化选择的数学表述，再解释其经济学含义。家庭最优化问题如下：

$$\max_{(C,E,K,H)} : \int_0^0 \frac{C^{1-\sigma}-1}{1-\sigma} e^{-\theta t} dt$$

s.t. :
$$\dot{K} = wH + rK - C - \bar{p}E \quad (*1)$$

$$\dot{H} = E \quad (*2)$$

$$K(0) = K_0, \quad H(0) = H_0$$

此处的效用函数和例 5.3.2 相同，($*1$) 表示此时家庭的预算约束，其中，K 表示家庭的资产，r 表示资产收益率，rK 为资产收益，w 为效率劳动的工资率，wH 表示家庭的效率劳动收入（这里总量劳动时间单位化为 1），$\bar{p}$ 表示人力资本生产部门的产品（教育）的相对价格（物质部门产品价格标准化为 1），E 为家庭购买的教育。家庭的收入除了用于消费 C 和教育 E 之外，余下将用于投资 $\dot{K}$。教育用于提升人力资本，人力资本提升如 ($*2$) 所示。同例 5.3.2 的设定一样，此处不考虑人口增长因素和资本折旧因素。

该最优控制问题的控制变量为 C 和 E，状态变量为 K 和 H，根据最大值原理，设 Hamilton 函数如下：

$$\mathcal{H} = \frac{C^{1-\sigma}-1}{1-\sigma} e^{-\theta t} + p(rK + wH - \bar{p}E - C) + qE$$

其中，p 和 q 分别为对应 K 和 H 的 Hamilton 乘子，最优解满足

$$\frac{\partial \mathcal{H}}{\partial C} = 0 \Rightarrow C^{-\sigma} e^{-\theta t} = p \tag{*3}$$

$$\frac{\partial \mathcal{H}}{\partial E} = 0 \Rightarrow p\bar{p} = q \tag{*4}$$

$$\frac{\partial \mathcal{H}}{\partial K} = -\dot{p} \Rightarrow -\dot{p} = rp \tag{*5}$$

$$\frac{\partial \mathcal{H}}{\partial H} = -\dot{q} \Rightarrow -\dot{q} = wp \tag{*6}$$

此外，横截性条件成立：

$$\lim_{t \to \infty} p(t) K(t) = \lim_{t \to \infty} q(t) H(t) = 0$$

从（*3）和（*5）可导出消费的增长率满足如下方程：

$$\frac{\dot{C}}{C} = \frac{r - \theta}{\sigma} \tag{*7}$$

以下将结合厂商的最优选择与均衡条件，进一步分析市场利率 r，并推导出消费和资本等经济变量的增长率。

3. 厂商的选择

（1）物质生产部门的最优选择。在上述生产函数设定下，面临给定的市场要素价格 r、w，物质生产部门的利润最大化问题可表示如下：①

$$\max_{K^M, H^M} : A(K^M)^\alpha (H^M)^{1-\alpha} - rK^M - wH^M$$

容易求得一阶最优性条件为：

$$r = \alpha A (K^M)^{\alpha-1} (H^M)^{1-\alpha}$$

$$w = (1-\alpha) A (K^M)^\alpha (H^M)^{-\alpha}$$

（2）同理，教育（人力资本）生产部门的利润最大化问题如下：

$$\max_{K^E, H^E} : \bar{p} B(K^E)^\beta (H^E)^{1-\beta} - rK^E - wH^E$$

其一阶条件为：

$$r = \bar{p} \beta B (K^E)^{\beta-1} (H^E)^{1-\beta}$$

$$w = \bar{p} (1-\beta) B (K^E)^\beta (H^E)^{-\beta}$$

4. 一般均衡

在要素自由流动下，均衡时两部门的要素收益率相等，即：

---

① 同前例，此处厂商的跨期最大化和逐点最大化是一致的。

$$\alpha A(K^M)^{\alpha-1}(H^M)^{1-\alpha} = r = \bar{p}\beta B(K^E)^{\beta-1}(H^E)^{1-\beta} \qquad (*8)$$

$$(1-\alpha)A(K^M)^{\alpha}(H^M)^{-\alpha} = w = \bar{p}(1-\beta)B(K^E)^{\beta}(H^E)^{-\beta} \qquad (*9)$$

同时，市场出清意味着

$$K^M + K^E = K$$

$$H^M + H^E = H$$

$$E = B(K^E)^{\beta}(H^E)^{1-\beta}$$

与例 5.3.2 相同，以下主要关注稳定增长状态，此时，K^M/K^E 和 H^M/H^E 均为固定值。由（*8）和（*9）可知，稳定增长状态下，教育的相对价格 $\bar{p}$ 和资产收益率 r 以及效率劳动的工资率 w 均为常数。

进一步地，均衡也意味着家庭与厂商面对同样的价格体系，由家庭的最优性条件（*4）—（*6）可知，此时，

$$\frac{r}{w} = \frac{1}{\bar{p}}$$

此式联合（*8）和（*9）可得：

$$\bar{p} = \frac{w}{r} = \frac{(1-\alpha)K^M}{\alpha H^M} = \frac{(1-\beta)K^E}{\beta H^E} \qquad (*10)$$

再从（*8），并利用（*10）的 $\bar{p}$ 可知：

$$\alpha A\left(\frac{K^M}{H^M}\right)^{\alpha-1} = \bar{p}\beta B\left(\frac{K^E}{H^E}\right)^{\beta-1} = (1-\beta)B\left(\frac{K^E}{H^E}\right)^{\beta} \qquad (*11)$$

再次利用（*10）将（*11）化为 K^M/H^M 的方程，可解出：

$$\left(\frac{K^M}{H^M}\right)^{1-\alpha+\beta} = \frac{\alpha A}{(1-\beta)B}\left[\frac{\alpha(1-\beta)}{(1-\alpha)\beta}\right]^{\beta}$$

将其代入（*8），可得均衡时的市场利率如下：

$$r = A^{\gamma}B^{1-\gamma}D^{\gamma}$$

其中，参数 γ 和 D 与例 5.3.2 相同，由于利率为常数，因此，此时市场的资本边际收益率不再出现递减状态。

将此利率代入（*7），可知消费增长率为：

$$\frac{\dot{C}}{C} = \frac{A^{\gamma}B^{1-\gamma}D^{\gamma} - \theta}{\sigma} := g$$

因此，在满足 $A^{\gamma}B^{1-\gamma}D^{\gamma} > \theta$ 的条件下，消费将持续增长。

将均衡的 w, r 代入家庭预算约束（*1）和（*2）并结合上述市场出清条件，可推导出均衡时满足

$$\dot{K} = A(K^M)^{\alpha}(H^M)^{1-\alpha} - C \qquad (*12)$$

$$\dot{H} = B(K^E)^\beta (H^E)^{1-\beta} \qquad (*13)$$

于是,在稳定增长状态下,同例 5.3.2 一样,可以导出

$$\frac{\dot{C}}{C} = \frac{\dot{K}}{K} = \frac{\dot{H}}{H} = \frac{\dot{Y}}{Y} = g \qquad (*14)$$

由此可知,(*14)与例 5.3.2 的(*13)相同,表明分散决策下的市场均衡路径的稳态增长率与最优增长状态的增长率一致,经济能够达到最优的可持续增长率。

实际上,此时如设 $K^M = vK$,$H^M = uH$,则 $K^E = (1-v)K$,$H^E = (1-u)H$。因此,此处分散决策模型的资本动态方程(*12)和(*13)与例 5.3.2 的最优增长模型中的动态方程(*1)和(*2)一致;而本模型中的决定消费增长路径的(*7)和(*8)则等价于例 5.3.2 最优增长模型中的(*10);同时,本模型中的(*10)与(*11)则分别等价于例 5.3.2 最优增长模型中的(*12)与(*11)。加上一致的端点条件,所以,以上分散决策下的市场均衡路径 $C(t)$、$K^M(t)$、$K^E(t)$、$H^M(t)$、$H^E(t)$ 与例 5.3.2 所示的计划最优增长路径 $C(t)$、$K(t)$、$H(t)$、$v(t)$、$u(t)$ 一致。也就是以上分散决策下的市场能够实现最优增长状态。

需要注意的是,如果经济中存在 Lucas(1988)所考虑的人力资本外部性,则分散决策下的市场均衡路径将偏离计划最优增长路径。存在外部性情况下的讨论留作习题。

7.3 基于横向创新的内生增长模型

以上含人力资本的增长模型为经济保持持续增长的动力和机制提供了一种解释,但该理论模型并未涉及经济增长过程中核心的技术进步是如何产生的。Romer(1990)进一步开创性地提出了基于产品多样化(也称为横向创新)的内生技术进步增长理论模型。该模型解释市场机制下如何产生创新,创新如何推动经济的可持续增长。本节基于 Romer(1990)的模型展开,着重介绍如何通过优化和均衡刻画内生技术进步和经济增长的机制。

1. 模型基本设定

为便于直观理解,这里给出市场结构图(如图 7.3.1 所示)。此处经济中进行理性选择的主体同样包含家庭(消费者)和厂商(生产部门),但厂商又区分为最终产品厂商、中间品厂商和研发厂商(中间品的研发与生产又可视为同一主

体的选择），他们的选择相互影响。

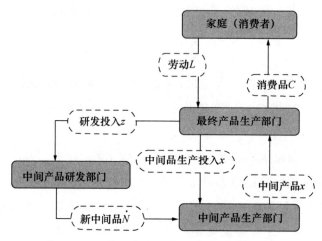

图 7.3.1　基于产品种类创新的经济结构图

家庭提供劳动给最终产品厂商；最终产品厂商利用劳动和中间品进行生产，产品将用于消费、生产中间品和研发；研发厂商利用最终产品研发新产品，研发成功就拥有该中间品的垄断生产专利；中间品（包含新中间品）厂商将利用最终产品作为投入要素，其产出将提供给最终产品厂商。

2. 最终产品厂商的选择

首先分析最终产品厂商的选择。设最终品的生产函数为如下规模报酬不变的函数：

$$Y(t) = \frac{1}{1-\beta}\widetilde{X}(t)^{1-\beta}L^{\beta}$$

其中，$\widetilde{X}(t) = \left(\int_0^{N(t)} x(i,t)^{(\varepsilon-1)/\varepsilon} di\right)^{\varepsilon/(\varepsilon-1)}$，$N(t)$ 为 t 期的中间品种类，$x(i,t)$ 表示 t 期第 i 类中间品的投入量，$\widetilde{X}(t)$ 为 D-S 形式的复合品，L 为劳动投入量。此处的函数设定借鉴了第 3 章中讨论的 D-S 模型的效用函数设定。[①]

为分析简便，取 $\varepsilon = 1/\beta$，如此最终品的生产函数简化为：

$$Y(t) = \frac{1}{1-\beta}\left[\int_0^{N(t)} x(i,t)^{1-\beta} di\right]L^{\beta}$$

最终品市场为完全竞争市场，将最终品价格标准化为 1，如此，最终品厂商

---

① D-S 模型中的效用函数形式首先被 Ethier 借鉴应用于生产函数的设定，Romer 进一步借鉴了 Ethier 的研究。

面临的最优化问题可表示为：

$$\max_{x(i,t),L}: \frac{1}{1-\beta}\Big[\int_0^{N(t)} x(i,t)^{1-\beta}\mathrm{d}i\Big]L^\beta - \int_0^{N(t)} p(i,t)x(i,t)\mathrm{d}i - wL$$

其中，$p(i,t)$ 为中间品 $x(i,t)$ 的价格，w 为工资率。

利用第 4 章 4.4 节的最优化分析方法可知，最优性一阶条件为：

$$p(i,t) = x(i,t)^{-\beta}L^\beta \qquad (*1)$$

$$w = \beta\frac{Y}{L} \qquad (*2)$$

$(*1)$ 即中间产品需求函数的反函数。以下讨论中间品的研发与生产。

3. 中间品厂商的选择

如上所述，该模型中的中间品研发与生产可分为两阶段，第一阶段是研发阶段，研发出中间品后进入第二阶段——垄断生产。为分析方便，先讨论第二阶段，研发成功后如何决定垄断生产（垄断定价）。

如上所假设，中间品厂商利用最终产品进行生产，并设 ψ 为生产一单位中间品产出需要投入的最终品数量。现在，中间品厂商在了解上述市场需求后，将进行垄断定价以获取最大利润，中间品 i 厂商的最优化问题表示如下：

$$\max_{p(i,t)}: \pi(i,t) = x(i,t)(p(i,t) - \psi)$$

其中，$x(i,t)$ 为满足上述 $(*1)$ 的需求函数，即 $x(i,t) = p(i,t)^{-1/\beta}L$。

利用一阶最优性条件容易求得此时最优垄断定价为：

$$p(i,t) = \frac{\psi}{1-\beta}$$

相应的垄断利润为：

$$\pi(i,t) = \Big(\frac{1-\beta}{\psi}\Big)^{(1-\beta)/\beta}\beta L$$

为简化，进一步设 $\psi = 1-\beta$，于是这种简化情况下的最优垄断定价、垄断产出与垄断利润分别为：

$$p(i,t) = 1, \quad x(i,t) = L, \quad \pi(i,t) = \beta L \qquad (*3)$$

上述厂商逐点（期）最优化 $\pi(i,t)$ 实际上等价于最优化如下跨期利润的现值总和 $V(i,t)$：

$$V(i,t) = \int_t^\infty e^{-\int_t^s r(t')\mathrm{d}t'}\pi(i,s)\mathrm{d}s$$

如此，$V(i,t)$ 也就是在 t 时刻研发成功中间品 i 可以获得的永久垄断利润。对该方程两边求 t 的导数，可得值函数 $V(i,t)$ 满足如下方程：

$$r(t)V(i,t) = \dot{V}(i,t) + \pi(i,t) \qquad (*4)^{①}$$

该方程也称为 Bellman 方程（或称 HJB 方程）。

4. 研发（R&D）厂商的选择

以下讨论上述第一阶段的中间品研发问题。假设研发厂商以如下线性生产技术研发新中间品：

$$\dot{N}(t) = \eta Z(t) \qquad (*5)$$

其中，$Z(t)$ 是研发投入的最终品数量，$\eta > 0$ 为常数，表示研发效率，$\dot{N}(t)$ 表示中间品种类的增量，即新研发的中间品种类的数量。

由以上可知，研发一种新的中间品并投入生产可得到的回报为 $V(i,t)$，而垄断竞争市场的自由进入意味着只要收益高于成本就不断会有新厂商进入，如此，垄断竞争市场的均衡意味着研发成本将等于新产品带来的垄断利润，也就是

$$V(i,t)\dot{N}(t) - Z(t) = [\eta V(i,t) - 1]Z(t) = 0$$

所以均衡时，

$$V(i,t) = \frac{1}{\eta} \qquad (*6)$$

现在可以综合分析得出以上产品市场均衡下的利率 r。

由（*6）知道，均衡时，$\dot{V}(i,t) = 0$，再利用（*3）的 $\pi(i,t) = \beta L$，则跨期垄断利润 V 的 Bellman 方程（*4）意味着：

$$r(t) = \eta \beta L = r(常数) \qquad (*7)$$

5. 家庭（消费者）的选择

最后，还需要讨论家庭的选择问题以完善模型分析。如同前述 Ramsey 增长模型，家庭面临跨期效用最大化问题，表述如下：②

$$\max_{C(\cdot),A(\cdot)} : \int_0^\infty \frac{C(t)^{1-\theta} - 1}{1-\theta} e^{-\rho t} dt$$

s.t.：
$$\dot{A}(t) = r(t)A(t) + w(t)L - C(t) \qquad (*8)$$

---

① 这里的 $\dot{V}(i,t)$ 指 V 对 t 的导数，i 在此用以标识第 i 个厂商，不作为通常的自变量考虑，为了简便，在不引起歧义的情况下，如此简化表示对时间 t 的导数。

② 本模型的结构已比较复杂，为简化起见，这里省略对端点条件的讨论，这不影响总体优化与均衡的分析结论，端点条件通常在需要更严谨的数理分析时用以保证均衡的存在性和唯一性等。一般情况下，它不影响理论分析的主要结论。

其中，$C(t)$表示消费，ρ为效用的主观贴现率，效用函数也采用和前例一样的不变跨时替代弹性函数的形式，$A(t)$为家庭的财产，（*8）表示家庭的预算约束。

利用最优控制的最大值原理，可从最优性条件推导出，家庭最优选择下消费的增长率满足如下关系：

$$\frac{\dot{C}(t)}{C(t)} = \frac{1}{\theta}(r(t) - \rho) \qquad (*9)$$

以下进一步分析均衡状态下经济中主要变量的增长率。

6. 一般均衡

以上，在分析上述各厂商的优化选择过程中，实际上也已经利用了相关的均衡条件。这里进一步将家庭与厂商的选择相关联，讨论所有市场都达到均衡时的状态，并明确一般均衡下的经济增长率如何决定。

在本模型中，中间品垄断厂商的股权是唯一的资产，均衡时，所有家庭的财产等于所有企业的市场价值，[①] 即：

$$A(t) = \int_0^{N(t)} V(i,t)\,\mathrm{d}i$$

根据（*6）可知，$A(t) = N(t)/\eta$，进而可知，

$$\dot{A}(t) = \dot{N}(t)/\eta = Z(t) \qquad (*10)$$

将（*3）中的$x(i,t) = L$代入最终品生产函数可得，最终品的产出为：

$$Y(t) = \frac{1}{1-\beta}N(t)L \qquad (*11)$$

同时，所有投入中间品生产的最终产品$X(t)$为：

$$X(t) = N(t)\psi x = (1-\beta)N(t)L \qquad (*12)$$

进一步利用上述$A(t) = N(t)/\eta$，（*7）的利率，（*2）的工资率和（*11）的产出关系式，可得家庭预算约束（*8）的收入总和为：

$$rA(t) + wL = \frac{2\beta - \beta^2}{1-\beta}N(t)L$$

（*11）和（*12）意味着，

$$Y(t) - X(t) = \frac{2\beta - \beta^2}{1-\beta}N(t)L = rA(t) + wL \qquad (*13)$$

[①] 本模型中，人口总量不变，家庭数量固定，为简便起见，此处的经济设为一个家庭不影响分析的逻辑和结论。

(*13)也就是经济的 GDP，将(*13)与(*10)代入家庭预算方程(*8)，可得，

$$Z(t) = Y(t) - X(t) - C(t) \tag{*14}$$

此即最终产品产出的均衡配置，最终产品产出将用于消费，中间品投入和新中间品研发。联立以上各式将确定均衡时的各经济变量，$C(t)$、$A(t)$、$X(t)$、$Z(t)$、$N(t)$,、$x(i,t)$、$V(i,t)$、$p(i,t)$、$r(t)$、$w(t)$。

从(*11)和(*13)可知，均衡时，最终产品产出 Y、GDP 和产品创新 N 的增长率将是一致的，同时，(*14)也意味着

$$\dot{N}(t)/\eta = \frac{1}{1-\beta}N(t)L - N(t)L(1-\beta) - C(t)$$

所以，

$$\frac{\dot{N}(t)}{N(t)} = \eta\left[\frac{\beta(2-\beta)}{(1-\beta)}L - \frac{C(t)}{N(t)}\right]$$

因此，当研发稳定增长（增长率 $\dot{N}(t)/N(t)$ 为常数）时，N 也将与 C 具有同样的增长率，① 所以，该经济存在如下平衡增长路径：

$$\frac{\dot{Y}(t)}{Y(t)} = \frac{\dot{N}(t)}{N(t)} = \frac{\dot{C}(t)}{C(t)} = \frac{1}{\theta}(\eta\beta L - \rho) := g^*$$

以上解释了，市场机制下产生的创新将能够驱动经济产生可持续的增长（参数满足 $\eta\beta L > \rho$ 时，$g^* > 0$）。根据该增长率方程式，还可以进一步讨论影响增长率的因素。此外，也可以比较如上分散决策下的增长率与计划最优的增长率，以进一步考察存在垄断竞争时，市场是否能达到帕累托最优状态。由于篇幅与本书的主要目的，此处不再进一步对本模型的其他经济学意义展开讨论。部分相关议题留作习题。

7.4 基于纵向创新的内生增长模型

和前述基于产品种类增加的横向创新相比，Aghion 和 Howitt（1992）则提出基于产品质量更新的纵向创新增长模型，该模型也表述了熊彼特的创造性破坏的思想，因此也称熊彼特式增长模型。本模型同样强调：增长由创新驱动；创新是

---

① 如前所述，经济增长率保持常数的稳定增长是增长理论研究中关注的重点。相关研究指出，可以证明本模型在一定条件下稳定增长的均衡是唯一的均衡。这里不涉及更深入的讨论。

企业家在垄断利润驱动下的结果。此外，模型中的熊彼特思想体现为：新创新将替代旧技术，增长包含了创造性破坏过程。如此，熊彼特式的创新模型实际上可以进一步拓展，用以分析企业进入和退出市场等企业动态演变机制，但以下主要关注市场机制下的增长率如何确定。

1. 基本设定

同样为便于理解与比较，首先给出如下市场结构图：

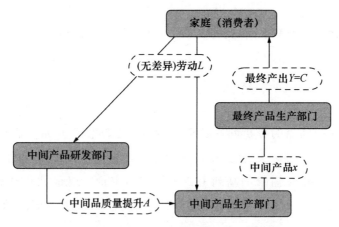

图 7.4.1 基于产品质量创新的经济结构图

如图 7.4.1 所示，在该经济体中，家庭将无差异地把劳动分别提供给中间品的研发与生产部门；中间品的研发将提升产品质量，新的更高质量的中间品将替代旧产品，并进行垄断生产，中间品产出将提供给最终产品部门；最终产品部门利用中间品生产最终产品，提供给家庭消费。

为了方便起见，假设经济的劳动总量为 L。每个劳动者每期拥有 1 单位的劳动禀赋。个体（家庭）的效用函数是线性函数（风险中性），主观贴现率为 ρ。此处风险中性的假设意味着均衡利率将等于时间偏好率，即 $r=\rho$。如此设定实际上简化了对市场均衡决定利率的讨论，这里的利率将与外生的主观贴现率一样。因此，本模型的分析重点为厂商间的优化与均衡，而简化了对家庭选择的讨论。①

---

① 需要注意的是，只有在 $r=\rho$ 的情况下，与前述类似的消费者跨期最优化问题才有意义。直观上当利率大于主观贴现率时，在风险中性下（任意消费量的边际效用都相同），每个人将把资源留在将来消费，反之则相反。所以均衡状态要求利率等于主观贴现率。毋庸置疑，如果加入更一般化的家庭优化选择，可以推导出相同的结论，更一般化的基于产品质量创新的增长模型分析可参见 Barro 和 Sala-I-Martin（2004）。

2. 最终品部门

本模型假设经济只生产一种中间产品 x_t 和一种最终产品 Y_t，① 最终产品只使用中间品进行生产，生产函数为 $Y_t = A_t x_t^\alpha$。其中，A_t 表示所使用的中间品的质量或生产率，$0 < \alpha < 1$，为常数。

如前例，最终产品市场为完全竞争市场，最终产品厂商的最优化问题为：在给定中间品（作为生产要素）的价格 p_t 下，决定中间品投入量 x_t，即：

$$\max_{x_t}: A_t x_t^\alpha - p_t x_t$$

最优性条件②意味着中间品投入的边际产出等于其价格，即：

$$p_t = \alpha A_t x_t^{\alpha-1} \qquad (*1)$$

这也就是中间品的反需求函数。

3. 中间品生产部门

如上例，对中间品的分析同样从第二阶段的垄断生产开始。假设中间品 x_t 使用劳动一比一生产，所以 x_t 也表示在中间品生产部门雇用的劳动力数量。中间品厂商在了解中间品市场需求的基础上，进行垄断定价，以最大化利润。其等价问题也可以表示为在知道反需求函数 $(*1)$ 下，决定生产多少。该问题表示为：

$$\max_{x_t}: \pi_t = p_t x_t - w_t x_t = \alpha A_t x_t^\alpha - w_t x_t$$

其中，w_t 表示工资率（x_t 也表示雇用劳动力的数量，劳动为此时唯一的生产投入要素）。

由一阶最优性条件可知：

$$w_t = \alpha^2 A_t x_t^{\alpha-1} \qquad (*2)$$

进一步，可知最优选择下的垄断利润为：

$$\pi_t = (\alpha - \alpha^2) A_t x_t^\alpha \qquad (*3)$$

4. 研发（R&D）部门

现在讨论第一阶段的研发。假设中间品的前一期质量为 A，一次新的创新将

---

① x_t 和 Y_t 表示 x 和 Y 为时间 t 的函数，一般情况下，连续的时间函数变量用 $x(t)$ 表示，x_t 通常用以表示离散时间的变量，但在经济学等应用分析中，为简化表述，在不影响逻辑分析的情况下，有时也使用下标形式表示时间的函数。本书旨在帮助读者理解经济理论分析的数学表述，刻意强调统一的表述方式反而不利于读者对相关文献的进一步阅读。为此，本书的模型在不产生冲突的情况下，特意在一定程度上保留原文献的表述形式。

② 这里的最优化问题是 t 时刻的最优化问题，也就是逐点求最优。

使中间投入质量上升为 $\gamma A(\gamma>1)$。设到 t 时刻时已发生 k_t 次创新,[①] 则 t 期中间投入品的质量（生产率）为：

$$A_{k_t} = \gamma^{k_t}$$

如前面设定中提到的，研发部门的投入也是劳动，但研发是否成功具有随机性。假设投入 z_t 单位的研发劳动在单位时间内成功创新的泊松到达率为 λz_t，λ 表示创新生产率的参数。同时，下一次创新成功将会替代本次的创新产品。因此一次创新成功的垄断时长是从本次创新成功到下一次被新的创新替代为止。

为进一步展开分析，需要利用劳动市场均衡和平衡增长的条件。如以上所假设的，劳动力分别投入中间品生产部门和研发部门，劳动力市场出清时，即 $L = x_t + z_t$，与多数增长模型一样，这里主要关注平衡增长的状态，平衡增长时，两部门的劳动雇用比例是固定的，也就是中间品生产部门和研发部门的劳动均为常数，分别记为 x 和 z，且

$$L = x + z \tag{*4}$$

现在考虑在第 $(k+1)$ 次研发成功能够获得的期望垄断利润总和 (V_{k+1})，这也就是该企业的市场价值。以下用 Bellman 方程分析 (V_{k+1})。考虑企业在充分短（保证企业能持续存在）的 dt 时间段的价值变化情况。首先，在 dt 时期内可以得到的垄断利润为 $\pi_{k+1} dt$。其次，考虑在该时期结束时可能的情况，因为在平衡增长状态下，每个时刻都有研发投入 z，因此 dt 期末被新创新替代的概率为 $\lambda z dt$，此时，现企业价值归零。而没有被替代的概率为 $(1-\lambda z dt)$，现企业继续存活，下一时期将重复现在的状况，因此同一企业价值继续存在。再把 dt 期末的价值贴现到期初价值，则 V_{k+1} 满足如下 Bellman 方程：

$$V_{k+1} = \pi_{k+1} dt + (1 - r dt)[\lambda z dt \cdot 0 + (1 - \lambda z dt) \cdot V_{k+1}]$$

对该方程两边同时除以 dt，并取 $dt \to 0$ 时的极限，可得：

$$rV_{k+1} = \pi_{k+1} - \lambda z V_{k+1}$$

所以，

$$V_{k+1} = \frac{\pi_{k+1}}{r + \lambda z} \tag{*5}$$

该式的经济学意义是直观的，如果一次创新成功可以永久垄断生产，则企业

[①] 严格来说，t 时刻的成功次数表示为 k_t，但在以下分析中均以 t 时刻为起点，为表述方便，以下将省略 k_t 的下标，只用 k 来表示。

市场价值 V_{k+1} 为 π_{k+1}/r,① 也就是利润流在市场利率为 r 时的贴现值总和，r 也是企业价值的每期收益率。而当每一时期存在被淘汰的概率 λz 时，上式中的分母可以理解为根据被淘汰的可能调整了企业价值的收益率。显然，被淘汰的概率越大，现企业的市场价值将越小。这也反映了熊彼特的"创造性破坏"所产生的效应。

5. 一般均衡分析

在本模型中，劳动力是无差异的，所以劳动力流动均衡意味着两部门的劳动收入相等。为了简便，不妨设在研发部门的劳动收入为研发的期望垄断利润，如此，dt 时期内在研发部门的一单位劳动收入为 $\lambda dt \cdot V_{k+1} + (1-\lambda dt) \cdot 0$，即研发部门的工资率为：

$$w_k = \lambda V_{k+1} \qquad (*6)$$

利用(*2)与(*6)工资率相同，再依次利用(*5)(*3)和(*4)的结论，并注意到均衡时 $r=\rho$，可推导出均衡时的劳动力配置:②

$$z = \frac{\dfrac{1-\alpha}{\alpha}\gamma L - \dfrac{\rho}{\lambda}}{1+\dfrac{1-\alpha}{\alpha}\gamma} \qquad (*7)$$

由此，也决定了该经济均衡时产出的增长率。从以上分析可知，均衡时，最终品的生产投入为固定值 x，由于每次创新生产率提升 γ 倍，所以 Y_t 基础上的一次成功创新带来的产出就是 γY_t，如此可知（为方便讨论增长率，取对数形式）：

$$E(\ln Y_{t+dt}) = \lambda z dt \cdot \ln(\gamma Y_t) + (1-\lambda z dt) \cdot \ln Y_t$$

从该式不难推导出经济的期望增长率：

$$E(g_t) = E\left[\frac{d}{dt}\ln Y_t\right] = \lim_{dt\to 0}\frac{E(\ln Y_{t+dt} - \ln Y_t)}{dt} = \lambda z \ln\gamma \qquad (*8)$$

此处的 z 由(*7)的各参数所决定。

如上，该模型解释了市场如何产生熊彼特式创新，进而如何使经济可持续增长。(*8)式也明确表明每次创新成功的概率越大，或创新的幅度越大，则经济增长率越高。同样地，本模型也可以进一步讨论计划最优的增长路径，并进行比较以考察此时垄断竞争下的资源配置扭曲等问题，这些也留给读者进一步讨论。

---

① $V_{k+1} = \int_t^\infty \pi_{k+1} e^{-r(s-t)} ds = \pi_{k+1}/r$。

② 这里要注意下标 t 与 k 的区别与关联。假设在 t 时刻已经有 k 次创新成功，则(*2)的 $w_t = \alpha^2 \gamma^k x^{\alpha-1}$，均衡时，与(*6)的 w_k 相同，而由(*3)可知，$\pi_{k+1} = (\alpha - \alpha^2)\gamma^{k+1}x^\alpha$。

习 题 二

1. 求泛函

$$J[x(\cdot)] = \int_0^2 (12tx + \dot{x}^2)\,dt$$

在边界条件 $x(0)=0$，$x(2)=8$ 下的极值曲线。

2. 利用含微分方程约束的变分法求解以下最优控制问题：

$$\min: \int_0^2 (u_1^2 + u_2^2)\,dt$$

s. t.：
$$\dot{x}_1 = x_2 + u_1, \quad x_1(0) = 1, \quad x_1(2) = 0$$
$$\dot{x}_2 = u_2, \quad x_2(0) = 1 \quad (\text{此处 } x_2(2) \text{ 无约束})$$

3. 求解最优控制问题：

$$\max: \int_0^1 x(t)\,dt$$

s. t.：
$$\dot{x}(t) = x(t) + u(t), \quad x(0) = 0, \quad x(1) \text{ 自由}$$
$$|u(t)| \leqslant 1$$

4. 求解终端时间可变的最优控制问题：

$$\min: \int_0^T u^2(t)\,dt$$

s. t.：
$$\dot{x}_1(t) = x_2(t), \quad x_1(0) = 0, \quad x_1(T) = \frac{1}{4}$$
$$\dot{x}_2(t) = u(t), \quad x_2(0) = 0, \quad x_2(T) = \frac{1}{4}$$
$$u(t) \in [-1, 1]$$

其中，T 是可变的。（提示：主要观察 Hamilton 函数关于 u 的特征，实际上，可用 $H_u = 0$ 替代对最大值条件的分析）

5. 利用逆向递归，求解以下离散最优化问题：

$$\min: \sum_{t=0}^{2} (\beta x_t^2 + \gamma u_t^2) + x_3^2$$

s. t.：
$$x_{t+1} = ax_t + bu_t, \quad t = 0, 1, 2$$
$$x_0 = \bar{x}$$

6. 考虑以下应用计算例。设某消费者的初期财富 $x(0)=S$，其收入只有财产利息收益，其财产配置方程如下：

$$\dot{x}(t) = rx(t) - c(t)$$

其中，$x(t)$ 为财产存量，$c(t)$ 为消费，消费效用函数为 $U(c)=c^{\frac{1}{2}}$。贴现后的从现在（0 时刻）到将来（T 时刻）的消费效用总值为：

$$\int_0^T c(t)^{\frac{1}{2}} e^{-\theta t} dt$$

设该消费者希望到 T 期将资产全部消费完，即 $x(T)=0$。利用最大值原理求最优消费路径 $c(t)$。

7. 考虑消费税对经济增长的影响。第 4 章的例 4.3.1 在离散的模型中讨论了消费税对跨期消费的影响，试在第 7 章 7.1.2 节连续型模型中讨论消费税的影响。这里主要分析消费税对稳定状态时资本与消费的影响，讨论固定税率与变动税率的影响差异，并与第 4 章例 4.3.1 的结论进行比较。

8. 考虑存在解雇或辞职的搜寻市场。

（1）参考第 6 章例 6.3.1，对存在解雇可能的例 6.3.2 模型中的 Bellman 方程展开进一步分析，讨论相关经济学含义。

（2）在例 6.3.1 的模型中考虑存在辞职的情况。此时，面临报价工资时劳动者需要比较三种情况下的跨期收入，也就是除例 6.3.1 中接受报价工资永久工作与拒绝报价工资继续等待之外，还需要考虑接受报价工资工作到 t 期辞职，然后重新寻找工作的情况。分析此时的 Bellman 方程，讨论存在辞职的可能对例 6.3.1 分析结论的影响。

9. 考虑货币因素对经济增长的影响。第 7 章的增长理论模型均未涉及货币因素。在考虑货币因素对经济增长的影响方面，Sidrauski 在 Ramsey 最优增长模型中加入了货币因素，假设货币因素主要影响个人（家庭）的效用，但不影响生产。该模型在效用函数中加入人均实际货币余额 m 的效用，效用函数设定为 $U(c,m)$，其中，$m=M/(PN)$，M 为名义货币余额，P 为价格水平，N 为人口总量。在加入货币因素的情况下，家庭的资产将由资本和实际货币余额组成，这种情况下家庭预算约束表示为：

$$\dot{k} + \dot{m} = w + rk - c - nk - \pi m - nm + x$$

其中，$\pi = \dot{P}/P$ 表示通货膨胀率，x 为政府的转移支付。均衡时，政府的转移支付等于政府发行货币得到的收入，$x = (\dot{M}/P)/N = \delta m$，$\delta = \dot{M}/M$ 表示名义货币增长率，其他变量含义及设定与 7.1.1 节的模型相同。分析此时的消费者最优化问题与市场均衡，通过模型分析讨论此时货币因素对实体经济增长的影响，主要讨论其中对稳定状态的资本与消费的影响。

10. 考虑人力资本的外部性问题。在 Lucas(1988)一文中，也考虑了人力资本的外部性影响，社会总体（平均）的人力资本水平对厂商的生产效率具有正向影响，其物质部门的生产函数设为 $\dot{K}=AK^\alpha(uH)^{1-\alpha}\bar{H}^\gamma$，其中，$K$、$H$、$u$ 各变量以及参数 A、α 与例 5.3.2 的含义相同，$\bar{H}$ 表述平均人力资本，$\bar{H}^\gamma$ 反映人力资本存在外部性，$0<\gamma<1$，此时，市场均衡增长路径可表述为如下最优控制问题的解：

$$\max: \int_0^\infty \frac{C^{1-\sigma}-1}{1-\sigma} e^{-\theta t} dt$$

s.t. :
$$\dot{K} = AK^\alpha(uH)^{1-\alpha}\bar{H}^\gamma - C, \quad K(0)=K_0$$
$$\dot{H} = B(1-u)H, \quad H(0)=H_0$$

其中，变量 C 以及参数 B、σ、θ、K_0、H_0 的含义均与例 5.3.2 相同。$\bar{H}$ 对个体而言是给定的外生变量。分析该稳定增长状态下的增长率，并进一步分析此时的计划最优（社会性最优）的增长率，并比较与解释二者的差异。

11. 考虑基于横向创新的增长模型中的最优增长状态。第 7 章 7.3 节基于横向创新的增长模型分析了市场均衡增长路径在稳定状态下的增长率，这里进一步分析计划最优的稳定状态下增长率，并与均衡增长路径的增长率进行比较，讨论二者的差异。

12. 考虑横向创新依赖劳动投入的情况。在 7.3 节中，模型假设创新的研发投入要素是最终产品，而在 7.4 节的纵向创新模型中，创新的投入则为劳动力要素。显然，这种差异不应影响理论分析的主要结论。实际上，如果在横向创新模型中同样设定研发投入使用劳动要素，也能得到相同的主要结论。参考 7.3 节与 7.4 节的分析，尝试构建使用劳动要素进行创新的增长模型，市场结构设定如下图所示，描述模型并分析此时的经济增长率。

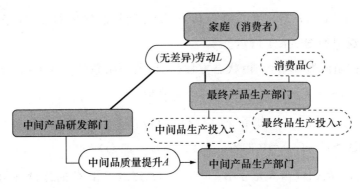

图 7.4.2　横向创新依赖劳动投入的市场结构图

*附录 I
关于最大值原理的证明

以下讨论定理 5.1.1 的证明，我们将只证明其中较简单的情况，即端点条件为 $x(t_0)=0$，$x(t_1)$ 自由的情况。

证明 由 5.1.1 节关于端点条件的分析可知，此时，$\lambda\neq 0$，可设为 1，横截性条件为 $p(t_1)=0$。所以为证明以上定理，只要证明对含端点条件的如下常微分方程：

$$\dot{p}(t)=-\Phi_x(t,x^*(t),u^*(t))^{\mathrm{T}}p(t)+f_x(t,x^*(t),u^*(t)),p(t_1)=0 \quad (*1)$$

存在解 $p(t)$，并满足下述最大值条件：

$$p(t)^{\mathrm{T}}\Phi(t,x^*(t),u^*(t))-f(t,x^*(t),u^*(t))$$
$$=\max_{u\in U}\{p(t)^{\mathrm{T}}\Phi(t,x^*(t),u)-f(t,x^*(t),u)\} \quad (*2)$$

即可。

根据微分方程解的存在及唯一性定理可知，($*1$)存在唯一解。以下将证明对任意 $u^*(t)$ 的连续的点 τ，($*2$)均成立。

现在构造如下可行控制：

$$u(t;\tau,\delta)=u_\delta(t)=\begin{cases}u^*(t),&\text{if }t\notin[\tau-\delta,\tau)\\v,&\text{if }t\in[\tau-\delta,\tau)\end{cases}$$

其中，$\delta>0$，$v\in U$（v 为 U 中的任意值），该控制是最优控制 $u^*(t)$ 在 τ 附近的微小变分。直观图如图 A1.1 所示。

对应该控制函数 $u_\delta(t)$，由状态方程($*1$)及初始条件 $x(t_0)=0$ 决定的状态函数，设为 $x_\delta(t)=x(t;\tau,\delta)$。以下进行分段分析：

在区间 $[t_0,\tau-\delta]$ 中，由于 $x^*(t)$ 和 $x_\delta(t)$ 都是状态方程 $\dot{x}(t)=\Phi(t,x(t),u^*(t))$ 及初始条件 $x(t_0)=0$ 的解，所以 $x_\delta(t)=x^*(t)$。

在区间 $[\tau-\delta,\tau]$（当 δ 充分小）中，$u^*(t)$ 连续，由 Φ 的连续性可知，$\dot{x}^*(t)$ 也连续，所以可进行如下 Taylor 展开：

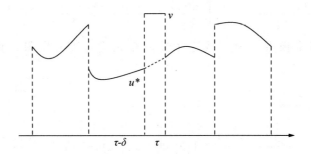

图 A1.1 对 $u^*(t)$ 在集合 U 中作微小变分

$$x^*(\tau) = x^*(\tau-\delta) + \delta \dot{x}^*(\tau-\delta) + o(\|\delta\|)$$
$$= x^*(\tau-\delta) + \delta \Phi(\tau-\delta, x^*(\tau-\delta), u^*(\tau-\delta)) + o(\|\delta\|)$$

同理，$x_\delta(t)$ 为 $\dot{x}(t) = \Phi(t, x(t), v)$ 的一个解，$\dot{x}_\delta(t)$ 连续，所以有：

$$x_\delta(\tau) = x_\delta(\tau-\delta) + \delta \dot{x}_\delta(\tau-\delta) + o(\|\delta\|)$$
$$= x^*(\tau-\delta) + \delta \Phi(\tau-\delta, x^*(\tau-\delta), v) + o(\|\delta\|)$$

由以上可知，极限

$$y(\tau) = \lim_{\delta \to 0} \frac{x_\delta(\tau) - x^*(\tau)}{\delta}$$

存在且

$$y(\tau) = \Phi(\tau, x^*(\tau), v) - \Phi(\tau, x^*(\tau), u^*(\tau)) \qquad (*3)$$

在区间 $[\tau, t_1]$ 中，由于 $x^*(t)$ 和 $x_\delta(t)$ 都是状态方程 $\dot{x}(t) = \Phi(t, x(t), u^*(t))$ 的解，且上式的极限意味着，当 $\delta \to 0$ 时，$x_\delta(\tau) \to x^*(\tau)$，即此区间中 $x_\delta(t)$ 的初期点趋向于 $x^*(t)$ 的初期点。由微分方程的解对初期条件的连续性和可微性可知，当 $\delta \to 0$ 时，在 $[\tau, t_1]$ 中，$x_\delta(t)$ 一致收敛于 $x^*(t)$，对任意的 $t \in [\tau, t_1]$，以下极限均存在：

$$y(t) = \lim_{\delta \to 0} \frac{x_\delta(t) - x^*(t)}{\delta}$$

同时，由于

$$x_\delta(t) = x_\delta(\tau) + \int_\tau^t \Phi(t, x_\delta(t), u^*(t)) \mathrm{d}t$$

$$x^*(t) = x^*(\tau) + \int_\tau^t \Phi(t, x^*(t), u^*(t)) \mathrm{d}t$$

因此，

$$\frac{x_\delta(t) - x^*(t)}{\delta}$$

$$= \frac{x_\delta(\tau) - x^*(\tau)}{\delta} + \int_\tau^t \frac{\Phi(s, x_\delta(s), u^*(s)) - \Phi(s, x^*(s), u^*(s))}{\delta} dt$$

对此式两边求极限（由一致连续性可知此式右边的极限计算可以穿过积分号），可推导出：

$$\lim_{\delta \to 0} \frac{x_\delta(t) - x^*(t)}{\delta}$$

$$= \lim_{\delta \to 0} \frac{x_\delta(\tau) - x^*(\tau)}{\delta} + \lim_{\delta \to 0} \int_\tau^t \Phi_x(s, x_\delta(s), u^*(s)) \frac{x_\delta(s) - x^*(s)}{\delta} ds \quad ①$$

所以，

$$y(t) = y(\tau) + \int_\tau^t \Phi_x(s, x^*(s), u^*(s)) y(s) ds$$

即在区间 $[\tau, t_1]$ 中 $y(t)$ 为微分方程

$$\dot{y}(t) = \Phi_x(t, x^*(t), u^*(t)) y(t) \qquad (*4)$$

及初期条件 $(*3)$ 的解。

由 $(*1)$ 和 $(*4)$ 可知，在 $t \geq \tau$ 处有：

$$\frac{d}{dt}(p(t)^T y(t)) = \dot{p}(t)^T y(t) + p(t)^T \dot{y}(t)$$

$$= -p(t)^T \Phi_x(t, x^*(t), u^*(t)) y(t) + f_x(t, x^*(t), u^*(t)) y(t)$$

$$\quad + p(t)^T \Phi_x(t, x^*(t), u^*(t)) y(t)$$

$$= f_x(t, x^*(t), u^*(t)) y(t)$$

且 $p(t_1) = 0$，所以，

$$p(t)^T y(t) = -\int_t^{t_1} f_x(s, x^*(s), u^*(s)) y(s) ds$$

根据 $(*3)$，在 $t = \tau$ 处有：

$$p(\tau)^T (\Phi(\tau, x^*(\tau), v) - \Phi(\tau, x^*(\tau), u^*(\tau)))$$

$$= -\int_\tau^{t_1} f_x(t, x^*(t), u^*(t)) y(t) dt \qquad (*5)$$

由 (x^*, u^*) 为 (OCP-1) 的最优解可知：

$$\lim_{\delta \to 0} \frac{1}{\delta} \int_{t_0}^{t_1} (f(t, x_\delta(t), u_\delta(t)) - f(t, x^*(t), u^*(t))) dt \geq 0$$

---

① 此处的推导利用了以下展开式：

$\Phi(s, x_\delta(s), u^*(s)) - \Phi(s, x^*(s), u^*(s))$

$= \Phi_x(s, x^*(s), u^*(s))(x_\delta(s) - x^*(s)) + o(\|x_\delta(s) - x^*(s)\|)$

对左边的积分式进一步展开可知：

$$0 \leq \lim_{\delta \to 0} \frac{1}{\delta} \int_{t_0}^{t_1} (f(t, x_\delta(t), u_\delta(t)) - f(t, x^*(t), u^*(t))) \mathrm{d}t$$

$$= \lim_{\delta \to 0} \frac{1}{\delta} \int_{\tau-\delta}^{\tau} (f(t, x_\delta(t), v) - f(t, x^*(t), u^*(t))) \mathrm{d}t$$

$$+ \lim_{\delta \to 0} \frac{1}{\delta} \int_{\tau}^{t_1} (f(t, x_\delta(t), u^*(t)) - f(t, x^*(t), u^*(t))) \mathrm{d}t$$

$$= f(\tau, x_\delta(\tau), v) - f(\tau, x^*(\tau), u^*(\tau)) + \int_{\tau}^{t_1} f_x(t, x^*(t), u^*(t)) y(t) \mathrm{d}t$$

（最后一步结论可通过对上一步的第一个极限项运用积分中值定理，第二个极限项运用 Taylor 展开式而得）

将(＊5)代入上式，可得：

$$-p(\tau)^{\mathrm{T}} \Phi(\tau, x^*(\tau), v) + f(\tau, x_\delta(\tau), v)$$
$$\geq -p(\tau)^{\mathrm{T}} \Phi(\tau, x^*(\tau), u^*(\tau)) + f(\tau, x^*(\tau), u^*(\tau)) \quad (*6)$$

由于前面设定了 τ 和 v 的任意性，(＊6)即证明了(＊2)，所以定理 5.1.1 在上述固定始点和自由终点的情况成立。 □

附录 II

数学基础知识

A.1 逻辑命题

数学推导过程是逻辑分析过程,在此对逻辑命题中的语言和符号作一简单说明。

设 A 和 B 是两个命题,命题"如果 A,则 B"的含义是:如果 A 是真的,则 B 是真的。这里 A 是假设,B 是结论。为了简便,通常用"$A \Rightarrow B$"表示。

必要条件与充分条件:如果命题"$A \Rightarrow B$"为真,则 B 称为 A 的必要条件,A 称为 B 的充分条件。

充分必要条件(充要条件):如果"$A \Rightarrow B$"和"$B \Rightarrow A$"都为真,则 B 称为 A 的充分必要条件。此时记为"$A \Leftrightarrow B$"。

同时,称"$B \Rightarrow A$"为"$A \Rightarrow B$"的逆命题,"非 $A \Rightarrow$ 非 B"为"$A \Rightarrow B$"的否命题,"非 $B \Rightarrow$ 非 A"为"$A \Rightarrow B$"的逆否命题。

一命题和它的逆否命题是等价的,即"$A \Rightarrow B$" $\Leftrightarrow$ "非 $B \Rightarrow$ 非 A"。

有关命题的否命题:

"对所有(任意,$\forall$)的 $x \in D$,P 成立"的否命题是:"对某些(存在,$\exists$)$x \in D$,P 不成立"。

"对某些(存在,$\exists$)$x \in D$,P 成立"的否命题是:"对所有(任意,$\forall$)的 $x \in D$,P 不成立"。

A.2 微积分与矩阵代数的相关基础知识

以下列出本书需要用到的多元微积分和矩阵代数的基本概念和性质。

【多维空间的范数】

范数用来表示向量的"长度",是一维实数空间的绝对值的推广,它是满足

以下性质的一种映射 $\|\cdot\|: R^n \to R^+$：

(1) $\|x\| \geqslant 0$, $\forall x \in R^n$

(2) $\|\alpha x\| = |\alpha| \|x\|$, $\alpha \in R$, $\forall x \in R^n$

(3) $\|x+y\| \leqslant \|x\| + \|y\|$, $\forall x \in R^n$, $\forall y \in R^n$

(4) $\|x\| = 0 \Leftrightarrow x = 0$

R^n 的范数可定义为：$\|x\|_1 = |x|$（一维）；$\|x\|_n = \left(\sum_{i=1}^{n} x_i^2\right)^{\frac{1}{2}}$（二维及二维以上），在二维及三维空间中，此范数即表示一点与原点的距离。

【δ 邻域】

对点 $x^* \in R^n$，如下定义的集合称为 x^* 的 $\delta(>0)$ 邻域：

$$N_\delta(x^*) := \{x \in R^n \mid \|x - x^*\| < \delta\}$$

（$N_\delta(x^*)$ 可理解为以 x^* 为球心、δ 为半径，但不包含球表面的球，故称开球，参考以下开集的定义）

【内点、边界点、开集与闭集】

点 x 为集合 S 的内点是指：$x \in S$，且存在 $\delta > 0$ 使得 $N_\delta(x) \subset S$。即存在以 x 为球心、以 δ 为半径的小开球，使得该小开球的点全都在 S 中。

x 称为 S 的边界点（x 可以不属于 S），是指任意以 x 为球心的开球均含有不属于 S 的点和属于 S 的点。

若一集合的所有点都是内点，称该集合为开集。

若一集合包含所有的边界点，称该集合为闭集。

闭集的特征：R^n 上的集合 S 是闭的 $\Leftrightarrow S$ 内的点列 $\{x_k\}$ 的极限 x 也属于 S。

如图 A2.1 所示。

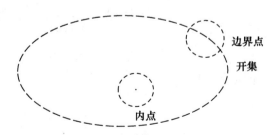

图 A2.1 内点、边界点、开集与闭集

探讨最优化问题离不开微分和导数的概念。实际上，微分和导数虽然是由牛顿（Newton）和莱布尼兹（Leibniz）分别在研究物体运动和曲线的几何性质时独立建立的，但微分的思想则可以追溯到更早的费玛（Fermat）对极值问题的研究。

以下将给出一维和多维 Euclid 空间的导数的概念。许多多维空间的微积分理论是一维空间微积分理论的推广。理解多维空间的最优化理论时，在许多场合，可以借助一维空间函数的直观几何图示来加深理解。因此，首先必须深入理解单变量函数的导数的概念和性质。下述单侧导数的概念有助于加深对导数的性质的理解。

【单变量函数的单侧导数】

左导数：

$$f'_-(x) = \lim_{\Delta x \to 0^-} \frac{f(x + \Delta x) - f(x)}{\Delta x}$$

右导数：

$$f'_+(x) = \lim_{\Delta x \to 0^+} \frac{f(x + \Delta x) - f(x)}{\Delta x}$$

函数 $f(x)$ 在 x 可导的充分必要条件是相应的左右导数存在且相等。

【多变量函数的导数】

考虑 n 维变量函数 $f(x_1, \cdots, x_n): R^n \to R$ 的导数。

多变量函数的一阶导数称为梯度，用 $\nabla f(x)$ 表示，$x = (x_1, \cdots, x_n)$，

$$\nabla f(x) = \left(\frac{\partial f(x)}{\partial x_1}, \frac{\partial f(x)}{\partial x_2}, \cdots, \frac{\partial f(x)}{\partial x_n} \right)^T \text{①}$$

全微分：

$$df(x) = f_{x_1}(x)dx_1 + f_{x_2}(x)dx_2 + \cdots + f_{x_n}(x)dx_n$$

多变量函数的二阶导数可用如下 Hesse 矩阵表示：

$$\nabla^2 f(x) = \left[\frac{\partial^2 f(x)}{\partial x_i \partial x_j} \right]_{n \times n} = \begin{bmatrix} \frac{\partial^2 f(x)}{\partial x_1^2} & \frac{\partial^2 f(x)}{\partial x_1 \partial x_2} & \cdots & \frac{\partial^2 f(x)}{\partial x_1 \partial x_n} \\ \frac{\partial^2 f(x)}{\partial x_2 \partial x_1} & \frac{\partial^2 f(x)}{\partial x_2^2} & \cdots & \frac{\partial^2 f(x)}{\partial x_2 \partial x_n} \\ \vdots & \vdots & \ddots & \vdots \\ \frac{\partial^2 f(x)}{\partial x_n \partial x_1} & \frac{\partial^2 f(x)}{\partial x_n \partial x_2} & \cdots & \frac{\partial^2 f(x)}{\partial x_n^2} \end{bmatrix}$$

---

① 向量或矩阵的右上标 T 表示转置，一般情况下的向量指的是列向量。

【向量值函数的导数】

向量值函数 $f=(f_1,\cdots,f_m): R^n \to R^m$ 的导数可用下述 Jacobi 矩阵表示：

$$\nabla f = f'(x) = \left[\frac{\partial f_i}{\partial x_j}(x)\right]_{m\times n} = \begin{bmatrix} \dfrac{\partial f_1(x)}{\partial x_1} & \dfrac{\partial f_1(x)}{\partial x_2} & \cdots & \dfrac{\partial f_1(x)}{\partial x_n} \\ \dfrac{\partial f_2(x)}{\partial x_1} & \dfrac{\partial f_2(x)}{\partial x_2} & \cdots & \dfrac{\partial f_2(x)}{\partial x_n} \\ \vdots & \vdots & \ddots & \vdots \\ \dfrac{\partial f_m(x)}{\partial x_1} & \dfrac{\partial f_m(x)}{\partial x_2} & \cdots & \dfrac{\partial f_m(x)}{\partial x_n} \end{bmatrix}$$

【连续可微】

连续可微表示函数本身是可微的，求导后导函数还是连续的，如此的函数空间（集合）用 C^1 表示。若函数的 n 次导函数连续，称为 n 次连续可微，如此的函数空间写成 C^n；若函数存在任意阶的导数，则写成 C^∞。

【无穷小量的比较】

若 $\lim\limits_{x\to x_0} f(x) = 0$，则称当 $x \to x_0$ 时，$f(x)$ 为无穷小量。

设当 $x \to x_0$ 时 $u(x)$，$v(x)$ 为无穷小量。若 $\lim\limits_{x\to x_0}\dfrac{u(x)}{v(x)} = 0$，则称 $u(x)$ 关于 $v(x)$ 是高阶无穷小量，记为 $u(x) = o(v(x))$，若 $\lim\limits_{x\to x_0}\dfrac{u(x)}{v(x)} = c$（非零常数），则称 $u(x)$ 与 $v(x)$ 同阶无穷小，记为 $u(x) = O(v(x))$。

【Taylor 公式】

一阶泰勒公式为：
$$f(x+d) = f(x) + \nabla f(x)^T d + o(\|d\|)$$

二阶泰勒公式为：
$$f(x+d) = f(x) + \nabla f(x)^T d + \frac{1}{2} d^T \nabla^2 f(x) d + o(\|d\|^2)$$

【方向导数】

设 $f: R^n \to R$，$x \in R^n$，$d \in R^n$，则称

$$\frac{\partial f(x)}{\partial d} = f'_d(x) = \lim_{\theta \to 0} \frac{f(x+\theta d) - f(x)}{\theta}, \quad \|d\| = 1$$

为沿 d 方向的方向导数。

若方向导数小于等于 0，称 d 为下降方向。

【梯度与方向导数】

定理：若存在梯度，则在任何一个方向都存在方向导数，此时下式成立：

$$f'_d(x) = \nabla f(x)^T d$$

利用该定理可知，梯度表示函数的最大增值方向。实际上，取 $\|d\|=1$ 时，

$$|f'_d(x)| = |\nabla f(x)^T d| \leqslant \|\nabla f(x)\| \|d\| = \|\nabla f(x)\|$$

显然，取梯度方向时，$d = \dfrac{\nabla f(x)}{\|\nabla f(x)\|}$，$|f'_d(x)| = \|\nabla f(x)\|$，$|f'_d(x)|$ 达到最大。

【隐函数定理】

一元隐函数存在定理：

设二元函数 $F(x,y)$ 是在集合 S 上的 C^k 函数，(x_0, y_0) 为 S 的内点，$F(x_0, y_0) = 0$，且 $F_y(x_0, y_0) \neq 0$，则方程 $F(x,y) = 0$ 在点 (x_0, y_0) 的某邻域定义了唯一的 C^k 函数 $y = f(x)$，满足 $F(x, f(x)) = 0$，$y_0 = f(x_0)$，且

$$\frac{\mathrm{d}y}{\mathrm{d}x} = -\frac{F_x(x,y)}{F_y(x,y)}$$

多元向量值隐函数存在定理：

设 $F = (F_1, \cdots, F_m)$，$x = (x_1, \cdots, x_n)$，$y = (y_1, \cdots, y_m)$，$F_i, i = 1, \cdots, m$ 是在集合 $S \subset R^{n+m}$ 上的 C^k 函数，$(x^0, y^0) = (x_1^0, \cdots, x_n^0, y_1^0, \cdots, y_m^0)$ 为 S 的内点，$F(x^0, y^0) = 0$，Jacobi 矩阵 $\nabla_y F(x^0, y^0)$ 可逆。则方程组 $F(x,y) = 0$ 在点 (x^0, y^0) 的某邻域定义了唯一的 C^k 向量值函数 $y = f(x)$（$f = (f_1, \cdots, f_m)$），满足 $F(x, f(x)) = 0$，$y^0 = f(x^0)$，且

$$\begin{bmatrix} \dfrac{\partial y_1}{\partial x_1} & \cdots & \dfrac{\partial y_1}{\partial x_n} \\ \vdots & \ddots & \vdots \\ \dfrac{\partial y_m}{\partial x_1} & \cdots & \dfrac{\partial y_m}{\partial x_n} \end{bmatrix} = -\begin{bmatrix} \dfrac{\partial F_1(x,y)}{\partial y_1} & \cdots & \dfrac{\partial F_1(x,y)}{\partial y_m} \\ \vdots & \ddots & \vdots \\ \dfrac{\partial F_m(x,y)}{\partial y_1} & \cdots & \dfrac{\partial F_m(x,y)}{\partial y_m} \end{bmatrix}^{-1} \begin{bmatrix} \dfrac{\partial F_1(x,y)}{\partial x_1} & \cdots & \dfrac{\partial F_1(x,y)}{\partial x_n} \\ \vdots & \ddots & \vdots \\ \dfrac{\partial F_m(x,y)}{\partial x_1} & \cdots & \dfrac{\partial F_m(x,y)}{\partial x_n} \end{bmatrix}$$

【上界、上确界、下界、下确界】

设 S 为 R 的非空集合，若 $\exists M \in R$ 使得 $\forall x \in S$ 有 $x \leqslant (\geqslant) M$，则称 M 为 S 的上界（下界）。可以证明上界（下界）中一定存在最小值（最大值），该最小值（最大值）称为上确界（下确界）。S 的上确界和下确界分别用 $\sup S$ 和 $\inf S$ 表示。

函数 $f(x)$ 在其定义域 D 上的上确界和下确界表示如下：

$$\sup_{x\in D} f(x) = \sup\{f(x) \mid x \in D\} = \min\{M \mid f(x) \leqslant M, \forall x \in D\}$$

$$\inf_{x\in D} f(x) = \inf\{f(x) \mid x \in D\} = \max\{M \mid f(x) \geqslant M, \forall x \in D\}$$

【上极限和下极限】

在考虑动态优化问题时，我们需要讨论经济学中经常用到的无限时域的最优控制问题。该问题将涉及以下有关概念和基本性质。

设 f 为定义在 $[x_0, \infty)$ 上的函数，$\varliminf_{x\to\infty} f(x) = \liminf\{f(s) \mid s \in [x, \infty)\}$ 称为下极限；$\varlimsup_{x\to\infty} f(x) = \limsup\{f(s) \mid s \in [x, \infty)\}$ 称为上极限。

其直观意义如图 A2.2 所示：

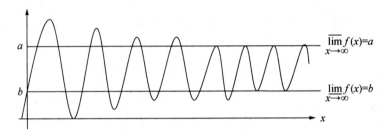

图 A2.2　上极限和下极限

一般而言，$\varlimsup_{x\to\infty} f(x) \geqslant \varliminf_{x\to\infty} f(x)$，显然，极限要存在，必须有上下极限一致，$\varlimsup_{x\to\infty} f(x) = \varliminf_{x\to\infty} f(x)$。另，以下为常用性质：

$$\varlimsup_{x\to\infty}(f(x)+g(x)) \leqslant \varlimsup_{x\to\infty} f(x) + \varlimsup_{x\to\infty} g(x)$$

$$\varliminf_{x\to\infty}(f(x)+g(x)) \geqslant \varliminf_{x\to\infty} f(x) + \varliminf_{x\to\infty} g(x)$$

$$\varliminf_{x\to\infty} f(x) = -\varlimsup_{x\to\infty}(-f(x))$$

如上所述，讨论多维函数的微积分时，必须利用矩阵表示。以下概念将用于描述多变量函数的二阶导数的特征。

【逆矩阵】

一个 $n \times n$ 矩阵 A 的逆矩阵为 B：

$$B = A^{-1} \Leftrightarrow AB = E_n \Leftrightarrow BA = E_n$$

其中，E_n 为 $n \times n$ 单位矩阵。

矩阵 A 有逆矩阵的一个充分必要条件是该矩阵的行列式非零，即：

$$A^{-1} \text{ 存在} \Leftrightarrow |A| \neq 0.$$

$|A|$ 中去掉 a_{ij} 所在的行与列后余下的 $n-1$ 阶行列式称为余子式，记为 M_{ij}。

$A_{ij} := (-1)^{i+j} M_{ij}$ 称为 a_{ij} 的代数余子式，则

$$A^{-1} = \frac{A^*}{|A|}, \quad A^* = \begin{bmatrix} A_{11} & A_{21} & \cdots & A_{n1} \\ A_{12} & A_{22} & \cdots & A_{n2} \\ \vdots & \vdots & \ddots & \vdots \\ A_{1n} & A_{2n} & \cdots & A_{nn} \end{bmatrix}$$

【正定、负定、半正定、半负定】

设 A 为 $n \times n$ 矩阵，对 $\forall x \in R^n$，有：

（1）若 $x^T A x > 0$，则称 A 为正定；

（2）若 $x^T A x \geq 0$，则称 A 为半正定（或非负定）；

（3）若 $x^T A x < 0$，则称 A 为负定；

（4）若 $x^T A x \leq 0$，则称 A 为半负定（或非正定）。

此处，

$$x^T A x = (x_1, x_2, \cdots, x_n) \begin{bmatrix} a_{11} & a_{12} & \cdots & a_{1n} \\ a_{21} & a_{22} & \cdots & a_{2n} \\ \vdots & \vdots & \ddots & \vdots \\ a_{n1} & a_{n2} & \cdots & a_{nn} \end{bmatrix} \begin{bmatrix} x_1 \\ x_2 \\ \vdots \\ x_n \end{bmatrix} = \sum_{i=1}^n \sum_{j=1}^n a_{ij} x_i x_j$$

称为二次型。矩阵的正定性和二次型的正定性是一致的。

【主子式与矩阵正定的判定】

由矩阵

$$A = \begin{bmatrix} a_{11} & a_{12} & \cdots & a_{1n} \\ a_{21} & a_{22} & \cdots & a_{2n} \\ \vdots & \vdots & \ddots & \vdots \\ a_{n1} & a_{n2} & \cdots & a_{nn} \end{bmatrix}$$

的前 k 行 k 列组成的行列式 D_k 称为 A 的 k 阶顺序主子式：

$$D_k = \begin{vmatrix} a_{11} & a_{12} & \cdots & a_{1k} \\ a_{21} & a_{22} & \cdots & a_{2k} \\ \vdots & \vdots & \ddots & \vdots \\ a_{k1} & a_{k2} & \cdots & a_{kk} \end{vmatrix}, \quad k = 1, \cdots, n$$

利用顺序主子式可以判断矩阵的正定性：

$$x^T A x > 0, \quad \forall x \in R^n \Leftrightarrow D_k > 0, \quad k = 1, \cdots, n$$

$$x^T A x < 0, \quad \forall x \in R^n \Leftrightarrow (-1)^k D_k > 0, \quad k = 1, \cdots, n$$

A.3　凸分析基础

最优化问题可分为局部最优和全局最优。因为全局最优通常依赖于目标函数（或泛函）的凸性设定，所以全局最优化理论一般也指最优化的凸理论。另一方面，在许多场合，要探讨最优解的充分条件或充分必要条件也依赖于有关目标函数和约束条件的凸性设定。以下主要给出关于凸集与凸函数的定义和相关结论。

【凸集】

若一个集合中任意两点连线上的任一点都在该集合内，称该集合为凸集。

定义：$S \subset R^n$，$\forall x_1, x_2 \in S$，如果 $\alpha x_1 + (1-\alpha)x_2 \in S$，$\forall \alpha \in [0,1]$，则称 S 为凸集。如图 A3.1、A3.2 所示。

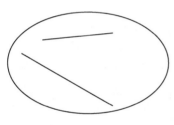
图 A3.1　凸集

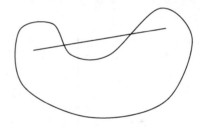
图 A3.2　非凸集

【凸集的分离定理】

$a, b \in R^n$，$H := \{x \in R^n \mid a^T \cdot x = \sum_{i=1}^{n} a_i x_i = b\}$ 称为 R^n 的超平面，如果对 R^n 的两个集合 X、Y，有以下公式成立：

$$a^T \cdot x \leqslant b, \quad \forall x \in X$$
$$a^T \cdot x \geqslant b, \quad \forall x \in Y$$

则称 H 为 X、Y 的分离超平面。

凸集的分离定理：设 X、Y 为 R^n 的非空凸集，且 $X \cap Y = \emptyset$，则存在 X 和 Y 的分离超平面，即 $\exists a \in R^n$ 使得 $a^T \cdot x \leqslant a^T \cdot y$，$\forall x \in X$，$\forall y \in Y$。

点和凸集的分离定理：设 S 为 R^n 的非空凸集，且 $x \notin S$，则存在分离点 x 和 S 的分离超平面，即 $\exists a \in R^n$，使得 $a^T \cdot x \leqslant a^T \cdot y$，$\forall y \in S$。特别是当 x 不属于 S 的边界时，严格不等式成立，此时称为严格分离。

存在分离超平面和不存在分离超平面如图 A3.3 和 A3.4 所示。

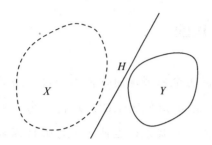
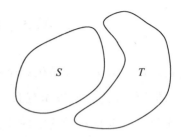

图 A3.3　存在分离超平面　　　　图 A3.4　不存在分离超平面

【凸函数、凹函数】

定义：$f: S \subset R^n \to R$（S 为凸集），如果下式成立称 f 为凸函数：
$$f(\alpha x_1 + (1-\alpha)x_2) \leqslant \alpha f(x_1) + (1-\alpha)f(x_2), \quad \forall x_1, x_2 \in S, \forall \alpha \in [0,1]$$

如果 $(-f)$ 是凸函数，则称 f 为凹函数。

凸函数如图 A3.5 所示。

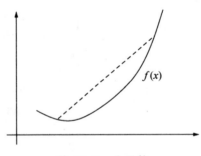

图 A3.5　凸函数

【凸与可微】

定理 1：$f \in C^1$ 时，f 是凸的 $\Leftrightarrow f(y) - f(x) \geqslant \nabla f^T(x)(y-x)$

定理 2：$f \in C^2$ 时，f 是凸的 $\Leftrightarrow \nabla^2 f(x) \geqslant 0$

【凸函数的亚微分(subdifferential)】

以下次梯度的概念在证明最优控制问题的最优解充分性时将会用到。

设 $X \subset R^n$ 为凸集，$f(x): X \to R$ 为凸函数。x^* 为 X 的内点，此时如果
$$f(x) - f(x^*) \geqslant \alpha^T(x - x^*), \quad \forall x \in X$$

成立，则称 $\alpha \in R^n$ 为 f 在 x^* 的次梯度（或称亚梯度）。

从以上凸函数的性质可以看出，若凸函数是可微的，则次梯度与一般梯度是一致的，但当不可微时，次梯度非唯一。一般把上述次梯度的集合称为亚微分，记为 $\partial f(x^*)$。亚微分可定义如下：

$$\partial f(x^*) := \{a \in R^n \mid f(x) - f(x^*) \geqslant a^T(x-x^*), \forall x \in X\}$$

在二维空间上，亚微分如图 A3.6 所示。

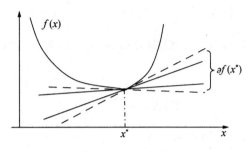

图 A3.6 亚微分

A.4 概率论的基本概念

本书用到的主要是概率密度函数、分布函数以及数学期望等基本概念。

【概率密度函数】

对于连续型随机变量 X，若存在非负函数 $f(x)$ 使得：

$$P(X \in A) = \int_A f(x) \mathrm{d}x$$

则 $f(x)$ 为 X 的概率密度函数。

概率密度函数具有以下性质：

$$\int_{-\infty}^{+\infty} f(x) \mathrm{d}x = 1$$

【概率分布函数】

随机变量 X 的概率分布函数（简称分布函数）如下：

$$F(x) = P(X \leqslant x)$$

若 X 为连续型随机变量，概率密度函数为 $f(x)$，其概率分布函数为：

$$F(x) = \int_{-\infty}^{x} f(t) \mathrm{d}t$$

对于离散型随机变量 X，有概率分布 $p_k = P(X = x_k)(k=1,2\cdots)$，其分布函数为：

$$F(x) = P(X \leqslant x) = \sum_{k: x_k \leqslant x} p_k$$

对于连续型的随机变量，在概率密度函数的连续点处有：

$$\frac{\mathrm{d}}{\mathrm{d}x} F(x) = f(x)$$

【数学期望】

连续型随机变量 X 的概率密度函数为 $f(x)$，其数学期望（或均值）为：

$$E(X) = \int_{-\infty}^{+\infty} xf(x)\mathrm{d}x = \int_{-\infty}^{+\infty} x\mathrm{d}F(x)$$

若 X 为离散型随机变量，其概率分布为 $p_k = P(X=x_k)(k=1,2\cdots)$，则 X 的数学期望为：

$$E(X) = \sum_{k=1}^{\infty} x_k p_k$$

X 的函数 $g(X)$ 的数学期望为：

$$E(g(X)) = \sum_{k=1}^{\infty} g(x_k) p_k \quad \text{（离散的情况）}$$

$$E(g(X)) = \int_{-\infty}^{+\infty} g(x)f(x)\mathrm{d}x \quad \text{（连续的情况）}$$

A.5 常微分方程解的基本理论

这里主要介绍在最优控制理论部分要涉及的常微分方程解的存在唯一性、解对初值的依赖性等基本性质。

【解的存在唯一性】

考虑给定初期条件的微分方程（也称 Cauchy 问题或初值问题）

$$\dot{x}(t) = f(t,x), \quad x(t_0) = x_0$$

的解的存在唯一性问题。

设函数 $f(t,x)$ 在某区域

$$U = \{(t,x) \in R \times R^n \mid |t-t_0| \leq a, \|x-x_0\| \leq b\}$$

上连续，关于 x 满足下述 Lipschitz 条件：存在与 t 和 x 无关的 $L > 0 \in R$，使得对任意 $(t,x_1), (t,x_2) \in U, \|f(t,x_1) - f(t,x_2)\| \leq L\|x_1 - x_2\|$ 都成立。则在区间 $|t-t_0| \leq h$ 上，上述带初期条件的微分方程的解存在且唯一。其中，$h = \min\left\{a, \dfrac{b}{M}\right\}, M = \max_{(t,x) \in U} \|f(t,x)\|$。

【解的延拓】

以上初值问题的解存在的局部区间在一定的条件下可以拓展到整个区间。以下即为可拓展的情况之一：

设 $f(t,x)$ 在全空间 $R \times R^n$ 上连续，关于 x 满足局部 Lipschitz 条件（即存在

如上局部区域 U，在该区域满足 Lipschitz 条件），且满足 $\|f(t,x)\| \leqslant K\|x\|$，$K$ 为一正的常数，则上述初值问题的解存在区间为 $(-\infty, +\infty)$。

【解对初值的连续性和可微性】

如果把初值条件表示为：$x(\tau) = \eta$。显然，初值问题的解将随初期条件 (τ, η) 的变化而变化，所以可以把考虑初期条件的解表示为 $x(t, \tau, \eta)$。在满足上述"解的存在唯一性"中的连续性和关于 x 的 Lipschitz 条件下，对满足 $|\tau - t_0| \leqslant \dfrac{h}{4}$，$\|\eta - x_0\| \leqslant \dfrac{b}{2}$ 的初期值，解 $x(t, \tau, \eta)$ 是连续的。

进一步地，如果 $f(t,x)$ 关于 x 是连续可微的，则 $x(t, \tau, \eta)$ 也是连续可微的。

参 考 文 献

[1]〔西〕安吉拉·德·拉·弗恩特:《经济数学方法与模型》,朱保华、钱晓明译,上海财经大学出版社 2003 年版。

[2]〔美〕保罗·A.萨缪尔森:《经济分析基础(增补版)》,何耀、傅征、刘生龙、陈宏卫、王兴林译,东北财经大学出版社 2006 年版。

[3] 陈开明编著:《非线性规划》,复旦大学出版社 1991 年版。

[4]〔美〕达龙·阿西莫格鲁、戴维·莱布森、约翰·A.李斯特:《经济学(宏观部分)》,卢远瞩、尹训东译,中国人民大学出版社 2016 年版。

[5]〔美〕达龙·阿西莫格鲁、戴维·莱布森、约翰·A.李斯特:《经济学(微观部分)》,卢远瞩、尹训东译,中国人民大学出版社 2016 年版。

[6]〔美〕高山晟:《经济学中的分析方法》,刘振亚译,中国人民大学出版社 2001 年版。

[7]〔美〕哈里·兰德雷斯、大卫·C.柯南德尔:《经济思想史(第四版)》,周文译,人民邮电出版社 2014 年版。

[8] 龚六堂编著:《动态经济学方法》,北京大学出版社 2002 年版。

[9]〔美〕罗伯特·吉本斯:《博弈论基础》,高峰译,中国社会科学出版社 1999 年版。

[10]〔美〕蒋中一:《数理经济学的基本方法》,刘学译,商务印书馆 1999 年版。

[11]〔美〕蒋中一:《动态最优化基础》,王永宏译,商务印书馆 1999 年版。

[12] 老大中:《变分法基础(第 2 版)》,国防工业出版社 2007 年版。

[13]〔美〕伦·库柏、玛丽·W.库柏:《动态规划导论》,张有为译,国防工业出版社 1985 年版。

[14]〔法〕让-雅克·拉丰、大卫·马赫蒂摩:《激励理论(第一卷):委托—代理模型》,陈志俊等译,中国人民大学出版社 2002 年版。

[15] 童季贤、张显明编著:《最优控制的数学方法及应用》,西南交通大学出版社 1994 年版。

[16] 王朝珠、秦化淑编著:《最优控制理论》,科学出版社 2003 年版。

[17] 袁亚湘、孙文瑜:《最优化理论与方法》,科学出版社 2001 年版。

[18] 吴迪光编:《变分法》,高等教育出版社 1987 年版。

[19]〔美〕谢拉·C. 道：《经济学方法论》，杨培雷译，上海财经大学出版社 2005 年版。

[20]〔美〕扬奎斯特、萨金特：《递归宏观经济理论（第二版）》，杨斌、王忠玉、陈彦斌、严高剑译，中国人民大学出版社 2010 年版。

[21] 张杰、王飞跃：《最优控制：数学理论与智能方法（上册）》，清华大学出版社 2017 年版。

[22]〔日〕福岛雅夫：《非线性最优化理论》，产业图书 1980 年版。

[23]〔日〕熊田祯宣、木谷忍：《计画のための最适化数学》，井上书院 1993 年版。

[24]〔日〕丸山徹：《数理経済学の方法》，創文社 1995 年版。

[25]〔日〕西村清彦：《经济学ための最适化理论入门》，东京大学出版社 1990 年版。

[26]〔日〕坂和爱幸：《最适化と最适制御》，森北出版 1980 年版。

[27]〔日〕志水清孝、相吉英太郎：《数理计画法》，昭晃堂 1984 年版。

[28]〔日〕辻冈邦夫：《最适制御理论》，产业图书 1976 年版。

[29]〔日〕宇沢弘文：《经济解析 基础编》，岩波书店 1990 年版。

[30] Acemoglu D., *Introduction to Modern Economic Growth*, Princeton University Press, 2009.

[31] Aghion P., Howitt P., A Model of Growth through Creative Destruction, *Econometrica*, 1992(2): 323-351.

[32] Aghion P., Howitt P, *The Economics of Growth*, The MIT Press, 2009.

[33] Avriel M., *Nonlinear Programming: Analysis and Methods*, Prentice-Hall, 1976.

[34] Barro R. J., Sala-I-Martin X., *Economic Growth 2nd Edition*, The MIT Press, 2003.

[35] Bazaraa M. S., Sherali H. D., Shetty C. M., *Nonlinear Programming: Theory and Algorithms*, John Wiley & Sons, 1979.

[36] Blanchard M., Fischer S., *Lecture on Macroeconomics*, The MIT Press, 1989.

[37] Carlson D. A., Haurie A. B., Leizarowitz A., *Infinite Horizon Optimal Contral*, Springer-Verlag, 1991.

[38] Dixit A. K., *Optimization in Economic Theory*, Oxford University Press, 1990.

[39] Dixit A. K., Stiglitz J. E., Monopolistic Competition and Optimum Product Diversity, *American Economic Review*, 1977（3）: 297-308.

[40] Girsanov I. V., *Lecture on Mathematical Theory of Extremum Problems*, Springer-Verlag, 1972.

[41] Hestenes M. R., *Calculus of Variations and Optimal Control Theory*, John Wiley & Sons, 1966.

[42] Intriligator M. D., *Mathematical Optimization and Economic Theory*, Prentice-Hall, 1971.

[43] Ioffe A. D., Tihomirov V. M., Makowsky K., *Theory of Extremal Problems*, North-Holland, 1979.

[44] Jehle G. A., Reny P. J., *Advanced Microeconomic Theory 3rd Edition*, Pearson, 2011.

[45] Lucas R. E. Jr., On the Mechanics of Economic Development, *Journal of Monetary Economics*, 1988 (1): 3-42.

[46] Mas-Colell A., Whinston M. D., Green J. R., *Microeconomic Theory*, Oxford University Press, 1995.

[47] Ramsey F. P., A Mathematical Theory of Saving, *Economic Journal*, 1928 (38): 543-559.

[48] Romer D., *Advanced Macroeconomics 4th Edition*, McGraw-Hill Irwin, 2012.

[49] Romer P. M., Endogenous Technological Change, *Journal of Political Economy*, 1990 (5): 71-102.

[50] Sargent T. J., *Dynamic Macroeconomic Theory*, Harvard University Press, 1987.

[51] Seierstad A., Sydsaeter K., *Optimal Control Theory with Economic Application*, North-Holland, 1987.

[52] Takayama A., *Mathematical Economics Second Edition*, Cambridge University Press, 1985.

后 记

十几年前,笔者在厦门大学经济系执教"数理经济学"课程,在讲义的基础上出版了《数理经济学精要——经济理论中的最优化数学分析》,如书名所示,其时感于多数学生对最优化数学基础缺乏了解,重点意图简练并系统介绍经济学中常用的最优化数学原理与方法,以及基础的应用。

该书出版几年后,本人不再承担"数理经济学"课程教学工作。但在这些年指导研究生、评审博士学位论文与专业期刊论文等过程中,频繁遇到错误的理论模型表述,其中不少论文作者是在对"优化"与"均衡"的理解双重失误的情况下,过于追求形式而简单模仿和套用已有理论模型。殊不知,如此存在逻辑错误的模型反而严重伤害了原本存在新意的经济学案例。更严重的是,如果侥幸通过评审,也可能扭曲作者与读者对数学和经济学的理解,由此还可能产生二次伤害。

笔者从教几十年,始终认为教师的神圣在于对知识的正确理解与传播。因此,每次授课都有些战战兢兢,不敢大意,时常反省所传授内容是否已正确理解与正确解释。其中,也发现十几年前的拙作有需要修改、补充的地方。同时,有感于众多学子投身于经济学研究,却可能因各种偶然原因误会、轻视或忽略对数学应用的正确理解,而影响或伤害了自己的学业甚至将来的事业。为此,尽管学疏才浅,仍将拙作修订再版,以供有兴趣者参考。

本次再版,特修改副标题为"经济理论的最优化数学解析",意图着重介绍如何用最优化数学语言表述经济理论,在介绍"优化"原理的基础上,特别强调经济理论表述中"优化"与"均衡"结合的重要性。本书若能为读者理解如何用数学语言表述经济学见解提供一些帮助,则幸甚。

当然，不妥与错误之处恐仍在所难免，还请方家斧正。

另，本书得到笔者主持的国家社科基金重大项目（16ZDA007）与福建省哲学社会科学领军人才项目的资助，同时也得到北京大学出版社杨丽明女士的热忱帮助，在此表示感谢！

2019 年冬于上海古北